考える手足

ALS患者と介助者の社会学

石島 健太郎 著

晃洋書房

はじめに

　障害者介助の臨床は，社会学にとってきわめて示唆的な現場である．そこでは，相互行為をめぐって社会学が整備してきた概念道具がリアリティをもって賦活されるからだ．本研究は，そうした介助の魅力に駆動されている．とりわけ本研究が「取り憑かれた」のは，筋萎縮性側索硬化症（amyotrophic lateral sclerosis: ALS）という病の患者たちの生活である．

　学術的な文章は，既存の研究に対する貢献というパッケージをもつことを要するから，そのための手続きが第 1 章から始まる．具体的には，ALS の患者と介助者のあいだに立ち上がり折り重なる，様々な関係の諸相とその機制を明らかにすることによって，障害者介助をめぐる議論をアップデートできると本研究は考えているので，それを順を追って説明することになるだろう．よって，フィールドそれ自体の魅力を書くことは，楽屋裏ではある．しかし，本研究は，職業として，あるいは家族として，日常的に介助に携わっている人たちにも読んでもらいたいと思っているから，以下は社会学を齧ったことのある人にとってはある程度自明なことではあろうけれども，介助の現場が社会学的な検討に値する現象を豊富に湛えた空間であることに少しだけ触れておく．

　まず，介助は一人ではできず，必ず相手を必要とする．つまり，介助は他者に対する行為としてある．障害者と介助者の二者という最小の社会は，そうした互いの行為の集積として立ち現れる．一方で，そうした行為は，それを行為とならしめる互いの意図はもとより，その場にある規範や慣習，さらにはその介助の外部にあるより広い社会の制度や歴史にも多分に影響を受ける．こうした個人と社会の相互規定性は，社会学がその黎明期から議論の対象としてきたもののひとつである．

　また，他者とのかかわりは，必ず失敗の可能性に開かれている．他者が自己とは異なる意識を生き，私たちが他我を直接に体験できないことの必然として，他者に向けられた行為はこちらが企図した通りの結果を招かないことがある．良かれと思ってやったことが相手を怒らせ，逆に相手はなぜ自分のことをわ

ii

かってくれないのだろうと悩む．介助すること／されることを長く続ければそうした失敗が経験されることはあるだろうし，あるいは優秀な介助者であればこそ，そうした自身の失敗に鋭敏に気づくだろう．しかし，そのように失敗する可能性に基底的に開かれているにもかかわらず，介助という営みは秩序を維持しながら続いていく．もちろん，根本的に破綻してしまう事例はあるにせよ，日常的に起こる微細な失敗をその都度修復し，人々の生活をなんとか続けていくための知恵が，介助の現場には蓄積されている．理解不可能性を帯びた他者と生きるなかでの相互行為秩序の生成もまた，地位役割理論や社会システム理論，そしてエスノメソドロジーなど，社会学が様々な角度から検討を加えてきたものだ．

　そして，こうした失敗という契機を議論に含みながら他者とともに生きる技法を学ぶことは，すぐれて現代的な課題でもある．障害に限られない様々なマイノリティとの共生や，マジョリティの中にすら引かれる社会経済的地位や価値観の分断を前に，私たちの社会は他者への文化的・心理的寛容性と，教育や労働といった場面での具体的な平等をもった社会の構想という課題に直面している．そうした共生社会の構想は，しばしば個々人にとっては必ずしも直接的・短期的な利益とはならない取り組みを含む政治的な利害対立の調停をともなう．それはシビアな緊張関係のなかでおこなわれるもので，いかなる状態が望ましく目指されるべきであるのか，そのためにどのような方策があるのかが，社会（科）学的な問いとなることは論を俟たない．この点について介助が示唆的であるのは，それが本質的に，利他的な営みとしてあるということにある．障害者が自身の生活のあり様をより良くしたいと思い，介助者がそれを助ける．そのように共通の目標があるなら，そうした利害対立の調整という難題は発生せず，成功裡に物事は進むように思われる．しかし，それは必ずしも妥当でない．事実，後にも見るように，利他性のもっとも原初的なもののひとつであろう親子愛のもとにおこなわれる介助の抑圧性をこそ，障害者運動の歴史は批判の対象としてきた．介助という臨床において，意図せざる結果としての利他性の不調とその修復をみることは，目標が共有されるなかにあってもなお直面するだろう共生社会を構想するために乗り越えるべき壁の在処とその壊し方を知るための，ごくミクロな水準での一歩である．

　こうした考えに突き動かされるかたちで本研究はおこなわれ，ここに一応の
かたちを得るに至った．それは以下のように構成される．第1章では，本研究
がALSの在宅療養を対象に，そこでの患者と支援者のあいだでの相互行為を
分析することにより，地域包括ケアシステムの進む現代社会において他者から
の支援を受けて生きていくことがいかにして可能になるのかを問うことが目的
として掲げられる．またその際，支援を受けながらの地域での生活をおこなっ
てきた障害者の自立生活についての議論が参照可能であること，ひるがえって，
ALSを対象とすることによって，障害者運動や障害学に投げ返せる貢献があ
ることを述べる．

　これを受けて第2章と第3章では，障害者運動の歴史や障害学での既存の議
論を検討することによって，本研究が問うべきより特定的な問いを導出する．
具体的には，第2章ではまず第3章のための準備作業として，障害者と介助者
のあいだの，ひいては障害者と健常者全体の関係をめぐって思索と実践を重ね
た障害者運動における言説の歴史を追跡する．これは現今の障害者と健常者の
関係について流通する規範の淵源を確認する作業である．

　次いで第3章では，障害者と介助者の関係を検討した既存研究を整理する．
それらを検討することによって，障害者の指示や決定をめぐって介助者がどの
ように振る舞いうるのか，その関係のあり方の揺らぎや組み合わせが，いかな
る相互行為のもとに現れてくるのかを問う必要があることが述べられるだろう．

　第4章では，本研究が対象とするALSという疾患とその療養をめぐる現代
日本の状況についてあらためて整理するとともに，障害一般のなかでのALS
の位置を示し，その対象としての適切性を議論する．また，本研究がおこなっ
た経験的な調査の方法と，実際の調査対象者の属性についても明示する．

　続く第5章以降が本研究の経験的な議論を構成する．第5章では，ALS患
者の意思やその決定を尊重し，指示を受けて動くという振る舞いを基本としつ
つも，介助者が患者の意図を察して率先して動くことで，患者の生活をより快
適にしようとする様子が描かれる．しかしそうした意図を汲んだ介助のあり方
は，他者による推測である以上，常に的中するものではなく，介助者の思惑が
介助に影響することを所与とした介助のあり方が構想される必要があることが
示される．

　第6章では，患者の決定を尊重するにあたっての前提として，その決定がどのような環境を前提にして発されたものなのかという点まで介助者が立ち戻った上でおこなわれる相互行為を検討する．介助者同士のやりとりを通じて，介助者は自身の技量や得手不得手が患者の決定を拘束してしまっていることを知る．それを認識した介助者は，その拘束の程度を弱める実践をおこなうこともあるが，逆に患者による采配に対する越権を嫌って，そうした実践がおこなわれないこともあることが述べられる．

　第7章では，以上のような患者と介助者のあいだに生起する相互行為を，患者の家族がどのように観測しているか，とりわけ介助者と自身とを家族がどのように境界付けているのかが問われる．介助の中で一見して同じような働きをしているように見えたとしても，患者の家族は自身と介助者のあいだに差異を見出しており，それは患者や自身からの指示をめぐる規範によって説明される．そしてそれは，自身が介助にかかわることの意味付けとも関連していることが明らかになるだろう．

　第8章では，そうした家族の認識が可能にする家族独自の実践がいかなるものであるかが論じられる．現代の制度や規範は家族が私的領域におけるケアをおこなうことを期待しているし，現にALS患者の家族も介助に参入することは多い．しかし，第7章でみたような家族がもつ家族についての認識は，意味付けにとどまるばかりではなく，認識に裏打ちされたかたちで，介助の負担をいくばくか軽減する実践を導くものでもある．

　最後に，第9章でそれまでの議論をまとめ，本研究の意義を確認し，その限界と今後の展望が述べられる．

　なるべく議論が線形的になるよう努めたつもりではあるから，学術書としては1章から順に読んでいただければと思う．ただ，読者の関心に応じてそれぞれの章を独立して読むこともちろんできるだろう．1970年代の障害者運動の言説に興味があれば2章が，現在の介助の臨床場面での介助者の立ち位置をめぐる議論を概観したい場合には3章が，それぞれ有用であると思う．また，もし読者が職業として，あるいは家族として介助に携わる人々であるなら，経験的な事例を分析している5章以降から読んでいただいても構わない．職業的な介助者の立場からは，自分で考えて動いたり，他の介助者と連携を取ったり

することの難しさといった論点を，また家族の立場からは，介助者と自分の違いをどのように考えるか，それを踏まえて介助者とどのように協力するかといった論点を，それぞれ自身の経験とを照らし合わせて，本研究の議論の妥当性を点検，批判していただけるなら望外の喜びである．そして，さらに高望みをするなら，難病患者・重度障害者の読者が，他者と日々関わる生活をより生きやすいものにする一助として本書を読んでもらえたら嬉しい．それは私が多くをもらってきた現場への，わずかばかりの恩返しである．

目 次
contents

本研究の目的

▶ 1.1　問題の所在——地域包括ケアシステムにおける ALS 患者の生活——

　本研究の目的は，生活に支援を必要とする人々と，その人に支援をおこなう他者がいかなる関係を切り結ぶことになるのかを考察することにある．とりわけ本研究では，重度の身体障害をともなう筋萎縮性側索硬化症（amyotrophic lateral sclerosis: ALS）という神経疾患の患者による在宅療養の臨床を経験的な拠り所として，その介助者や家族が患者に対する自身の立ち位置をいかに観測し，維持し，あるいは変革していくのかを問うことを具体的な作業とする．では，そうした作業にはいかなる意義があるのだろうか．本章では，ALS の在宅療養における相互行為に照準する本研究を現代社会のなかに位置付け，その意義を確認することとしよう．

　本研究の背景にある現代社会の様相とは，支援を受けて地域で生きるという生活のあり方が，疾病構造の転換と地域包括ケアシステムの形成によって，今後ますます一般化するという事態である．それは政策的に推進されているものであると同時に，ある種の必然的帰結として発生するものだ．医療政策学者の猪飼周平による議論からその様子を確認しよう（猪飼 2010a，2010b）．

　猪飼によれば，20 世紀における医療の目標は疾病の治癒であった．すなわち，健康上の問題とは感染症に代表される急性疾患であって，それを治療する役割が病院に期待された．これに対し，21 世紀においては急性疾患はおおむね治療が可能となる一方，社会の長寿化により，根本的な治療が困難な生活習慣病といった慢性疾患や，高齢化にともなう身体機能の低下が，課題として浮

上してくる．ここにおいては，健康上の目標は疾患を治療することではなく，生活の質（Quality of Life: QOL）のなるべく高い水準で維持すること，いわばそうした健康上の問題と折り合いをつけながら上手く付き合っていくことになっていく．

　そうした目標を据えた時，とりわけ慢性疾患への対処がおこなわれる場所は，病院ではなく地域となる．なぜなら，そうした慢性疾患への対処は数回の治療で終了するものではなく，長期的な生活のなかで対応しつづけなければならないものであって，その際には病気の治癒とは異なる，より個別具体的で属人的な生活の質を担保するために，地域の人的・物的資源が重要性を増すからである（猪飼 2010a: 221-5）．

　第4章で詳しくみることになるが，本研究が対象とする ALS の患者たちは，過酷な症状に見舞われつつも，さまざまな制度を駆使して，地域での生活を獲得してきている．よって，こうした現代的状況を踏まえれば，ALS は生活上の困難に折り合いをつけながら，支援を受けて地域で生きていくという生活のあり方の典型例であるといえる．不自由な身体とともに，しかしなるべく快適に生活を営むことを目指して，人々は他者といかなる関係を切り結んでいくのか．ALS の療養をレンズとしてこの問いを考えることは，ALS という事例にとどまらず，地域で生活していくことに対して広い示唆を与えるものなのである．

　しかしながら，困難を抱えつつも地域で生きていくという生活のあり方は，なにも ALS 患者によって初めておこなわれたものではない．むしろ，それを獲得するために長い歴史を戦ってきた人々がいる．それは障害者，とりわけ日本の障害者運動を牽引した重度の障害者たちである．ALS が重度の身体障害をともなうということに鑑みても，その患者たちの地域での生活を考えるにあたり，健常者との関係を考え抜いた障害者運動や，これを対象とした障害学の既存研究は，とくに被支援者と支援者の関係に照準して議論をおこなう本研究に対して多くのヒントを提供してくれるだろう．こうした理由から，本研究は続く第2章と第3章で，障害，とくに身体障害をめぐる運動史や既存研究を見ていくことになる．

　一方で，本研究は障害学の知見から示唆を得るばかりではない．すなわち，ALS を対象としてその在宅療養を検討することによって，逆に，障害学に対

して知見を投げ返すこともできると考えられるのである．では，それはいかな
る点においてであろうか．次節からは，障害者をとりまく現代社会の状況を検
討することで，本研究の背景となるまた別の文脈を提示しよう．

▶ 1.2　ポスト運動期における介助

　本節と次節では，近年の障害者をめぐる状況を検討することを通じて，障害
学の知見に依拠して ALS 患者の在宅生活を対象とする本研究が，ひるがえっ
て障害者運動や障害学に対していかなる貢献をしうるのかを論じる．先回りし
て述べれば，(1) 往時の障害者運動を直接には経験していない障害者や介助者
が介助の場面で増加していくこと，(2) 相互行為場面において障害者が不利益
を被ることがありうることが指摘される．こうした障害者介助の現況を踏まえ
ることによって，ALS の療養を対象に，その地域在宅での生活を被支援者と
支援者の相互行為に注目して議論するという本研究は，障害学や障害者運動に
対する貢献をも企図できるようになる．本節ではまず前者について説明しよう．
　前節でも触れたように，これまで障害者は地域在宅での生活を目指して戦い
続けてきた（渡邉 2011; 安積ほか 2012; 中西 2014）．ごく大雑把にまとめるなら，ま
ずは 1970 年代，脳性麻痺者の当事者集団，青い芝の会による運動をその嚆矢
とみることができるだろう．[1] 彼らは，家族，とりわけ親の愛情や施設での福祉
的配慮というパターナリズムが抑圧となり，自身らの生活のあり方を限定して
いることを鋭く批判した．その思想は日本の障害学や障害者運動の固有性を強
く規定し（堀 2014），多くの障害者が青い芝の会の思想に影響を受けている．
たとえばそのひとりである脳性麻痺者の新田勲は，自身が入所した府中療育セ
ンターにおいて，職員の不当な異動や，施設の移転に抗するかたちで府中療育
センター闘争を戦った．生活の場としての施設のあり方が模索されたその運動
ののち，センターを退所した新田は地域自立生活を目指して，行政に対する介
助料要求運動を展開していく（深田 2013）．
　さらに，こうした日本に自生的な運動がおこなわれる一方で，80 年代に
入ってアメリカの運動が紹介・輸入されると，これに影響を受けるかたちで日
本における自立生活運動が始まる．自立という語は多義的だが（慎 2013），こ

こでいう自立生活とは「障害のある人たちが，施設の中での制約の多い生活ではなく，また親の庇護と監督のもとでの生活ではなく，普通に人が暮らす場所で，やりたいことをやり，生きたいように生きようとすること」（立岩 1999a: 522）を指しており，これを可能とする仕組みを要求したのが自立生活運動である[2]．そうした運動では，日常生活動作（Activities of Daily Living: ADL）の出来不出来や，経済的な自活の可不可で障害者の自立を考えるのではなく，意思決定ができること，また自身の意思決定にもとづいて生活をかたちづくっていくことをもって自立とするという価値転換がおこなわれた（立岩 [1990]2012）．

こうした運動のもと，自立生活センター（Center for Independent Living: CIL）という組織がつくられ，公的な介助保障を獲得して地域で生活することが目指されるようになっていく．自立生活センターとは，各地域における障害者の自立生活を支援することを目的としたサービス事業体兼運動体であり，登録された介助者の派遣のほか，障害者同士で生活上の相談をおこなうピア・カウンセリングや，金銭管理・介助者との折衝といった自立生活を営む上での知恵と技術を伝える自立生活プログラムなどを提供するものである．多少の増減はあるものの，日本で最初の CIL であるヒューマンケア協会が 1986 年に発足して以後，95 年には 50 箇所，2014 年 6 月には 130 箇所の自立生活センターが設置されている（中西 2014: 136-57）[3]．

こうした歴史の延長線上にある現代において，では ALS の療養を検討する意義とはどのようなものだろうか．それは，障害者運動の理念や思想性が脱色された場面において，支援を受けて地域在宅で暮らすということの可能性を問うという点に見いだせる．というのも，上に見た歴史の当事者たちが現場を去っていく中で，そうした障害者運動の思想性の継承が課題となっているからだ．たとえば，日本自立生活センターなどが開催した国際障害者年連続シンポジウムでは「障害者運動のバトンを次世代へどうつなぐか？──障害者と社会のこれからを考える」がテーマのひとつとして挙げられている[4]．

次章でもみるように，青い芝の会にとっては，健常者である時点で自身を疎外する差別者であらざるをえない一方で，その助けがなければ生きられないという存在である介助者といかに対峙するかは，自立を目指した運動に通底するテーマであった．また，自身も新田の介助者であった深田（2013: 348-68）が描

くように，新田の介助料要求運動においても障害者と介助者の関係はいかなる
ものであるべきかをめぐって，両者のぶつかりあいがなされる．自立生活セン
ターにしても，介助者との関係はサービスの提供と消費という契約のモデルに
落とし込まれてはいるが，事業体であることと同時に運動体であることを自称
するように，その根底には障害者に不利益を強いる社会への批判があると考え
てよいだろう．

　もちろん，こうした理念を語り継いでいくことの重要性は揺るがない．過去
に障害者がどのような境遇に置かれ，それを変えんとした先人たちによるどの
ような努力の上に現在の社会があるのか，それは障害者本人や，それらの人々
を支援する人々が——そして本来は，健常者も含めたこの社会の成員皆が——
知っておかなくてはならないことだ．しかし，障害者と介助者のどちらについ
ても，上に見た歴史を生の体験として知っている人々は，どうしても減ってい
かざるをえない．

　往時の運動的な理念に駆動された自立生活が少数派となっていく様子は，公
的統計からもみえてくる．庇護というかたちで障害者を抑圧する定位家族は，
自立を目指す障害者からしばしば批判されてきたのだが，現在障害者と同居す
る家族はどのような人々なのだろうか．「生活のしづらさなどに関する調査」
(2016 年) では，全国から抽出された在宅の障害者に対し，同居人の有無と，
同居者がいる場合にはその続柄を複数回答で尋ねている．その結果をみると，
たしかに 65 歳未満で同居者がいるもののうち 66.1% と，3 分の 2 近くが親と
同居している．しかし，32.2% が配偶者と，19.1% が子どもと同居しており，
障害者が生殖家族を形成することが決して珍しいものではないことがわかる．
65 歳以上についてみてみるとその傾向はより顕著で，高齢になったぶん親と
の同居が同居者のいるもののうち 0.1% 以下と大きく減るのに対し，配偶者と
の同居は 69.0%，子どものとの同居は 46.4% と増加する．また同居人のいな
い単身者も，65 歳未満の場合には 11.4%，65 才以上では 16.2% と一定数いる．
ここから，親元での生活からの脱出というこれまで運動の目標のひとつが，必
ずしも現今の障害者みなにとってのリアリティをもった問題とはいえなくなっ
ていることがわかる[5]．

　障害をもった時期についてのデータからも，障害者運動から連想される障害

者像と現代の障害者の様子との差異がみえる．先と同じく「生活のしづらさなどに関する調査」において，障害者手帳の種類別に生活のしづらさが発生したタイミングを尋ねた項目の集計結果をみると，知的障害者については，先天的に，あるいは幼児期に障害を得ている人々が半分近くを占めるものの，身体障害者，精神障害者の場合には青年期・壮年期に障害が発生している人々の方が相対的に多い．この調査は在宅の障害者を対象としたものであるため，先天的に障害をもち，施設に居住する障害者が調査対象から外れていることには留意する必要があるものの，現在の障害者の多くは健常者としてある程度の時間を生きてから障害者となった人々であり，施設での劣悪な処遇という障害者運動を動機づける経験は相対的に乏しいのである．

　さらに，多くはボランティアとして介助者を集めていた70年代などとは異なり，現代の障害者の多くは，ボランティアをもちいることはありつつも，基本的には公的なサービスとして介助を受けている．厚生労働省で2013年に開かれた「障害者の地域生活の推進に関する検討会」の資料や，「社会福祉施設等調査」によれば，居宅介護や行動援護，また支援できること範囲が広く，のちに本研究がみる経験的な事例においても外出などで重用される重度訪問介護といった各種の公的サービスの利用者は年々拡大している．またそれと呼応するように，介助者の方も，介護福祉士をはじめとした福祉支援職の資格化・制度化にともなって，障害者運動でのボランティアなどを経由せず，当初より職業として地域在宅での障害者による自立生活の支援に参入していく人々が多数派となっていく現状がある．

　たしかに，忘れられつつある過去における障害者運動の理念を継承していくことも重要だろう．しかし，だからといって障害者が運動をせざるをえなかったような過酷な環境を今一度取り戻すことが目標になろうはずはない．公的な介助保障がなされること，すなわち運動する障害者の技量や人徳に依存せずに生活が支援されることも，基本的にはよいことであるから，これを後退させるべきではない．そうであるならば，以上のような現実の趨勢を踏まえて考えるべきは，運動における思想性が希薄になった場面において，介助者からの支援を受けて生きることがいかにして可能なのかを問うことである．第3章で詳述するように，本研究の対象となるALS患者の生活は，障害者運動が勝ち取っ

た制度を利用し，また自身らの生活のための運動はおこないつつも，そこでは上にみたような70年代，80年代的な運動色は後景に引いている．そうした支援の場面を検討することは，過去の障害者運動の理念を前提しないときの障害者と介助者の関係がいかなるものであるべきかに対しても示唆をもつだろう．

▶ 1.3　相互行為への照準

　本節でも前節に引き続き，本研究が障害をめぐる議論を視座として援用することによって，ひるがえって障害学や障害者運動に対して貢献しうる点を述べる．とくに本節では，地域在宅でのALS療養を，とくに被支援者と支援者の相互行為に照準して検討することの意義を論じる．それは，障害者の不利益を減らそうとする制度的な取り組みによってもなお残ってしまう問題を考えるためには，障害者と周囲の人々とのかかわりの場面を見なければならないという理由から説明されるだろう．

　まず，主に公的統計をもちいながら，現代における障害者の様子を確認しておこう．前節でも参照した「生活のしづらさなどに関する調査」によれば，在宅で生活する障害者の数は増加傾向にあり，とくに身体障害者で肢体不自由者の拡大が顕著である．なお，年齢別でみると，とくに身体障害者については，65歳以上の人口は大きく伸びており，こうした障害者の量的増加が医療の発達を背景とした高齢化・長寿化によるものであることがうかがえる[6]．

　そして，こうした量的に増加した障害者が社会に参加する仕組みも，前節に見た公的サービスと連動するかたちで徐々に整備されつつある．2020年現在2.2％の法定雇用率にはいまだ届かず，また，行政における雇用数の水増しが明らかになるといった問題はあったものの，障害者の量的な増加とともに就労する障害者の実数は着実に増えている．2016年には障害を理由とする差別の解消の推進に関する法律（障害者差別解消法）が施行され，企業等においても障害を理由とした差別が禁止されるとともに，合理的配慮の提供義務により障害者が働くに際してバリアが発生しないような人的・物的環境の整備（たとえば在宅勤務の拡大や建物のバリアフリー化など）が求められるようになる．もちろん，前掲の障害者全体の人数と比べれば障害者の就労率は著しく低いといわざるを

えないし，障害者の雇用の促進等に関する法律（障害者雇用促進法）は障害者雇用を企業の側に働きかけるもので，障害者の権利保証といった側面は小さいことや（岡 2012: 77），特例子会社[7]のように実質的には障害者と健常者がともに参加するインクルーシヴな環境ではないものも含まれうるといったことには，留意が必要である（伊藤修毅 2012）．しかし，こうした制度的な保障は，障害者の就労を増加させ，就労環境を改善させることを通じて，障害者の社会参加を促進するものである．

　障害者雇用と同様，障害児者に対する教育の場面でも障害者の社会参加が進む様子が確認できる．社会全体として少子化傾向にあるという背景にくわえ，どのような就学の仕方を選ぶのかは，障害の程度や居住地の近隣にどのような学校があるかにも依存する．また，次章でも見る青い芝の会がかつて養護学校の義務化に反対運動を展開したように，学校の内部での障害児への教育（の名を借りた抑圧）がおこなわれうることには注意が必要である．しかし，ひとまず数だけを確認するなら，就学猶予・免除により学校という場に参加しない・できない障害児者は量的には少数派となっており，現今の障害児者の多くは，少なくとも形式的には教育を受ける機会を得ている．とりわけ，特別支援学級や通級による指導のように，障害者と健常者が空間的に接近するかたちでの教育場面が増えていることがわかる（文部科学省「特殊教育資料」（1971 年度〜2002 年度），同「特別支援教育資料」（2003 年度〜2014 年度）および同「2013 年度通級による指導実施状況調査結果について」による）．ここで特別支援教育の歴史を精査するいとまはないが，近年に限ってみても，学校教育法施行規則の一部改正による一部の障害を対象とした通級制の弾力化（2006 年），小中学校において障害のある児童生徒の生活をサポートする特別支援教育支援員の地方財政措置（2007 年）などの改革も進んでいる．高等教育においても，障害者の参加を進める取り組みが個別局所的に展開されているほか（篠原 2015），障害者差別解消法の施行により，企業等と同様に各種学校においても（国公私立の別により，程度の差はあれ）合理的配慮の提供が求められるようになるため，こうした傾向は今後も拡大すると思われる．

　さて，このような障害者による社会参加が進展していくとき，それがなにも問題を孕まないままに進行するならば，とりたててこれを論じる必要性には迫

られない．もちろん，それを十全に駆動させるための社会の側の態度形成や環境整備は必要であるにせよ（栗原 2009），障害者差別解消法や障害者雇用促進法と，これらが規定する合理的配慮といった制度的な後ろ盾をともなっているのであれば，なおさら安心であるかのようにも思えるかもしれない．以下では，必ずしもそうとはいえないこと，すなわち，そうした制度的な側面とは別に，あるいはそうした制度上の配慮がおこなわれるからこそ，その枠組のもとで営まれる相互行為の中身を問わなくてはならないということを論じる．

　障害という現象を理論的に考察した社会学者の星加良司は，障害者の不利益は基本的には制度，たとえば企業の雇用慣行や能力評価の仕組みなどによって産出されるものであるとしつつも，それは制度的な改変によってのみ解消される問題ではなく，非制度的な相互行為場面においても生成される重層的なものであると主張する．星加が挙げるのは以下のような例だ．たとえば，レストランでの「イヌ食い」や，通勤ラッシュ時の駅で周囲の人々に介助を頼むことは，健常者の日常的な行為規範を乱すものとされる．このとき，たしかに健常者社会の秩序も乱されているのだが，その秩序の修復としておこなわれる健常者からの好奇の視線や儀礼的無関心は，障害者にとっては逸脱者として自己アイデンティティが毀損される経験となるものである．また，そうした否定的レイベリングが自己に対して改めて執行され，内面化がおこなわれてしまえば，今度はこれに適応するかたちで逸脱者や弱者といった自己規定がおこなわれてしまうことも十分考えられる事態だ（星加 2007: 229-36）[8]．

　現に，先に見た教育や労働といった場面においても，非制度的な位相での相互行為実践があり，それが障害者の不利益に結びきうることがこれまでにも指摘されている．ミシェル・フーコーの議論を道具として利用することを主張するジュリー・アランは，同じ学級に在籍する障害児と健常児の相互行為場面を観察するなかで，双方が医療や福祉にかかわる言説を駆使しながらアイデンティティ管理を発達させていることや，健常児が障害児を監視し，曖昧にではありつつも障害児の行動を許されるものと許されないものに分けるといった実践をおこなっていることを述べる（Allan 1996 = 2014）．こうした障害児と健常児の関係は，障害児にとってときに抑圧的なものでありうるだろう．また，知的障害者の就労支援をおこなうある飲食店チェーン企業を退職した障害者が，

その理由として「店への迷惑」を挙げていたことや（今野・霜田 2006），埼玉県の調査では障害者の離職理由としてもっとも多く挙げられるのが職場での人間関係となっていることなどは（埼玉県産業労働部職業支援課 2011），賃金や労働時間，職場環境の整備といった制度的な配慮のみによっては解決しない，それとは別の水準の問題による障害者の社会からの撤退がすでに進行しつつあることを示唆するものである．

　さらに，こうした制度的な配慮があっても発生してしまう問題と同時に，そうした制度的な配慮がおこなわれるからこそ発生する問題もある．たとえば，障害をもった学生の学業に不都合が生じないような人的・物的な配慮がおこなわるとき，多くの場合は健常者であろうそうした配慮をする側は，その学生に真面目に，かつその支援に感謝して学業に取り組むことを期待してしまう（星加 2015）．キャスリーン・モルティエらは，そうした健常者側の期待を障害児が敏感に察し，支援のやり方に不満があっても支援者が不快にならないようそれを口に出さずにいる様子や，彼らをサポートする健常な同級生たちが，支援に対して障害児に感謝を要求する様子を指摘している（Mortier et al. 2011 = 2014）．ここでは，従順で恩義を感じているようにふるまうことが支援を受けるための掛け金となってしまっているのである．また，障害者と健常者というカテゴリー対が相互行為のなかでことさらに意識されない状態へ接近していくためには，逆説的なことに障害という個人の特性を前提とした配慮がなされなくてはならないのだけれども（榊原 2012, 2013），それゆえに，健常者と同様の参加を目指しておこなわれる障害者に対する配慮は，かえって障害者と健常者というカテゴリー対を前景化させ，障害者を健常者から他者化された存在にしてしまう危険性を孕んでいる（星加 2015）．こうした事態を，健常であることが社会的価値とされる健常主義をめぐる議論を牽引するフィオナ・キャンベル（Campbell 2008）は，ハーラン・ハーン（Hahn 1986）を参照しながら，障害者を社会経済的に従属的な地位に固定化してしまう社会制度の逃れがたい負の側面として指摘している．制度によって下支えされているとはいえ，障害者の不利益は発生しうるし，仮にこれが回避されたとしてもそれは微妙なバランスの上でおこなわれているものなのである．たしかに，こうした相互行為場面における不利益を，いまいちど制度設計を見直すことによって極小化していくという

理路もある．たとえば教育の場では，障害者としてのカテゴリーが執行されスティグマ付与がなされないよう，障害者のみならずさまざまなニーズをもった学生が利用できるように場をユニバーサル化する発想が登場している（近藤2012）．また，海老田らは積極的な障害者雇用をおこなっている企業を観察するなかで，そこでは障害者ではなく被雇用者という別のカテゴリーが執行されるような作業や組織のデザインがおこなわれていることを記述している（海老田ほか2015）．先に見た星加も，介助の有償化が介助者と障害者の関係の非対称性，とくに介助を受ける経験のネガティヴな意味付けを緩和することを指摘している（星加2007: 236-45）．このように，制度設計の再検討は不断になされなくてはならない．

　しかしながら，そうした制度的な水準における改善とは別に，障害者と健常者双方の日常的な相互行為の水準においても，こうした不利益を解消しようとする障害者と健常者それぞれの実践はおこなわれうるものである．たとえば，それは先にみたモルティエらが調査した障害児のように，自身の取り扱いについての直接的なクレイム申し立てとしてなされることもあるだろうし（Mortier et al. 2011 = 2014），たくみな自己呈示によって，その場でのカテゴリー執行を操作するといった方法もあるだろう（太田2008）．あるいは，次章で見る青い芝の会のように，社会運動上の思想をもとに障害者と健常者の関係を規定しようとする場合もあろう．同時に，健常者の側でも——それが奏功するかはまた別問題なのだが——相互行為の水準で障害者を排除しない努力がおこなわることもあるし（倉本2015），障害者運動においてはその理念に共鳴する健常者もこれまでに存在してきた[9]．

　このように，相互行為の場面において生じる障害者の不利益に対しては，制度的な水準のみならず，日常的な実践のなかでこれを解消しようとする営みがありうるのである．ここにおいて，支援を受けて生活していくことを相互行為場面に定位して検討する積極的な必要性が生じる．障害者による社会参加は，それに制度的な担保があることをもって足れりとできる事態ではない．なぜなら制度によってすべての不利益が解消されるわけではないし，制度があるからこそ顕在化する問題もあるからだ．そしてそれをかかわりのなかで解消しようとする実践があるならば，障害者をとりまく相互行為，とくに障害者の生活を

より快適なものにするための試行錯誤がいかなるものであるのかが問われる必要がある．ALS の療養を相互行為に照準して人々の実践を描く本研究は，こうした非制度的な相互行為場面において発生する論点を問うという障害学の課題を引き受けたものともなるだろう．

注

1) もちろんそれ以前にも，障害者が置かれた状況や差別に対する批判は社会のなかで表明されてきた．それらを纏めたものとして，立岩編（2015）．

2) 一般に日本における自立生活運動は 1980 年代以降の自立生活センター主導でおこなわれていたものを指すが，先に述べた 70 年代の運動にはすでにその萌芽が見られる．この点は立岩（1999b）が指摘しているほか，次章で見ることになる．

3) なお，少々古く調査期間の幅も狭いデータだが，全国自立生活センター協議会（JIL）に加盟する CIL を対象に行われた調査によれば，2001 年から 2004 年にかけて，自立生活者数は単調増加している（2019 年 12 月 28 日取得，http://www.j-il.jp/data/index.html）．

4) 2019 年 12 月 28 日取得，http://www.jcil.jp/2014sijpo.html.

5) 身体障害者については，同居人がいた場合にその続柄がデータとして公開されているのは「生活のしづらさなどに関する調査」のみで，その前身となる「身体障害児・者等実態調査」では同居人の有無しかデータとして利用可能ではなかったので，その推移は残念ながら確かめることができない．なお，同居人のいない身体障害者については漸増の傾向にあるが，これは単身高齢者の増加によるものである蓋然性が高い．

　一方，知的障害者については，同じく「生活のしづらさなどに関する調査」前身である「知的障害児（者）基礎調査」で同居人の続柄についても把握することができる．65 歳ではなく 18 歳を年齢の区切りとしているために単純な比較はできないが，全体として親と暮らす知的障害者は微減，逆に配偶者や子どもと暮らす知的障害者は微増の傾向にある．

6) このほか精神障害者の数についても若干の増加傾向が見られる（厚生労働省「患者調査」による）．また，とくに近年注目を集める発達障害に顕著であるが，ある状態が障害として概念化されるという社会的構築を通じて新たに「発見」される障害も，障害者の増加の一端を担うと考えてよいだろう（篠宮 2018）．くわえて，積極的に障害の定義を拡大していくことが規範的に目指されるのであれば（川島 2008），当然それに応じて障害者の数も増えていくだろう．

7) 特例子会社は，企業が一定の条件のもとに設立できる子会社で，障害者雇用率の算定にあたり，企業はこれに雇用された障害者を含めることができる．

8) 佐藤（1994）は，こうした社会的レイベリングの内面化としての自己レイベリングによって，自身に対するカテゴリーの定義権が失われ，抑圧がより深化するとともに，その苦痛が隠蔽されると指摘している．

9) このほか，面倒をみるふりをしてすべき仕事をしなかったり（三井 2015），障害児だけが配慮を受けることに嫉妬したりなどと（Mortier et al. 2011 ＝ 2014），障害者の不利益を解消することを志向するか否かとはまた別のさまざまな思惑が健常者の側にあることも指摘できる．

手足の淵源
——意味のアドホックな充填——

▶ 2.1　本章の目的

　前章では，地域包括ケアシステムの時代における ALS の療養を，患者と介助者のあいだでの相互行為に着目して検討することが述べられ，そうした議論をするに際しては，障害者と介助者の関係を論じた障害者運動や障害学の知見が参照可能であることを指摘した．本章と次章ではこれを受けて，障害者と介助者の関係を議論してきた既存研究を検討することを通じ，そうした関係を対象とした本研究は何を問うべきなのかを，より特定化されたかたちで導出することを目的とする．それらの議論は，おもに福祉社会学や障害学といった領域において，健常者のなかでもこの社会で障害者と生活の場面でかかわってきた人々——介助者が，障害者といかに対峙しうるかという視角からおこなわれてきた．それらの議論を検討することによって，本研究が ALS の療養を題材として何を問うべきであるのかを提示することができるだろう．

　ここで一度，本研究の用語法を確認しておこう．本研究では障害をもつ人を健常者との対として障害者，そうした障害者の余事象を健常者と名指す[1]．また，そうした健常者のなかでも，有償か否かや資格の有無は問わず，継続的な仕事やボランティアとして障害者の生活を支援する家族以外の人を介助者と呼び[2]，介助サービスを受ける対象としての側面を強調する際には，障害者を利用者と呼ぶこととする．このほか，介助には類語に介護，ケア，支援などがあるが，ここでは障害者運動や近年の潮流を踏まえつつ「介助」を用いる．ただし，文献やインタビューデータからの引用においてはその限りでないし，文脈によっ

て適宜意味の通りやすいものを用いる．また，更衣介助や移乗介助，のちにみる青い芝の会がもちいた健全者といった慣用表現や，重度訪問介護といった行政用語もそのまま用いる．

さて，介助における障害者と介助者の関係をめぐる現今の議論では，介助者を手足になぞらえるメタファー，いわゆる介助者手足論という言説が起点となっている．³⁾ しばしば参照される定義として，次のものがある．

> 介助者は障害者が「やってほしい」ことだけをやる．その言葉に先走ってはならず，その言葉を受けて物事を行うこと．障害者が主体なのであるから，介助者は勝手な判断を働かせてはならない（究極 1998: 179）．

後に見るようにこの言説の背景にはいくつかの規範的含意があるのだが，ひとまずはいわれたことだけをやり，いわれなかったことはやらないという意味として単純化して捉えておこう．この介助者手足論が介助の基調となると主張される場合はもちろんのこと，これを批判し，修正ないし相対化する場合でも，多くの議論がこの論に準拠して議論をおこなっている．その意味では，本研究も介助者手足論の検討から議論を始めるべきであるだろう．

しかしながら，この介助者手足論でもちいられている手足というメタファー自体は，1970 年代の日本において，脳性麻痺者（CP 者）の当事者集団であった青い芝の会，とりわけその関西での運動のなかにおいて出現したものだ．そして——厄介なことには——当時の手足という隠喩に込められていたニュアンスと，現今の介助者手足論における手足の意味は微妙に異なるにもかかわらず，現今の議論のなかの一部には，介助者手足論の主張を，青い芝の会の運動のなかから引き出されたと述べるものもあり，少々強い言葉を使えば，そこには誤解や曲解も混ざってしまっている．そのため，青い芝の会がおこなっていた主張，とりわけそこでの手足のニュアンスを確認することなしに，介助関係の検討を介助者手足論から始めてしまうと，介助者手足論という言葉に含まれる多様な意味を腑分けすることができなくなってしまう．それは 1970 年代の，とくに関西における障害者運動に通暁した人以外にとって，理解しにくい議論となるだろう．既存の研究のなかには，そうした手足という言葉の含意が移り変わっていることを指摘するものも存在している（小林 2006a，2006b，2011；杉野

2007: 270; 定藤 2011: 174; 川口ほか 2013: 326）．しかし，本章で以下詳しく見ていく
ように，青い芝の会がこの手足という比喩に込めた意味自体も，時期によって
微妙にニュアンスを変えているのだ．これらの既存研究は，青い芝の会のなか
でいわれていた理念と現今のそれを大別して違いをいうのみであり，青い芝の
会の主張のなかにすでに準備されていた，そうした言説の移り変わりには照準
していない．先回りして述べれば，こうした望ましい健常者のあり方自体が状
況依存的・流動的なものであるという事実が，次章以降で可能な関係の揺らぎ
に照準していく理由ともなる．

　そこで，先行研究の検討としてはやや変則的なかたちとなるが，本章ではま
ず当該の障害者運動を，これを対象とした研究や当時の資料をもとに概観した
上で，次章でその予備知識を踏まえて既存の議論の検討をおこなうという二段
構えをとることとしよう．よって，本章の構成は以下のようになる．まず次節
では，青い芝の会，とりわけその関西での運動と，その傍らにあった健全者組
織であるグループ・ゴリラにおいて，それが使われはじめた当初，手足という
隠喩がどのような意味を込められていたのかを確認する．次いで 3 節と 4 節で
は，それが運動の展開のなかでどのように変わっていったのかを資料から跡づ
けていく．そうすることで，次章以降にみる現今の介助者手足論の性質がより
明確に理解されるとともに，既存研究の検討も混乱なくおこなえるようになる
だろう．

▶ 2.2　健全者組織の結成と拡大

　本節では青い芝の会とその周辺による運動，なかでも関西で行なわれたそれ
の展開を追いながら，介助において健全者のあり方を指し示すものとして提出
された手足という暗喩が，何を意味していたかを検討していく．

　先にも述べたように，青い芝の会は CP 者による当事者集団である．もとは
交流や福祉制度の拡充を主眼とした親睦団体であったことが知られているが
（小林 2011），社会的な注目を集めるようになるのは，のちに先鋭的な主張をお
こなう運動団体へと変化していって以後のことであろう．その端緒としては，
神奈川県で脳性麻痺をもつ子どもを殺めた母親の減刑を求める運動に対する批

判が有名である．その後も，優生保護法の改定に対する反対運動，障害者に対するバスの乗車拒否に対抗した川崎バス闘争，養護学校義務化への反対運動などがおこなわれている（横塚 2007: 418-26）．

　そうした運動の思想的中枢となったのは，大仏空という僧侶のもとにあつまった CP 者によるコロニー「マハラバ村」の出身者であり，のちには全国青い芝の会の初代，2 代会長となる横塚晃一や横田弘ら，青い芝の会神奈川県連合会を牽引した人々であった．「泣きながらでも親不孝を詫ながらでも，親の偏愛をけっ飛ばさねばならないのが我々の宿命である」（横塚 [1975] 2007: 27）といった言葉に象徴されるように，彼らは愛情や配慮という名のパターナリズムが，障害者の生を抑圧するものであると考えていた．のちの自立生活運動における障害者の決定をこそ最重要視すべきであるという発想も，彼らの思想の延長線上にあるとみることができる．しかし，青い芝の会の運動のなかでいわれた手足という語彙の出自は，神奈川ではなく関西の青い芝の会とその周辺に求められる．そこで，ここでは関西の運動に軸足をおきながら，まずはその初期における手足の含意を確認するところから始めよう．なお，関西における青い芝の会の展開については，すでに山下幸子（2008）や定藤邦子（2011），渡邉琢（2011: 147-204）による詳細な研究があり，また角岡伸彦（2010）は 1970 年代から現代に至るまでの臨場感あるルポルタージュを提供している．本章でも適宜これらを参照するが，ここでの目的は手足という語彙の出現と意味内容の変転を追うことにある．

　関西における青い芝の会の運動の発端は「さようなら CP」の上映活動に求められる．「さようなら CP」は，先にも挙げた横塚や横田らが出演するドキュメンタリー映画で，健全者社会の価値観を転倒させることを企図して制作されたものである（定藤 2011: 65）．この映画とその上映活動に触発されるかたちで，1972 年 12 月に自立障害者集団グループ・リボンが，次いで 1973 年 1 月には健全者の組織である自立障害者集団友人組織グループ・ゴリラ，4 月には大阪青い芝の会が結成される（角岡 2010: 36, 84）．そして，この健全者組織グループ・ゴリラが自身らのあり方を規定する際にもちいた符牒こそが「手足」であった．動物のゴリラが人間のようには頭を使わずに身体だけを動かしているという発想にもとづいた比喩として，グループ・ゴリラは手足とされたのだ．

この点は当時の様子を知る古井によって，またゴリラのメンバーへの調査をおこなった山下によって，以下のように指摘されている．

> つくられた当初は，「頭は出さず，手足だけを出す」という意味で「ゴリラ」と名乗っていた（古井 2001: 365）[4]．

> グループゴリラにおいては，その結成当初より「頭は貸さずに手足を貸す」という考えが強調されていた（山下 2008: 102）．

　こうした手足を出す／貸すという言葉でいい表されているのは，運動における主体性の所在である．すなわち，あくまで運動をおこなうのは障害者であって，健全者はこれを後ろから支えるに過ぎないという理解が，手足という言葉で確認されたのであった（定藤 2011: 141-2）．とはいえ，健全者が運動に参与すれば，運動が健全者に都合よく進められてしまう危険が常に存在する．そのため，グループ・ゴリラが運動の主導権を奪わないように，健常者に自制させる仕組みが必要となった．そこで強調された理念が，彼らが障害者運動を始めるきっかけとなった青い芝の会が主張したような健全者のあり方，すなわち差別者としての自身を反省するという志向である．青い芝の会の理論的支柱を担った横塚は，健全者に対して自身が差別者であることを自覚することを強く求める．

> 我々を，不幸な，恵まれない，かわいそうな立場にしているのは権力であり，今の社会であります．その社会をつくっているのは他ならぬ「健全者」つまりあなた方一人一人なのです．あなた方は，我々をはじきだした学校で教育を受け，我々の姿の見られない職場で働き，我々の歩けない町を闊歩し，我々の利用できない乗り物，エスカレーターなどの種々の器物を使いこなしているのです．このように考えれば，一人一人が，いや他の人はとにかくとしてあなた自身が差別者，抑圧者といえましょう（横塚 [1975] 2007: 141-2）．

　このように健全者とはおのずから差別者であり，それに気づかなくてはならないという主張は，横塚をはじめとして青い芝の会をとりまく言説に一貫して

登場するモチーフである．この主張は関西においてもグループ・リボンに引き継がれ，同様の自覚がグループ・ゴリラに求められていたことが指摘されている（角岡 2010: 40-1）．それゆえ，彼らの理念や活動に共鳴して始まったグループ・ゴリラが目指す健全者のあり方も，障害者との日常的なつきあいのなかで，自身こそが差別の片棒を担ぐ存在であることを自覚するというものとなっていく．運動における障害者の主体性を奪うことなく，手足として機能していくためには，自身らがいかに差別的な存在であるかを理解する必要がある．この時期のグループ・ゴリラをめぐる資料のなかには，こうした自戒が繰り返し表れる[5]．

　　私達の毎日の生活が，障害者差別の温床だという事をわかった上で，みんな，ガンバロウという話で始まっているんですから（自立障害者集団友人組織関西グループ・ゴリラ連合会 1974: 5），

　　真に，障害者差別を知るということは，障害者が我々に裏切られている実情に，日々接していくことから始まるものだと思います（自立障害者集団友人組織関西グループ・ゴリラ連合会 1974: 25）．

　　そして障害者の外出ということになると，一対一の関係のつもりでも，障害者の意思を充分にくみとれず，介護者ペースになりやすいことを思い知ることになる．障害者にしてもわざわざ介護してくれる健全者に対して遠慮があるから，自分の意思を押し通そうとはしない．それを同意とうけとってしまって，こちらのペースでものごとを運んでしまう．健全者にとって障害者解放運動が，健全者ペースの運動になってしまわないためにも，自己の健全者意識のためにも，日々直接障害者と接してゆくことがどうしても必要なことであるし，また障害者にとっても，自分の家庭以外の健全者とつき合うことによって，外の社会に対して一つの窓口を持つことができるわけだ（自立障害者集団友人組織関西グループ・ゴリラ連合会 1975a）．

　最後に引用した文章は手書きのものだが，その後も活字となってたびたび転載されることになる（障害者解放をめざす講座〜関西実行委員会 1976; 大阪グループ・ゴリラ 1979）．こうしたことからも，この発想がグループ・ゴリラの内部でも承

認され，かつ繰り返し参照されるべきとされた共通見解であったと考えること
ができるだろう．そこには，前節で一瞥したような介助者手足論の趣はない．
今回集めえたこの時期の資料のなかには，指示されたことを過不足なく実現す
ることを理想と説くものはなく，そこで強調されるのはあくまで日常的に障害
者とつきあい，自身や社会がもつ差別性への批判精神を培っていくことの重要
性なのである．そして，両者が共同した運動が可能になるのは，そうした前提
があってこそであると観念されていたのだ．以下も健全者の側から提出された
文章である．

　　その身は今ある社会構造に組み込まれ，その心はブルジョア意識に毒毒（ママ）
　　され切っている健全者は，この障害者との共同行動を開始することによっ
　　て本当の闘いへと目覚めさせて行くし，そしてそれは目覚めさせるに十分
　　である．その共同行動とは，障害者との実際的なつき合い，あるがままに
　　於る毎日毎日の目の前の生なつき合いであり……，それを土俵としたとこ
　　ろの相互点検，相互関係の展開，その力を闘いの刃とし外へ突き出すこと，
　　それが次から次へと新しい状況を切り開いて行くと云うことである（自立
　　障害者集団友人組織関西グループ・ゴリラ連合会 1975b: 31-2）．

　そしてまた，こうした差別者としての自身への反省的な態度をもって運動に
参与していくことを担保していくための仕掛けとして，健全者組織をつくるこ
との動機が語られる．たしかに，障害者とのつきあいのなかで差別に気づき，
自身を変革する健全者はいるかもしれない．しかし，なかにはそうなることが
できず，運動からフェードアウトしてしまう健全者も出てきてしまう．そうな
れば，運動は個別的で障害者を取り巻く関係も狭いものとなってしまう．それ
を防ぐために，健全者が組織としてまとまることが必要であると主張されたの
6)
だ．

　　グループ・ゴリラは，個別戦斗的健全者を創るのではなく，層としての
　　斗う健全者，まさしく集団でなければならない事が，はっきりしたのです
　　（自立障害者集団友人組織関西グループ・ゴリラ連合会 1974: 5）．

　グループ・ゴリラに端を発した健全者組織は，その後1975年に鎌倉で開催

された青い芝の会の第二回全国代表者会議での採決を経て，1976年4月に全国健全者連絡協議会（全健協）の結成というかたちで，全国的な組織化の道を進んでいくことになる．そしてその際にも，日常のつきあいを重視すること，そのなかで健全者が自身の差別者であることを認識することというここまでみてきた理念が，障害者と健全者の双方から語られる．たとえば，以下は全健協の機関紙として1976年の5月から9月にかけて毎月発行されていたフライヤーのなかの文章である．

> 多様な課題を展開する上でも，日常的障害者との関わりが，最も基本であり，最も重要なものとなってくる．……今全健協に結集する部分において，まず必要なことは，障害者との日常の共同であり，その関係の点検であり，深化である．だからこそ我々は，各地域における日常展開を拡大，深化させていくとともに，地域間における展開の共同，提起を，強烈に行っていかなければならない．その中でこそ，はじめて，障害者差別を許さぬ健全者としての，多様なる課題への展開が創出されてくるのである（自立障害者集団友人組織全国健全者連絡協議会 1976）.

同様の主張が障害者からも発せられたことについては，以下の引用からわかる．全健協と対になる障害者の組織である全国障害者解放運動連絡会議（全障連）の発足に際し，障害者解放運動の現在的視点と題して，横塚は次のように述べる．

> この健全者たちが社会変革を志向するとき，おのれ自身の無意識のうちにとりつづけてきた障害者に対する差別意識を問うことなくして，いかなる革命，いかなる社会変革もなしえないことを深く深く自覚すべきである．そしてその自覚は書物を読み，障害者運動の集会に出席することだけで得られるものでは決してない．今まで障害者を切りすててきた社会で育ち，この社会の差別構造が深ければ深いほど，そこで培われたひとりひとりの感性は根深く断ちがたいものであり，健全者にとって自分自身の無意識の差別意識を自覚するということは，新しい何者かを発見することであり，新しい感性を創っていくことである．その新しい発見は，闘う障害者との

出会いにはじまり，以後，日常的な障害者とのふれあいの中に，そしてま
た，障害者組織と共に闘う自分たち健全者の組織活動の中で培われ，育ま
れてゆくものである（全国障害者解放運動連絡会議 1976）.

　この引用の最後の部分からは，こうした健全者のあり方を担保するための仕
組みとして，組織という形態をとる必要があるというグループ・ゴリラのとき
と同様のロジックが全健協の結成においても展開されていることが読み取れる.
これを傍証するものとしては次の文章も挙げられよう．以下は全健協の結成が
提起された 1975 年の青い芝の会第二回全国代表者会議の活動方針である．こ
こには既に手足のメタファーが登場し，手足としての介助者がもつべき自覚と
組織の必要性が語られている.

　　しかしながら，「青い芝の会」の運動はこれからもますます発展させ，
　深化させていかなければなりません．特に歩けないような人達，あるいは
　身の回りのことが自分でできない人達を「青い芝の会」の運動の中にどん
　どん参加させていく，いや，むしろこのような人達が中心になって社会を
　変えていくような体制を作っていかなければなりません．それには私達の
　手となり，足となりきって活動していく「健全者」の人たちがどうしても
　必要になってきました.
　　しかも，この人達と私達「青い芝の会の関係は「やってやる」「理解し
　ていただく」というような今まであった障害者と「健全者」の関係ではな
　く，むしろ敵対する関係の中で しのぎをけずりあい，しかもその中に障
　害者対「健全者」の新しい関係を求めてお互いの内部においても葛藤しつ
　づけるというものでなければなりません．このような状況を作り，それに
　耐え，さらに発展させていくにはたとえ「健全者」といえども（「健全者」
　だからこそ」前にも触れたごとく個人では限界があり，時にはせりあい，
　時には支えあって自己変格をしていく「健全者組織」が必要です（社会福
　祉事業団体日本脳性マヒ者協会全国青い芝の会総連合会 1978: 9-10）.

　このように，自身らを手足と規定したグループ・ゴリラ，あるいはその延長
線上にある健全者組織であるところの全健協は，組織によるバックアップのも

と，日常のかかわりのなかで自身の差別性を自覚した上で障害者と共闘してい
くことを掲げていたのである．

　しかし，そうした関係は長くは続かなかった．次項では運動の混乱と，その
なかで手足という言葉が使われる様子を見ていこう．

▶ 2.3　運動の混乱と手足の意味の変化

　1977 年頃から，青い芝の会と健全者組織のあいだに問題が発生し，運動は
混乱していくことになる．その原因は，健全者側による運動の主体性の簒奪で
ある．それは，障害者の運動に健全者が，それも組織のかたちをもって参入す
る時点で警戒されていたことではあった（社会福祉事業団体日本脳性マヒ者協会全国
青い芝の会総連合会 1978: 10; 定藤 2011: 94）．どれだけ友人や共闘といった言葉を
使ったとしても，この社会のなかで障害者と健全者は圧倒的に非対称なカテゴ
リーとしてあり，教育や労働など，あらゆる側面において健全者は有利な立場
にある．なにもしなければ，おのずと健全者に都合のいいように物事は進んで
しまうのである．だからこそ，健全者たちは前項にみたような心性をもつこと
を基本路線として掲げたのであったし，ときに自身らのペースで障害者の運動
を進めようとしたときには，自戒をすることもあった．たとえば，以下は福島
県で自立生活をしたいという障害者に対する態度を反省する文章である．

　　　E 氏ばかりに自己変革を迫り，自分達のペースにあてはめようとしてい
　　る事に気づき，E 氏が問題なのはもとより，E 氏に関わる我々自身の問題
　　であるという全く基本的，根本的，初歩的ルールの確認がなかったことが
　　明確にされた（自立障害者集団友人組織全国健全者連絡協議会 1977a: 3-4）．

　このように，健全者側が自己点検を完全に怠っていたというわけではない．
しかしながら，結局は健全者組織と青い芝の会の関係は瓦解していくことにな
る．ことの発端は，ある障害者の自立をめぐる諍いであったらしい[7]（本部 2011a,
2011b, [2005]2014）．資料によって前後関係が食い違う部分もあるが，おおむね
事態は以下のように進行したとされる．すなわち，言語障害などのためにグ
ループ・ゴリラのなかで「ランクが低い」とされた本部富生が，独自に生活保

護を受けて自立生活を始めたことを大阪青い芝の会や大阪グループ・ゴリラが批判した．これを本部が関西青い芝の会の中東頼子に相談したところ中東が関西におけるグループ・ゴリラの現状に怒り，1977 年 10 月に「緊急あぴいる」と題された文書が出されるに至る．

　緊急あぴいるは，関西青い芝の会と関西ゴリラ連合会，りぼん社の連名となっているが，内容をみれば明らかに関西青い芝の会からグループ・ゴリラへの告発であった．そこでは，グループ・ゴリラのメンバーらが障害者にランク付けをしたり，横柄な態度をとったりしたほか，運動方針が青い芝の会に無断で決定され，のちに責任のみを求められることなどが指弾されたのである．翌月にはほぼおなじ内容が関西の現状として全国の健全者組織に共有されることとなる（自立障害者集団友人組織全国健全者連絡協議会 1977b: 22-4）．

　さて，この緊急あぴいるを受けて関西の障害者運動は混迷に至り，事態は関西グループ・ゴリラ連合会や全健協の解散，またこの流れに反対する大阪青い芝の会の離反と運動の再建といった方向に進んでいくことになる．その詳細は角岡（2010）や定藤（2011）に任せるとして，本研究の関心からここで注目したいのは，こうした混乱のなかでの手足という言葉の含意，あるいはその語彙に仮託して求められる理想的な健全者のあり方の変容である．

　こうした混乱期における手足という言葉が示すものについて，まず確認しておかなくてはならないのは，横塚晃一が 1978 年の 7 月 1 日から 6 日にかけて（介護ノート編集委員会 1979: 223），その死の間際に遺した「健全者集団に対する見解」であろう．ここでは，この時期の青い芝の会において健全者を手足になりきらせることの必要性と，その困難が端的に述べられている．

　　　一方，このような事態を引きおこした総括として，健全者を友人というあいまいな位置においてきたこれまでの健全者組織のあり方が問題となり，一度全健協を解散させ「青い芝の会の手足となりきる健全者集団」という位置づけのもとに健全者集団を再出発させるという結論に至ったのであります．……しかし，常に健全者というものが私達脳性マヒ者にとって「諸刃の剣」であることを私達は忘れてはなりません．つまり青い芝の会（脳性マヒ者）がこの社会の中で主張をして生きようとする限り，手足となり

きって活動する健全者をどうしても必要とします。が，健全者を私達の手
足となりきらせることは，健全者の変革を目指して行動しはじめたばかり
の私達脳性マヒ者にとってはまだまだ先の長い，いばらの道であります。
手足がいつ胴体を離れて走り出すかもわからないし，そうなった時には脳
性マヒ者は取り残され生命さえ危うくなるという危険性を常にはらんでい
るのです（横塚 [1975]2007: 264-5）。

　では，ここでいう手足，手足になりきった健全者とはどのような存在であっ
たのだろうか。「緊急あぴいる」の翌年，1978 年に開催された青い芝の会第二
回全国委員会の議論から，その内実をみていこう。

　　私達が何故青い芝の会を作らなければならなかったのかを考えた場合，
　最低限健全者は，私たちの組織決定に口をだすことは許されない。そして
　どんな健全者を選ぶか，どんな健全者を拒否するか，これは相手が個人で
　も，あるいは組織の場合でも全く私達の自由に委ねられなければならない。
　　これが「青い芝の会」と健全者とのかかわりの基本理念なのである（社
　会福祉事業団体日本脳性マヒ者協会全国青い芝の会総連合会 1978: 7）

　　昨年〔1977 年，亀甲括弧内は筆者の補足を示す。以下同じ〕の 6 月から神奈川
　県の健全者の組織として行動委員会を作りました。この中で青い芝の手足
　となりきる組織とすることを前提として，設立されているわけです。それ
　でいろいろな事，例えば，バス乗車斗争，義務化阻止，家庭訪問などに一
　切口を出さない，青い芝の方針の中で斗うということが確認されているわ
　けですが（社会福祉事業団体日本脳性マヒ者協会全国青い芝の会総連合会 1978: 18）

　このように，ここでは運動の方針に意見を挟まないことが，手足としての健
全者のあり方として定義されているのである。もちろん，もともとの手足の含
意に鑑みても，健全者が運動に口をだすことが推奨されていたわけではない。
しかし，前項で引いた当時の文章で述べられているように，健全者はまず自身
の差別性を自覚した上であれば，障害者と友人としてつきあい，共闘していく
ことが可能であるともともとは考えられていたはずだ。そのはずが，ここにお
いては，運動の局面における健全者の参与が明確に否定され，健全者との共闘

はできないものとされることとなる．差別者であるからこそそれを自覚して共
闘するという考えが，差別者である以上共闘はできないという考えに変化して
いるのだ．

> 現時点での「青い芝の会」と健全者との関係が障害者と健全者が絶対的
> 立場の違いがあり，共通の基盤で対等に斗うことはありえないし，共斗は
> 成立しない（社会福祉事業団体日本脳性マヒ者協会全国青い芝の会総連合会 1978:
> 14）．

> 健全者との関係は共斗ではない．共同行動も成立しない（社会福祉事業団
> 体日本脳性マヒ者協会全国青い芝の会総連合会 1978: 14）．

こうした考えは，おのずと健全者組織の根拠も失わせる．なぜなら，グルー
プ・ゴリラにせよ全健協にせよ，それらが組織としての形態をとることを正当
化するロジックは，健全者が障害者運動にかかわる際には障害者の主体性を
奪ってはならないが，そのためには自身の差別性を自覚することが必要であり，
それは個人で十全におこなうことは難しいけれども組織であればできる，とい
うものであったからだ．もはや健全者が運動にかかわること自体が否定されて
いるのだから，当然健全者組織の存在意義も積極的に肯定できなくなる．たし
かに，健全者組織を解散するといいつつも，横塚は「青い芝の会の手足となり
きる健全者集団」をつくるとしているので，なお組織は残っているという見方
もあるかもしれない．しかし，そこで残るのは組織ではなく集団である．では
組織と集団の差異はなにか．第二回全国委員会でこれを尋ねられた横田は，以
下のように答えている．

> おかしな例えだけれど，おこわが集団でおもちが組織だと，おこわはバ
> ラバラになる事が出来るけれど，それがいったん，おもちになると，かた
> まって，組織自体が，一個の目的をもってる訳です（社会福祉事業団体日本
> 脳性マヒ者協会全国青い芝の会総連合会 1978: 32）．

健全者「組織」は，障害者の運動に独立した目的をもって介入してしまうの
で，必要とあらばすぐに解体でき，まとまった意見をもたない「集団」として

再定義しようというのである．ここからも，健全者が意見をもつことを封じ，ものいわぬ手足に徹させようという意図が読み取れるといえよう．こうして，手足という語彙の含意は，障害者の主体性を維持するための健全者の立ち位置の確認から，運動における健全者の明確な排除へと，微妙に，しかし決定的に変化したのである．

▶ 2.4 日常への浸食

　こうした手足の再定義について，すぐさま確認しなくてはならないことは，健全者の排除があくまで運動の局面においてであり，日常における健全者とのかかわりはまったく否定されていなかったということである．実際，上に見た「見解」のなかで，健全者を手足として使い切ることを述べた直後に，横塚は「青い芝の会と健全者集団は相互不干渉的なものではなく，健全者の変革に向けて激しくぶつかりあう関係であるべき」と説くし（横塚［1975］2007: 265），晩年の病床では相互の思いやりを基盤とした「心の共同体」を目指していたとされる（横塚［1975］2007: 266-8）．ゆえに，健全者を締め出すという手足のあり方を打ち出す際には，それは運動の場面に限定される必要があった．以下は青い芝の会第二回全国代表者会議において副会長であった白石清春の発言である．

> 　生活と運動とは，全く別の事だという事を頭に置いて，やっぱり，青い芝の運動を作っていかなければならないと思うんです（社会福祉事業団体日本脳性マヒ者協会全国青い芝の会総連合会 1978: 34）．

　こうした点を踏まえずに，健全者からの意見を封じるという主張を一時期の間していたことをもって，現今の介助者手足論の淵源を無媒介に青い芝の会に求めるような読解は，「青い芝の障害者と健全者の関係性を運動論として見ない誤り」（小林 2011）との誹りを免れえないだろう．しかしながら，こうした運動と日常の生活の切り分けが，青い芝の会や健全者組織の人々によって明確に／意識的におこなわれていたわけではない．たとえば，青い芝の会第二回全国代表者会議の場では，上にみた白石の発言に対し，とくに重度の CP 者において日常と運動は不可分であるという反論がなされる．

〔大阪青い芝の会・長沢[10]〕寝たっきりの障害者が生活をする場合，その人の生活をとらえた場合，生活そのものが運動だということになる訳です（社会福祉事業団体日本脳性マヒ者協会全国青い芝の会総連合会 1978: 33）．

〔福岡青い芝の会・中山[11]〕我々 CP にはあの，生活する事が，運動の基本的なところだと考えるわけなんですけれども，なんで基本的なものかというと，これまで CP の生活が，健全者から，征服抑圧された生活を強いられてきたのが現状であって，その中で自らの自己主張を行っていく，生活をするのが，自立生活であるんではないかと，生活と運動を切り離した場合，そういうのは，障害者の自立と解放運動に全々ならないんではないかと，今の労働運動と同じような存在，ただ要求していくばかりの運動になるんであって，健全者の意識変革，社会の変革などありえないんではないかと，自分らの生活を基本とした運動でなければ，障害者の自立と解放というのは，ありえないんではないかと，そのことで地域での自立生活を認めさせることにあるんではないかと，これが，最大の基本的な問題であり，健全者のかかわり方に繋がるんではないかと，これは絶対，生活と運動というのは切り離してはならないものとしてあるといえます（社会福祉事業団体日本脳性マヒ者協会全国青い芝の会総連合会 1978: 35-6）．

　そもそも，重度障害者の生活を起点として既存の社会の価値観（たとえば，「働くことは尊い」）を転覆させていくことを横田や横塚も企図していたのだし（横田 [1979]2015: 56; 横塚 [1975]2007: 51-7），グループ・ゴリラの運動も障害者との日常的なつきあいを起点としていたのであった．運動と日常が連続している以上，運動においては健全者からの干渉を防ぎ，かつ日常においては健全者とかかわり続けるという弁別は青い芝の会を取り巻く人々にとって内面化しづらいものであったのだろう．その結果として，運動において健全者の口出しを禁じるという発想は，その再定義において意図していた範囲を越えて，日常に延伸してしまうこととなる．たとえば，兵庫の青い芝の会で介護をおこなっていた健全者の松尾晴彦は，カンパ活動に際して声を出したことを CP 者である高田耕志に咎められたことを語る．カンパそれ自体は運動の一環であろうから，そこで声を出してはならないということは（再定義後の）手足のあり方として妥

当なものであろう．注目すべきはこれに続く語りである．時期は明確ではないが 1977 年前後を回顧したものと思われる．

> 駅の階段を昇るにしても，バスに乗るにしても，買い物に行くにしても「とにかくお前らは何があっても黙っとけ」と言われました．黙る闘いみたいな（笑）．そう，手足です．そのころはっきりと「介護者は障害者の手足や」と言われてた．で，手足にならなあかん思てました（笑）．手足になりきることが自分らの存在やと．青い芝が一番ガーッて行きよった時代やからねえ（角岡 2010: 227）

こうした語りからは，手足として口を出さないという健全者の姿勢が，運動の局面のみならず，生活の個々の場面にまで延長していることがうかがわれる．同様に，健全者運動を対象とした山下の調査協力者であるグループ・ゴリラのメンバーであった男性は，生活には口を出さないという関係での行き詰まりゆえに，別の関係が必要になったことを以下のように述べている．この男性は 1977 年に大学に入学して以後に障害者運動にかかわったとされているので，こちらの語りも時期としては上記と同じと思われる．

> 結局一緒に，障害者の生活の問題というのはどうしたらいいんだとかを含めて，介護者も一緒に考えなあかんという発想に，こう，変わっていったというかね．ま，それまでゴリラっていうのは「身体を貸す」っていう，介護するけど私生活には口を出さないっていうことだったけど（山下 2008: 126）．

こちらの語りは生活のなかで何をするかという主導権が障害者の側にあることを述べている．ここまでの議論を踏まえると，この語りでは，口出しの禁止が日常生活にまで拡大解釈された上で，再度そうした関係ではなくともに介助について考えなくてはならないというように，いったんオミットされた前史への揺り戻しがおこなわれていると解釈できる．これに対して，ひとつ前にみた松尾の語りは，手足を障害者のできない部分について必要な手助けをおこなうというニュアンスで語るものであったので，これらの語りにおいてまったく同じ用法で手足という言葉が使われているというわけではない．しかし，両者は

手足ないし身体を貸すという表現が生活の場面において用いられていたことを示す点で共通している．もちろん，こうした規範が運動の混乱以後に唐突にあらわれたとは考えにくく，当初から生活の場面においても健全者の過度な口出しは抑制されてきた蓋然性は高い．しかしここで重要なのは，そうした規範に手足というレイベリングがおこなわれるようになり，手足という言葉で指す意味内容が変転しているという点だ．ここまで見てきたように，当初はあくまで主体性の所在の確認だった手足という言葉が，運動における健全者の口出しの禁止へ，さらにその生活における禁止へと変わっていったのである．あるいは，横塚の妻であった横塚りゑが，夫の病床での介護をした人々を評した次の文章にも，そうした延伸を読み取ることができるだろう．

　　　このノートにただ一回登場する人も最初から最後まで繰り返し登場する人も，それぞれの目で CP である夫をみつめ，神経を集中して夫の言葉を聞き取り，手足となって動き，それを率直に個性豊かに書き留めておられます（介護ノート編集委員会 1979: 5）．

　本章では，既存の介助をめぐる議論を理解するための前提として，青い芝の会における手足という言辞の意味とその変遷を追ってきた．その結果明らかとなったのは，当初はおおまかな主体性の確認として発された手足という観念が，活動の混乱期において運動における健全者の意見を封じるためのレトリックとして再定義され，さらにこれが運動と日常の連続性ゆえに日常においても健全者の口出しを禁じるという意味に拡張していったという過程であった．

　小林（2011）は，健全者を手足とみなす考え方は，青い芝の会の運動の混乱期に緊急避難的に提出されたものに過ぎず，青い芝の会の本質ではないし，ましてや現在流通している介助者手足論，すなわち日常の介助における過不足のない指示命令の達成が青い芝の会で主張されたことはないと述べる．また，杉野（2007: 270）は運動における「当事者主権」と日常における「利用者主権」としてこれらを区別している．本章も基本的にはこれらに同意する．しかし，運動における言説の歴史をみることによって，そうした現代に至るまでの手足という言葉に込められる意味の変遷は，青い芝の会におけるその語彙の使い方において既に準備されていたという註釈を加えることができるのである．混乱

期における青い芝の会がもちいた手足という語彙の意味と、とくにおそらくは意図しなかったかたちであろうその意味の日常への浸食は、現在の人々が青い芝の会と介助者手足論を接続するという「誤解」を犯しやすくするものであっただろうし、後代において介助者手足論が主流の発想となっていく土壌が準備される一助であっただろうからだ。くわえて、本章の議論から導かれるより重要な示唆は、「手足」という語に託された意味は、その当初の思惑からときに離れ、その時代や場面ごとに特有の（vernacular）使われ方をしているということである。そうであるならば、地域包括ケアシステムが進んでいる現在、あるいは往時の障害者運動を経験した人が少なくなっていく現在においても、介助者手足論という言葉の意味は問い直されていくことになるだろう。もちろん、介助者手足論が普及していく過程には、川口ほか（2013: 326）でも指摘されるように、主にアメリカから輸入された自立生活センターの仕組みが広まったことや、これを主導したのが指示を明確にだしやすい脊髄損傷・頚椎損傷の人々であったこと、さらには介護保険の導入により、契約にもとづいて障害者が利用者となったことなど、さまざまな要因が輻輳（ふくそう）していることだろう。これを解きほぐし、青い芝の会による健全者＝手足という発想と現在の介助者手足論のあいだのミッシング・リンクを埋めていく作業はいまだ緒に就いたばかりだ。

　しかし、本研究の主眼は現在の介助における障害者と健常者の関係のあり方を探求することであり、青い芝の会の歴史を確認することはそのための作業であった。介助者手足論の出自を探る旅には稿を改めて戻ってくるとして、次章では、こうした青い芝の会による蓄積の上に、現在ではどのような障害者と健全者の関係のあり方が提出されているのかを確認していくこととしよう。

注
1）とはいえ、障害学はその基本テーゼであるところの障害の社会モデル、すなわち広義の社会構築主義的な発想に立ち、障害を個人の問題と捉え、治療やリハビリテーションによってその「逸脱」を正そうとする医学モデルを批判してきたのであった（UPIAS 1975; Oliver 1990 = 2006; Oliver and Barnes 2012）。こうした立場からすれば、そもそも障害をもつとはいかなることなのかということ自体が争点でありうる（星加 2007; 榊原 2016）。ここでは、ひとまず日常語の水準において諒解されたい。また、表記の問題についてもここでは立ち入らない。

2) もちろん，障害者でありかつ介助者であるという人々は存在しうるが，残念ながら本研究の調査協力者にはそうした人々は含まれないので，介助者は健常者であるとして議論をすすめる．なお，本章でのちにみる青い芝の会の周辺には，軽度障害をもちながら脳性麻痺者の介助をおこなっていたグループ・カッパと呼ばれる人たちがいたことが知られている．

3) なお，介助者を手足とみなすという発想自体は，それほど珍しいものではない．たとえばオーストラリアの障害者が同様の比喩で介助者について語る例がみられるし（Meyer et al. 2007），頸髄損傷の白人フィリップと介助者の黒人ドリスの交流を描いたフランス映画『最強のふたり』（原題：Untouchables）には，ドリスが「俺はあんたの手足だよな？」（原文：On est d'accord pour dire qu'ici je suis vos bras et vos jambes?）と述べるシーンがある．また，本研究の対象となる筋萎縮性側索硬化症の療養を描いた小説『サヨナラの代わりに』（原題：You're Not You）には，患者のケイトが介助者のベックに向かって原題の通り「あなたはいま，あなたじゃないの」という箇所がある（Wildgen 2006 = 2015: 184）．

　ただし，本章と次章でみるように，日本の障害者運動やそれを土台とした専門職倫理においては，手足というメタファーは独特かつ多様な意味をもって扱われてきている．そのため，本研究では手足という言葉とそれによって説明可能になる障害者と介助者の関係について，日本に限定して議論をおこなう．

4) なお，「さようなら CP」上映運動のメンバーであった河野秀忠によれば，こうした手足という自己規定がゴリラの命名の由来であるとする説は「後付け」である（角岡 2010: 36-7）．彼によれば，NHK ラジオで放送されていた「リボンとゴリラ」というラジオドラマが，グループ・リボンとグループ・ゴリラの由来であるという．ただし，NHK に問い合わせたところ，同名のラジオドラマが放送された記録はなく，精確な由来は定かでない．また，後付けか否かはともかくとして，手足という語彙がグループ・ゴリラ発足の当初から用いられていたことそれ自体は事実であろう．それに，俗説が俗説であったとしても流布したということは，それが十分理解可能で，グループ・ゴリラの理念をいい当てたものであったことの傍証ともいえるだろう．

5) 反差別の機運が高まる関西に特有の背景としては，部落解放運動や在日朝鮮人による運動と青い芝の会が共鳴していたことも指摘されている（尾上ほか 2013）．

6) なお，この資料には組織をつくってから 1 年半あまり経ってから発行された旨が記されている．その意味では，こうした説明はあくまで「動機の語彙」として遡及的に述べられているに過ぎないというように割り引いて考えなくてはならないかもしれない．

　実のところ，関西におけるいち早い健全者組織の発足には，より実際的な，やむにやまれぬ理由もあった．それは，重度の障害をもつ澤田隆司の運動への参入と，彼を中心とした体制の構築が目指されたことである．日本脳炎の後遺症で重度障害を負った澤田は，横塚や横田，あるいはのちに関西青い芝の会初代会長となる古井正代と比べても障害の程度が重く，健全者の介助がなければそもそも彼の自立生活や運動が立ちゆかなかったのである（定藤 2011: 94）．

　とはいえ，のちにみるように，健全者を組織化することの意義は運動の拡大のみなら

ず，差別性を自覚した健全者をつくっていくことにもあるという主張は，このあとも繰り返し述べられることになる．

7) ただし，この諍いはいわば「とどめ」であって，緊急あぴいるに至るまでにはさまざまな出来事の蓄積があったとみるべきだろう．たとえば，障害者が座り込みをしているときに健全者がドライブに行っていたといった出来事が，障害者と健全者のあいだに亀裂を生んでいたことなどが指摘されている（福永・澤田 2001）．また，新左翼系のセクトによる障害者の連れ回しがおこなわれていたという指摘もある（横塚［1975］2011: 148-9）．なんにせよ，ここでの目的は関西における運動の混乱の主因を確定させることではなく，混乱のなかで手足という語の用法が変わる様子を明らかにすることにある．

8) 中東は脊髄損傷の当事者．教員採用試験に合格したにもかかわらず採用されず，「車いすの教師を創る会」による運動がおこなわれた中東闘争で知られる（定藤 2011: 168-71）．

9) ただし，運動に参加しないからといって，健全者が差別性を自覚する必要はなくなったと青い芝の会が主張しているわけではないことには注意したい．それは運動が混乱して以後も一貫して青い芝の会が訴えている点である．
  健全者と共闘ができないとすることの根拠のひとつとして，共闘するといってしまうと，健全者は障害者とともに社会を告発する側にいるかのように錯覚してしまい，自身の差別性が棚上げされてしまうということが指摘されていることからも，その一貫性がうかがえる（社会福祉事業団体日本脳性マヒ者協会全国青い芝の会総連合会 1978: 10-1）．

10) のちに大阪府豊中市の市議会議員として全国初の車椅子女性議員となる入部（長沢）香代子と思われる．ただし，この会議が開かれた 1978 年にはすでに福岡に移り福岡青い芝の会の事務局長をしているはずであるので，別人の可能性もある（2019 年 12 月 28 日取得，http://www.arsvi.com/w/ik08.htm）．

11) 福岡青い芝の会の結成メンバーであった中山善人と思われる．

第3章

先行研究の検討
—— 介助者手足論とその相対化 ——

▶ 3.1　本章の目的

　手足という語彙をめぐる歴史的な変遷をみた前章を経て，本研究は介助における障害者と介助者の関係を議論した既存研究を検討する段となった．本章では障害学や福祉社会学といった分野で蓄積されてきたそれらの議論を整理することを通じて，本研究の問いを特定化する．

　本章は以下のように構成される．2節では，あらためて介助者手足論の意味内容を確認する．次に3節と4節では，介助者手足論に準拠しつつこれを批判するいくつかの論を検討するなかで，従来の議論が介助関係のあり方をどのように分析してきたのかを整理する．その結果，本研究が取り組むべき課題が特定化されるだろう．これを提示するのが5節である．先回りして述べると，介助者手足論的な関係と，これを批判して提示された関係のあり方のあいだでの揺らぎや混交を記述し，これが個人のいかなる思惑や配慮によって水路づけられた事態なのかを明らかにしていくことが本研究の問いとして提示されることになる．以上の議論は，介助者を中心的な主題としておこなわれるが，6節ではこの枠組みのもとでいかに障害者の家族を分析するべきであるかが述べられる．

▶ 3.2　介助者手足論

　前章でみた青い芝の会による運動に次いで，その後障害者運動のメインスト

リームとなっていくのが自立生活運動である．第１章で述べたように，自立生活運動においても，目指されるのは施設や（定位）家族からの脱出であった．それは，そうした場所での生活が，福祉的配慮や愛情といった美辞のもとに利用者の決定を蔑ろにして営まれてきたことによる．しかし，それらの空間を脱したからといって，自立した生活が確約されるわけではない．なぜなら，介助サービスをもちいる障害者のなかには，生活についての決定に慣れていないために，自立生活が結局は施設での生活を模したものになってしまう危険がつきまとったのであり（尾中 [1990]2012: 182-3; 小佐野・小倉 1998: 76），そうしたなかで介助者が障害者の指示にきちんと従わないようなことがあれば自立生活を始めた意味がない．また，サービスを購入する側として消費者意識を喚起する必要もあった．そこで，まずは障害者の決定を尊重して，その人のいうことをきちんと聞き，その指示に従う——その意味において「手足」になる——という発想が基本として共有される必要があったのだ．ここで，いまいちど究極による定義を確認しておこう．

> 介助者は障害者が「やってほしい」ことだけをやる．その言葉に先走ってはならず，その言葉を受けて物事を行うこと．障害者が主体なのであるから，介助者は勝手な判断を働かせてはならない（究極 1998: 179）．

従来の議論のなかには，こうした介助者手足論を青い芝の会の主張と無媒介に同一視するものもあるが（星加 2001; 草山 2005; 田中 2005: 106; 渡邉 2011: 60[1]; 深田 2013: 351-62[2]），前章の議論を踏まえれば，こうした理念が青い芝の会の主張に直接求められるわけではないことが理解できるだろう．しかし，だからといって青い芝の会が主張していたような精神性，すなわち障害者と健常者のあいだにある非対称性への自覚や，これを克服するための両者の葛藤が介助者手足論においてまったく捨象されていると考えるのは早計である．なぜなら，究極は同じ論考のなかで，単に介助者に求められるルールにとどまらない含意を介助者手足論がもっていることを指摘しているからだ[3]．

それはたとえば，駅や店先で観察される．とくに障害者に言語障害がある場合，話をすすめるだけなら，駅員や店員は介助者と健常者同士でやりとりしてしまうほうが手っ取り早い．しかし，本来であれば彼らが話すべきは障害者で

あるはずだ．ゆえに，話しかけられたとしても，介助者には障害者抜きで話を進めないことが求められる．

　　「介助＝手足」論は，そのようなシチュエーション，障害者をなおざりにし健常者同士でコミュニケートしてしまう無意識的な関係の慣行に対するオブジェクションにもとづいている（究極 1998: 180）

　　あのような論は，一見「障害者の手足になり切れ」というような乱暴な論に見えて事実はそうではなく，障害者の感覚，身体性というものを介助者が分かちあうために，健常者の（能率主義的な）感覚，身体性を捨て去れよ，というような意図の上にあった（究極 1998: 183）．

　健常者のペース，健常者の都合で物事を進めてしまう方が，健常者にとっては都合がよく，また意識しなければ事態はおのずとそのように運んでしまう．だから，そうした健常者の都合に合わせられては障害者は困るのであり，自身の常識や身体感覚が障害者にも通用するわけではないことを理解することが健常者には求められる．介助者手足論は，これを具体的な介助の場面に落としこむための理念として理解することができるだろう．同様に小倉（1998）も，行為やコミュニケーションの遅れ，健常者的なふるまいの規範からの逸脱を消去するのではなく，逆にこれを肯定し障害者の側に合わせねばならないという規範が介助者に求められることを述べている．手足になるという比喩からは，アーヴィング・ゴフマン（Goffman 1954 = 1974: 176）が召使いを例に述べる「番外の人間（non-person）」のように，共在しながらもいないものとして扱われる人という意味を読み取りたくなるかもしれないが，そうした意味は，少なくとも当初意図されていたものではないのだ．

　しかし，手足の語に充填される意味は時期や場面に依存するものでもあることが前章で指摘されたのだった．事実，こうした運動論としてのニュアンスは，徐々に薄れていくことになる．たとえば，その傾向はすでに究極にも警戒されている．一方では自立生活センターの仕組みや介護保険制度によりアルバイトとして介助をおこなう介助者が生まれ，他方では利用者として介助者に対して横柄な態度をとる障害者が生まれるというように，介助をする側からもされる

側からも障害者運動の理念が脱落してしまう可能性が憂慮されているのである（究極 1998: 182-3）．

　こうした懸念は現実のものとなっており，近年の研究において介助者手足論が言及されるときには，単なる指示命令の過不足のない実現というニュアンスで語られることがほとんどとなっている（長谷川 2010; 星加 2012）．むしろ，自立生活運動の展開を追った社会学者の立岩真也によれば，そうした淡々とした仕事の方が望ましいとされることすらある[4]．

　　　単に「手段」であればよい．自分でできるということの快適さは，そういうところにあるのであるかもしれず，それを他人が行なうのであれば，その行いは無色であるほうが良い場合がある．機械があれば機械でよいかもしれない．……その場に顕在化する「やさしさ」や「近さ」，「交流」はいつも求められてはいない．やることをやってくれればよいという場合がある（立岩 2000: 245-6）．

　ここで冗長とされているのは介助者との情緒的な交流という側面であり，規範的な含意が脱落していることを指摘するものではないが，健常者はひとまずドライな手段であればよいという指摘は上にみた変化とも関連するものであるといえる．これに対し，障害者運動には参与せず，単なる指示の出し手と受け手にとどまらない関係を障害者と介助者のあいだに築くべきであるとする論を提出する障害者もいる（朝霧 2009; 朝霧・後藤 2015）．介助にともなう人間関係がいかにあるべきかは措くとして，ここでは介助者手足論がその初期においてもっていた介助者との関係のあり方をめぐる運動としての規範性がいったんは脱落し，指示と実行という狭い意味でのみ伝達されたのちに，再度介助者との関係をどう形成していくかという問題が前景化するという回帰がおこっているといえよう．こちらも「手足」という語に込められた運動的理念の脱色という点では，立岩の指摘と軌を一にしている．

　自立生活運動の旗手として「当事者主権」を掲げた中西自身も，障害について当事者たる障害者の意思決定を擁護した上で，その意思決定のもとに発された指示をきちんと聞くことを理念として掲げることに主張の重心を置いている．それは運動上の戦略でもあったのだろうし，結果として制度が獲得されたこと

の意義は大きいが，そこでは上記のように介助者手足論が当初もっていた規範的な側面の多くが捨象されている（中西・上野 2003: 6-8; 中西 2014）．

　結果として，健常者中心主義的な規範の解体というニュアンスをかつては帯びていた介助者手足論は，そのニュアンスを脱色しながら，現在はクライアントたる障害者の意思決定を尊重するという専門職倫理のかたちで引き継がれることになっているとみてよい．現在の福祉の教科書のほか，社会福祉士や介護福祉士の資格試験でも，そこで重視されるのはあくまでこうした専門職倫理であって，当初の運動論的な意図は継承されていないのだ．

　次節以降の議論も，こうした後代における狭義の介助者手足論をベースにして議論を展開しているので，運動論的側面が歴史的には存在していたことを確認した上で，本研究においては，利用者による決定や指示の過不足のない実行という専門職倫理として介助者手足論を捉えることを基本とする[5]．そのため，以降の議論で介助者が介助者手足論的な関係をもっていると判断するに際しても，手足という表象が用いられるか否かではなく，こうした専門職倫理にのっとった介助をおこなっているか否かを基準とすることとする．なぜなら，現在の介助者の場合，利用者からの指示の過不足ない実行という意味での介助者手足論を自らの専門職倫理として内面化している場合でも，70 年代の障害者運動を直接に経験していなかったり，間接的にでも文献等によって触れていない場合，手足という語彙を言説資源のなかにもたないために，これが手足という表象をもって言明されることは少ないと思われるからである．

▶ 3.3　察して動く自動の手足

　前節でみた介助者手足論は，自立生活運動の基調を形成する発想として大きな意義をもつものであった．しかし，これに対しては一方でさまざまな批判もあり，それらの批判のなかから，介助者手足論を相対化するような別様の介助者のあり方，障害者と介助者の関係のあり方も提出されている．それらを大別すると，第一に介助者が指示を出さなければ動かない手足であるということを乗り越えようとする自動の手足としての介助者のあり方，第二に介助者が決定や指示，その実現に先立って／に際して，これを制約していることを踏まえた

他者としての介助者のあり方というふうに整理することができる．本節と次節で，これらを順にみていくことにしよう．

さて，介助者手足論にもとづく介助は，障害者が意思決定のもとに介助者にきちんと指示を出し，その指示のもとに介助者が介助を実行するというのが基本的な形式となる．しかし，決定と指示を基軸とした介助者手足論は，その決定と指示を貫徹しようとすることによって問題に突き当たってしまう．

それは第一に，決定をすること，それを言語化して指示を周囲に伝えることに困難を抱える人々について，介助者手足論をそのまま採用することはできないという批判として現れた．知的障害者や発達障害者のなかには，能動的な決定と指示にもとづいて生活をかたちづくっていくことが難しい人もいるので，指示がないから介助者が動かないのではそうした人々の生活を支援することは難しくなってしまうのである（寺本 2008）．そして，こうした決定と指示をめぐる困難は，身体障害者についても無関係ではない．たとえば，小佐野は介助者を手足とみなして指示を出していくという方法は，「以前」のものであるとして，その方式では自立できない障害者がいることを指摘し，指示規則によってではなく社会的な承認にもとづいて，そうした障害者の自立を支える必要性を述べる．

> 　**小佐野**　……「自立」には，二つの側面があって，その人自身がどうしたいか，ということがちゃんと実現され，保障される，という側面も大切なわけですが，もう一つの側面として，「自立」って社会的なものであって，そこにいることに意味があるということ，そういうことが認め合えるということが「自立」じゃないか，と僕は思っています．以前の運動では，「障害者」が施設に隔離されて，まさに自由を奪われ切り捨てられてきた，そういうことのアンチとして，介助者は，「障害者」の手足になればいいんだ，ということでやっていた．だから，手足となる「介助者」さえいれば後は勝手にやってください，ということだった．
>
> 　**小倉**　以前僕が関わっていた時の経験でも，運動の理念を共有するということが，まず「介助者」に求められていたように思います．

> 小佐野　僕もそうでした．でも，自立できているのは，今でも限られた
> 「障害者」で，自立でない「障害者」全体のことを本当にわかっ
> ているかというとそうじゃないんです（小佐野・小倉 1998: 80）．

　また，より実際上の問題として，第二に，上記のような決定し指示をすることそれ自体ができたとしても，日常生活におけるさまざまな場面について，そのつど意思決定をおこなって指示を出していくことは煩わしいという点も指摘された．たとえば自身脳性麻痺者である熊谷晋一郎は，その面倒臭さを次のように述べる．

> 　もし，その介助者が非常にまじめで，障害者運動の理念を熟知しているとして，「障害者の自己決定が大事だ」「私は決定に従う手足だ」と強く思って介助に入ったとする．するとその介助者は，「熊谷さん，今からお風呂に入りますけど，どこから洗いますか？」と聞いてくるだろう．指示を出されなければ動けないのだから当然である．
> 　筆者は，「どこからでもいいんだけどなあ」と思いながらも，「じゃあ，上半身から洗います」などと指示を出す．すると介助者はしばらく考えこんでから，おもむろに「上半身といってもいろいろありますけれども，どこから洗いますか．左手ですか，背中ですか，おなかですか，右手ですか？」と聞いてくるかもしれない（熊谷 2014: 17）．

　あるいは，おなじく脳性麻痺者で，青い芝の会の影響を受けつつ自立生活センターとは別の理路によって公的介護保障を要求する運動を展開した新田勲は，熊谷よりもより直截に，日常的な介助については指示を待たずにおこなうよう介助者に求めていたという．以下は，新田と介助者のあいだで交わされた「申し合わせ書」に添付されていたという介助者への書類からの引用である．

> 　介護というのは障害者から言われたことだけ，手足となってやればいい，言われないことまでする必要はない，このような言葉によって障害者の意向を自分は尊重しているように思い上がった人が沢山いますが，こういう言葉を言う人ほど家事や介護のものぐさなひとが多いのです．……私の介護については，少なくても，私が毎日いちいち言うのは大変だし，家事，

掃除，介護については，毎日の動作は同じだから，いわれなくても介護者
が進んで積極的にやるように，はっきりいってあるはずです（深田 2013:
40）．

　健常者が日々自身の手足を動かすとき，当然ながらその動きをいちいち口に
出して手足に指示することはない．それ以前に，日常の多くの動作について，
健常者はそれを普段意識しておこなってすらいない．それはある程度自動化さ
れた身体の動きとしておこなわれているのである．にもかかわらず，それを言
語化して介助者に伝えなくてはならないのだとしたら，それは煩わしいもので，
かえって障害者の生活から快適さを奪ってしまうこともありうるのである（星
加 2012）．新田のように言語障害がある場合はなおさらだろう．また，とくに
先天的に，あるいは幼少期から障害をもっている人の場合，どのように身体を
動かせばいいのかをそもそも想像できず，結果指示もできないということがあ
りうる（小山内 1997: 68）．

　こうした決定・指示とその実行という図式の問題点を踏まえて介助者手足論
を批判する議論は，それとは別様の介助者のあり方として，障害者と身体を同
期（synchronise）させ，逐一の指示がなくてもある程度自分自身でも考えて動
く介助者像というオルタナティヴを提示していくことになる．すなわち，きち
んと指示を出すこと自体ができない場合や，それができても逐一おこなうこと
は煩わしいといった問題があるのならば，介助者が障害者の側の意図を汲み，
潜在的にやってほしいと思っていることをやってほしいタイミングでやるよう
になればよい，という発想である．介助者手足論のいう手足が，指示がなけれ
ば動かない手動の手足だとするなら，ここで提示されているのはより洗練され
た自動の手足ともいうべきものだろう．

　たとえば熊谷も，こうした介助者のあり方を「自動回路」と呼び，上に見た
ような生活上の面倒を解決するための方策として，おおまかな方針については
決定にもとづいて指示を出し，手動で介助者を動かす一方，その指示の実現に
際しての細かな水準においては決定を放棄し，介助者に自動で動いてもらうと
いうように，決定の水準を階層化して考える必要を述べる．手動の手足として
決定を仰ぐべき場面と，自動の手足としていちいち指示を出されずとも動く場

面を区別する，つまり，あらゆることを障害者が決定するのではなく，決定する範囲を決定するのだ．そして，その境界線を個々の障害者にとってちょうどいいところに引けたら，その線引きを日々の介助のなかで介助者に伝えていくのである（熊谷 2014: 21-2）．

　こうした介助者のあり方は，経験的にも観察されるものであった．たとえば寺本晃久は，知的障害者や自閉症の人々を念頭に置きつつ，指示を待つのみでは介助をおこなうことは難しいとした上で，「介助者は，当事者のもつ流れを介助者自身に『身体化していく』ことがありうる」と述べる（寺本 2008: 181）．明確な指示がなされずとも，また指示を仰いでもやりたいことが判然としない場合でも，なんとなく空気でわかるということはあり，そうしたそれぞれの障害者に固有の「流れ」を感じることが介助の前提として提示される[6]．また，小倉虫太郎は，介助者が車椅子を押す場面を指して，「この時，『障害者』も『介助者』もどちらもが主体であったり，客体であったりすることはなく，いわば『介助』アレンジメント‒複合体として歩く方向と速度と調子が暫時的に決定されていく」と述べる（小倉 1998: 190）．車椅子を押す場所，速度と加速度，段差や傾斜への対応など，決定し指示を出そうと思えば決定事項，指示事項はきりがないほどにある．しかし，ここでは障害者と介助者の双方の身体がひとつの複合体として作動しているのであり，障害者はわざわざ指示を出さずとも，不都合がなく事態は進行するのだ．こうした関係の介助者像は指示を待つ「手足」を越えつつ，障害者にとってより快適な生を実現しうるものである（星加 2012: 17）．

　こうした身体の同期をより積極的に意義付けているのが後藤吉彦（2009）である．後藤は，北海道での自立生活の先駆であった小山内美智子が介助者と切り結ぶ関係について，身体の社会学の理論を援用しながら，その規範的含意を述べている．ここで参照されているのは，小山内の『あなたは私の手になれますか』という著書だ（小山内 1997）．この本は，介助者手足論にもとづく介助者のあり方を求めているようでありながら——実際にそのように読める部分も多々あるのだが——タイトルとは裏腹に介助者手足論を相対化する視座を豊富に提供してくれるもので，後藤も前項でみた意味での専門職倫理としての介助者手足論とは別様の読解をおこなっている．

　施設や家族のもとでの庇護のなかで，障害者は周囲に迷惑をかけない従順な身体をつくりあげていく．一方で，介助者の側も，しばしば障害者を客体化し，モノ扱いするようなことをしがちである．後藤によれば，介助者を障害者自身の身体の延長として，その意味で手足となることで双方の身体が同期するような介助には，こうしたあり方を変革するための契機がある．たしかに，こうした身体の渾然一体とした状態は，障害者と介助者それぞれの身体の境界を曖昧なものとし，この社会の身体に関する規範を混乱させる．しかし，それと同時に，障害者と介助者がそれぞれ自身の身体を重ねあわせようとすることによって，「介助を，身体の境界侵犯として忌避するのではなく，『他の身体との関係の中で人間性を培っていくもの』として肯定でき」，脆弱な（vulnerable）身体を肯定する可能性が見いだせるのである（後藤 2009: 240，傍点は原文による）．

　これらの議論は，決定を言語化して逐一指示を出さねば動かず，またそうした指示を事細かに出すのが煩わしいという介助者手足論にもとづく障害者と介助者の関係のあり方の難点を克服するために，自動の手足，すなわち障害者と介助者の身体のリズムや感覚を同期させ，いちいち言葉にせずとも望ましい介助が実現するというあり方を別様の関係として発見した．そして，それは経験的にも観察され，規範的にも擁護しうるものであるとまとめることができるだろう．

　一方で，こうした同期する自動の手足に疑問点がないわけでもない．それは，こうした別様の関係のあり方を示した議論のなかで，すでに現れている．そのひとつめは，障害者と介助者のあいだの主体性の位置をめぐる問題である．自動の手足がひとまず心地よいものだとした上で，しかし星加は次のように切り返す．

　　他者である支援者が，あたかも自分の体の一部であるかのように思いどおりに動いてくれるなら，それは理想的なことだ．

　　ただ，その理想が貫徹された状態には，危うさも含まれている．あたかも身体の一部であるかのように感じられるということは，ある意味で自他の区別が曖昧になるということだ．その時，意思をもってコントロールしているのはどちらなのかということも，実は曖昧になっている（星加 2012:

18-9).

　上の引用で新田が介助者に求めていたように，日常の介助はしばしばいわれなくても何をやるのかはわかっているルーティン・ワークとしての側面をもつ．だから，たとえば朝起きてからの更衣介助や清拭，食事介助，その後の片付けといった一連の流れは，ある程度その障害者のもとで働きなれた介助者であればいわれずともできてしまう．そしてそれは，起き抜けに事細かに指示する手間が省けるという点で楽だ，というのがここまでの議論であった．しかしこの引用で星加は，そうした快適さの危険を指摘しているのである．どういうことだろうか．

　介助者手足論には，障害者の生活をかたちづくる主導権が障害者の側にあることを明確にするという効能があった．しかし，障害者のやりたいことを介助者が自然と察して介助にあたっている時，そこには障害者の決定に対して介助者の思惑や予断が入り込む余地がある上，そうした混入によって主体性の所在があやふやになっていること自体がわかりにくくなってしまう．なぜなら，それが障害者の側の意図を汲み，おおよその方向性においては合致しているがゆえに，障害者の決定と指示は貫徹しているかのように見えてしまうからだ．

　上の例にひきつけるなら，いつもどおりの服が着せられ，食べるペースや順番もいつものように決められていくとき，そこで決定し，指示をしているのは誰なのかが曖昧になりうるということだ．少し気分を変えて違う服を着たいがあえて主張するほどでもない，昨晩少し多く食べたから朝食は少なくていいが，しかし食べられないこともないといった時，障害者の側がそうした要望を潜在させることはありうる．そのとき，いつも通りの快適な介助によって，決定の所在は障害者から介助者の方へスライドし，またなまじ快適な分，こうした事態は非問題的なものとして沈潜する．この例では瑣末なことであるように思えるかもしれないが，生活の全域に介助が必要であるとき，いたるところでこうした主体性の密かな簒奪がおこりうるのだ．もちろんそれは後藤の指摘するように必ずしも悪いことばかりの経験ではないことを認めるとして，しかし，ここでは障害者の意思をまずは尊重するという介助者手足論が目指したものに揺らぎが生じているのである．この点については，渡邉（2011: 59）も同様に，介

助者の「気付き」を障害者の思考や経験を先回りして奪うものとして警戒している[7].

　こうした懸念に対する反批判として，障害者の意思の推察がおこなわれているとしても，なお障害者の主体性は維持されているはずだ，という主張もある．たとえば，介助者が障害者の意図を汲んでおこなわれるスムーズな介助であっても，それがあくまで「指示系統の簡略化」に過ぎないのであれば，障害者の側の決定と指示の先取りがおこなわれているわけではないし，そのコントロールは障害者の側に担われているといえるかもしれない（前田・阿部 2007: 130-1）．

　しかし，このように障害者の決定にもとづいた指示と，介助の実行の間のタイムラグを極小化することに専念していたとしても，自動の手足がもつ難点のもうひとつは解消されない．その難点とは介助者が障害者にとって他者であるという点である．介助者が他者であるとはいかなる意味においてであろうか．また，そこから構想される介助者のあり方，障害者と介助者のあいだの関係はいかなるものであろうか．次節でこれを検討していこう．

▶ 3.4　他者としての介助者

　前節では，介助者手足論を検討するなかで提出された自動の手足とでもいうべき介助者のあり方と，そうした介助者と障害者が取り結ぶ身体を同期させる関係のあり方をみた．一方で，そうした介助者像のあり方も無欠ではなく，障害者の主体性の簒奪や介助者の他者性をめぐる難点が指摘されていることに言及した．本節では，とくに後者の問題として提示されていた介助者の他者としての側面に注目し，そこから導出される介助者像と，障害者と介助者の関係を検討する．それは，第一義的には介助者手足論への批判となっているが，前節でみた自動の手足をも射程に含めたかたちで，指示とその実行として介助を捉えることを相対化するものとなるだろう．

　介助者が障害者にとっての他者として存在しているとはどういうことだろうか．これをさらに腑分けすると，身体を同期させる精度の不完全性と，そもそも介助者が障害者と共在することに起因する決定拘束性の2つに区別することができる[8]．前者は，身体を同期させようとしても，究極的には障害者の意思と

の誤差が生まれてしまうという意味だ．同じ頭をもたず，それゆえに厳密に一致した思考のトレースは不可能であるという意味で，介助者は障害者にとって他者である．寺本は，いったんは身体を同期する自動の手足としての介助者のあり方を提示した上で，しかし次のように述べる．

> 　介助者は，それぞれに違う考え，違う経験，違う個性をもった人間である．介助者という他者がそこにいてしまう時点で，すでに手足になれない（ならない）要素を多分にもたらしてしまう（寺本 2008: 183）．

また，前節でもみた小山内も，意図と異なる洗濯機の回し方をしたヘルパーについて述べる箇所で，「他人の手は百パーセント自分の手にはならないということを悟るしかない」（小山内 1997: 123）と述べている．

一方で後者は，いくら身体を同期させようとしても，同期先であるところの障害者のもとで産出される決定や指示が，介助者の存在の影響ないし拘束下にあるということを意味する．星加は，自身が視覚障害の当事者として意見を求められる時の経験を踏まえ，当事者の意思は環境のなかで，いわば「空気を読んで」発されるものだとし，その場にある規範や期待が障害者の発する意思に一定の方向付けをしてしまうと指摘する[9]（星加 2012: 21-2）．

前者の問題が顕在化したとき，障害者と介助者の関係は，身体を同期させるのではなく手動で，すなわち細かな指示を出す方法に揺り戻すか，それともなお同期の精度を向上させる努力をおこなうかという選択を迫られることになるだろう．これはそれぞれ 2 節と 3 節でみた戦略のあいだでの選択ということになる．一方で，後者の批判からは，これらとはまた別様の関係のあり方が導かれる．なぜなら後者の批判は，自動の手足と介助者手足論の双方の介助者像を射程に含んだ批判となっているからである．ここでは，意思の察知をスムーズにしているのみで本人の意思決定を侵犯しているわけではないという自動の手足に対する擁護は機能不全に陥るし，ましてやただ本人の意思を尊重することに徹するという介助者手足論的な発想への揺り戻しがおこなわれればよいということにはならないということになる．

もちろん，障害者本人の意思が他者からの影響を受けないという意味で「純粋な」ものではないからといって，それが尊重される必要がないものになると

いうわけでは当然ない．そうした周囲からの影響も含めて自分の意思であるとして指示を出し，それを尊重して介助するということもありえるだろう[10]．しかし，こうした他者として障害者の決定に不可避に影響せざるをえないものとして介助者を捉えることは，ここまでに見てきた介助者像を相対化するものである．この点についてとくに先鋭的な検討をおこなった前田拓也の議論をみてみよう．

自身も介助に携わってきた前田は，性風俗利用の相談や，爪切り，コンタクトレンズの着脱など，その場の介助者によって利用者側が頼まないことがあるといった事例や，命にかかわる場面では介助者の配慮＝介入も正当化されるといった事例を挙げた上で，障害者の意思決定にもとづく介助という営みがもってしまう上述のような構造，すなわち手段（介助者による介助）と目的（利用者の意思決定）は相互補完的なもので，介助者の存在それ自体が利用者の意思決定に織り込まれてしまっていることを指摘する．

ここから，介助者は手足たれという主張が叫ばれた政治的必要性と，その主張の基本的な正しさを慎重に確認した上で，しかし，「介助者が利用者にとっての手段であるかぎり，『障害者の自己決定』に対する他者の介入を避けることは不可能である」（前田 2006: 464）と前田は主張する．

そして，これを所与とするのであれば，おこなうべきは障害者の意思決定にもとづく指示がまずあり，それを介助者が実現するという前節までにみたような障害者と介助者の関係のあり方の記述ではない．そうした前節までで見た介助者手足論や自動の手足としての介助者のあり方を前提とした議論は，障害者の意思決定に影響しない存在として介助者を描きがちになってしまうのだ．本来は相互行為であるにもかかわらず，一方の極である介助者の存在を捨象し，（手動であれ自動であれ）介助者は手足であるという擬制を採用してしまうと，たとえば障害者が遠慮して介助者に要求が出せないといった場面の問題性を指摘することができなくなってしまう．

そうではなく，意思決定の産出や介助の実践のなかに障害者と介助者の相互行為が分かちがたく組み合わさっていることを，とくに介助者の側から探求していくことこそが求められる．こうした介助者のあり方を描くことは，従来の介助者像を相対化することを企図するものになるだろう[11]．前田はこうした問題

意識のもと，介助者の営みを記述していくことになる（前田 2009）．

　そこではもはや介助者は透明ではない．たしかに，健常者はこの世のなかでマジョリティであるがゆえに普段は無徴でいられる存在だ（岸 2013: 399-412）．障害者が障害者であるということを常にラベリングされて生きているのに比べると，健常者は常日頃自身が健常者であることを意識せずに生きているといえる．しかし，介助という具体的な場面に巻き込まれてしまった時点で，健常者はすでに介助者であり，障害者の意思決定や介助の指示に先立って影響を与えてしまう他者として存在してしまうのである（前田 2006: 470-1）．

　本章の関心に引き付ければ，こうした前田の議論は，前節までで見た介助者手足論や自動の手足とは別様の介助者像を提示してくれるものだ．それは，本人の意思決定として発されたものに忠実にしたがうことを追求するのでもなく，またその意思決定や指示にともなう面倒を，洗練された意思の察知で補おうとするのでもなく，意思決定に自身が介在していることを所与として，自身のふるまいを観測・制御する介助者のあり方である．

　たとえば，前田は介助のなかで，介助者が介助という状況の定義を維持するべく周囲の事物に対する不断の解釈を行ったり，排泄介助に手袋を使うことで汚いものを触らせているという利用者の負い目を減じようとしたり，あるいは，半ばパフォーマンスとして手を洗う様子を利用者に見せたりすることで，利用者の安心を確保したりといった取り組みをおこなっている（前田 2009: 127-32, 256-66）．

　また，このように自身が障害者の意思決定に影響していることを自覚するのであれば，そうした決定の背景にある自身の影響のあり方を変えるというかたちで，障害者の意思決定に影響していくという実践も可能になる．とりわけ，障害者による決定が，本来であれば進んで選びたくはないが，選択肢の乏しさゆえに次善の策として選ばなければならないものであるような場合，その選択の幅を広げるというかたちで介入することが，一概にパターーナリズムとして排除できるものではないかかわり方として介助者の実践に加わってくるだろう（立岩 2000: 39-42）．そこでは，ただ指示と実行をおこなうのではない，ともに考える存在としての障害者と介助者の関係があるのだ．

　介助者手足論にもとづく介助者像が規範的な水準からトップダウンに求めら

れるものであり，これを現実に作動させた時に起こる問題に対処するための修正版が自動の手足としての介助者のあり方であったとするなら，本節で見たような障害者にとっての他者として介助者を描くものは，経験的な水準に根ざしてボトムアップに発見されるものであるといえるだろう．

　しかし，ここで注意しておかなくてはならないことは，このように他者として介助者がいることを認めるとして，それは擬制として手足が求められた意義を損ねるわけではないということだ．そもそも介助者が障害者自身とは異なる人間であり，異なる思考や身体をもっていることそれ自体はいうまでもないことである．にもかかわらず手足となることが求められたのには，前田自身も慎重に確認するように，障害者が置かれていた／いる状況という相応の事情があったのであり，自立生活運動の進展に際して介助者手足論という規範が有用な道具であったことは間違いない．そのことを踏まえずに介助者の他者性とこれにもとづいた介助を称揚するようなことがあれば，生活についての主導権を障害者の側にもたせるという基本線が保たれなくなってしまうだろう．

　また，介助者が障害者の決定に影響していること，介助者自身も障害者と同様に各々考える存在であることを認識した上で，日常のなかでは手足としてふるまっていてほしいということもあるだろう．先にもみた立岩も指摘するように，障害者の側からは，ときに行き届いた配慮や気配りが鬱陶しく感じられることがあるかもしれないし（立岩 2000: 245-6），介助者にとっても，その指示の背景まで常に気を回すということは負担になるかもしれず，[12] 単に指示を待って従う方が楽ということがありうる．擬制として手足であることはまず理念としてなお重要であると同時に，日常的にも有用なのである．

　ここまで，本章では介助者手足論をまず基調として確認した上で，これを相対化しつつ別様の関係性のあり方を探った研究をみてきた．そのなかでは，大別して自動の手足となる介助者と，手足であることを擬制として突き放し，他者であることを所与とした介助者のあり方が提出されていた，とまとめることができるだろう．では，こうした既存の研究に示される介助者のあり方や，障害者と介助者の関係のあり方を踏まえると，本研究が検討しなくてはならない問いはどのように設定できるだろうか．次節ではそれを考えていこう．

▶ 3.5　関係の揺らぎへの照準

　本章では，介助者をどのような存在とみなし，障害者とどのような関係を切り結んでいくのかについて，従来の研究を整理してきた．そのなかで見出されたのは，まず決定・指示とその実行を原則として掲げる狭義の介助者手足論にもとづく関係であった（2節）．これに対し，実際に事細かに指示を出すことは煩わしいという指摘から，障害者と身体を同期させ，指示を待たずに的確に動く介助者像が指摘された．こうした自動の手足は介助における主導権の所在を曖昧にしてしまうおそれを孕みつつも，介助者手足論にもとづく関係の面倒を低減する点で洗練されたものであった（3節）．また，手動であれ自動であれ，障害者による決定と指示，これを受けての介助者による実行という見方それ自体を相対化するものとして，そうした決定自体に介助者が他者として介在しているという発想も提示された．これは介助者の側も含めて介助という営みを記述するという道を開くが，一方でそうした指摘によっても，介助者手足論がもっていた規範的な意義自体は弱められるものではないことが明らかとなった（4節）．

　では，障害者と介助者の関係性に照準する本研究は，これらの議論を踏まえるとどのような問いを提示できるだろうか．注目すべきは，これらのさまざまな関係が，実際の介助の臨床においては，さまざまに混ざりあい，その時々で選び分けられているということである．丸岡（2006）は，障害者と介助者の双方へのインタビューにもとづき，介助関係に労働関係志向，情緒関係志向，異文化交流関係という3つのパターンを発見している．ここで注目すべきは，丸岡がこれらの類型は相補的で，混在していると述べている点である．たとえば，丸岡は，過食症気味の障害者に対し，食べ過ぎないように「言ったり，心の中で思ったりしながら，手では食べ物を彼女の口に運んでしまう」（丸岡 2006: 91）という介助者の語りを引き，手段的な労働関係志向と他者としての異文化交流関係が混在していることを指摘している．丸岡のいう3類型は，本章の言葉でいうところの介助者手足論的な意味での手足，自動の手足，他者としての介助者と完全に合致するわけではないが，本章の枠組みに引きつけるならば，これ

は手動の手足としての介助者と他者としての介助者というふたつのあり方が混交している様子と理解することができる.

　障害者の実感からも，同様のことはいえる．たとえば，脳性麻痺者で自立生活センター HANDS 世田谷を運営する横山晃久は，介助者が「その時その時で，空気になったり，黒子になったり，またあるときは，一緒に考えたりしなくちゃいけない」と述べる（横山 1998: 85）．いささか図式的になるが，本章のこれまでの議論に引き付けるなら，この言明は存在を意識せずにいられる空気としての自動の手足，存在するけれども存在しないという擬制のもとで支援をする黒子としての介助者手足論的な介助者，自身の生活にかかわる以上ともに考える他者という 3 種類が介助のなかで混ざり合い，場面ごとに選ばれるという実践がおこなわれていることを示唆するものとして読解できるだろう.

　重複障害のためにコミュニケーションに介助を要する天畠大輔が介助者とおこなう以下のような会話からも，介助において複数の関係が存在していることがうかがえる.

　　筆者〔天畠〕：通訳者 B にとって「介助者」とは何か？
　　通訳者 B：介助者とは，障がい当事者の指示に従って行動する人のことですよね.
　　筆者：よく言われる，介助者＝手足論だよね.
　　通訳者 B：そうですよね．身体介助では，してもらいたいことがはっきりしていて，手足になりきれますよね．それにその人の思考や思想を知っていなくても介助できますよね.
　　筆者：うん．でもわしはそれ以上を求めるよねぇ.
　　通訳者 B：確かに．一緒に論文を書くには，大さんの考えをトレースする必要がありますからね（天畠・黒田 2014: 163）.

　「それ以上」が何を意味するかはこの部分だけでは明確でないが，少なくとも身体介助の場面では介助者手足論がまず必要であり，一方で論文を書くといったそれ以外の場面では別様の関係がなくてはならないことが示されているのである．3 節でみた小山内も，介助者に手足たることを基本的には求めつつも，気があっていれば自身の決定や指示に口出しをする余地はありうるし，指

示をしなくても如才なく立ち振る舞ってくれる介助者の心地よさがあることを認める（小山内 1997: 121, 157）．だからこそ，介助者には特定の関係を唯一よいものと考えることなく，迷いながら介助にあたることが必要であると彼女は喝破する（小山内 1997: 5）．

　一方で，介助者手足論が万能ではなく，場面によっては相対化される必要があるという指摘に対し，時間的な経過や人間関係の変化によって，共同体主義的な関係が介助者手足論に行き着くことがあることも指摘されている（深田 2013: 478-81）．この点を踏まえると，こうした変化は一方通行のものではないこともうかがえる．ひとりの障害者の生活のなかに，ある場面を切り取ってみてもそのなかで支配的な関係のあり方は単一ではなく，その意味で障害者と介助者のあいだの関係には揺らぎが生じているし，また上の丸岡が引く例のように，ひとつの場面のなかでも混交がある．家事援助や身体介助といった大きな分類より下位の次元の，ひとつひとつの場面において，さまざまな関係がモザイク画のように組み合わさっているのである．そして，その当然の帰結として，そうした場面の総和としての障害者の生活も，ひとつの関係のあり方が貫徹するものではない．

　こうした関係の混交や揺らぎが発生する理由として，ひとつは前節までにみたさまざまな関係のあり方がそれぞれに弱点をもっているということが挙げられるだろう．逐一指示を出すのは面倒であり，これを省略すればある程度は快適であるはずだが，介助者の思惑がひとつひとつの介助に密輸入される可能性がある．それに，介助者は他者として決定に不可避に関与してしまう以上，単純にいまいちど介助者手足論に回帰すれば済むわけでもない．しかし，他者としての側面を強調しすぎれば，擬制としてでも手足であったほうがいい場面の存在や，介助者手足論が規範的に要請される理由を見逃しかねない．どれかひとつの関係のあり方が無条件に優位なものではないからこそ，それぞれの関係を組み合わせ，相補的に弱点を埋めあうことで日々の介助は営まれているのだ．

　また，前節でみたさまざまな関係のあり方が，その根本においては障害者の自立生活を望ましいものにするにはどうしたらよいかという問題意識を共有していることもこうした混交や揺らぎの理由だろう．

> 自己決定を支持しようとすることとパターナリズムを否定できないこと
> は同じところから発している．認めることとそれに口を挟んでしまうこと，
> 両方ともが同じところに根を持っているのだが，しかし両者が指示するこ
> とは対立する（立岩 2000: 304）．

　障害者の決定に対し忠実に従うこと，その指示を先取りして呼吸のあった介
助をすること，その決定に介助者自身が関与してしまうからこそその影響のあ
り方を内省し考える存在であろうとすること，表出されるあり方は異なれども，
そのどれもが障害者にとってよりよい介助者はいかなるものであるのかを考え
た末に提示されたあり方なのである．そもそもの価値判断が対立しているので
あれば，個々の障害者がよいと思うものを選び取ればいいだけの話だが，それ
が同根であるからこそ，それぞれの関係のあり方に説得力があり，ゆえに関係
はひとつに定まらない．

　にもかかわらず，前節までにみた議論は，個々の関係のあり方の規範的な意
義付けや経験的な発見にとどまっている．もちろん，多様な関係のあり方があ
りうること，とくに専門職倫理として流通している介助者手足論も，必ずしも
すべての場面で通用するわけではなく，これを相対化する理路がありうること
を示したことの意義は十分評価されてよい．しかし，それがある関係をそれぞ
れ単発に提示する限りにおいて，それはまず，上の引用に見られるような関係
の混交や揺らぎを含んだものとしての介助の臨床の記述として妥当性を欠く．
また，実際にさまざまな関係が混ざり合う状態を志向しつつもそれが達成でき
ないという問題を抱えたときに，障害者や介助者が相互行為の水準でどう対処
しうるかという実践的な課題に応えるものにもなっていない．手動の手足と自
動の手足を階層的に捉え，適切な境界線を引くことを目指した熊谷（2014）は，
たしかに2つの介助者のあり方を想定しているが，そこではその線引きは障害
者自身の側で入念に準備された上で介助者に共有されるものとして描かれ，そ
の線引きの過程にも他者たる介助者から影響がありうるのか，また一度引かれ
た境界線が，日常の相互行為のなかで不断に更新されうるのかは，いまだ詳細
に論じられていない．また，相互行為場面に注目することで関係の多様なあり
方を指摘した丸岡（2006）でさえ，そうした関係の揺らぎや混交が発生する原

因を介助者の派遣を保証する社会制度の発達に還元してしまっており，そうした相互行為が埋め込まれた個別の事例を詳細に分析することによって，その混合を説明するには至っていない．

　そうだとすれば，本研究がおこなうべきは，これらの関係の変化，ひとつの事例に中にある場面ごとの関係の混交や，ある場面での関係の揺らぎを丁寧に記述し，その上で関係のそうした混交や揺らぎがどのような相互行為の結果として現出しているのかを探っていくこととなる．唯一のよい関係がない中で，さまざまな関係のパッチワークとして営まれるしかないという意味で，介助は「結果的には中途半端であるしかない」（立岩 2000: 309）．問題はその中途半端さがどのように達成されているのかを問うことである．

　この問いは，上記のような理論上の空隙を埋めるのみならず，障害者の不利益の経験を抑止するという実践的な課題に答えるものでもある．そのための補助線として，ニクラス・ルーマンの社会システム論についてごく簡単に触れよう．ルーマンによれば，社会システムとはコミュニケーションがコミュニケーションする，演算において閉じたオートポイエーティックなシステムである．そこでのコミュニケーション，またそこでコミュニケーションされる意味はあらゆる可能性に開かれている．構造と予期によって可能性が縮減された結果として現出するコミュニケーションはひとつだったとしても，それは常に偶有的で，それ以外の可能性は潜在しつつ次のコミュニケーションにおいて現実化する可能性をもっている（Luhmann 1984 = 1995: 101-2, 570-1）．三井は，こうしたルーマンの議論，およびこれを援用した渡會（2006）を踏まえながら，包摂と排除が同時進行的に起こることを指摘している．たとえば，障害児が学校から排除されている状態から，特別支援学級や通級での就学が可能になった状態に変わることは，障害者の包摂であるといえる．しかし，そのとき障害児が「障害を持った子」として児童らのなかで他者化されるときには，同時に排除が起きている．三井によれば，包摂のために他者のある一面を理解することは，その一面を切り取ることによって別の理解可能性を捨象することでもある．ゆえに，そうした残余を掬い取るような別の理解，別の包摂にコミュニケーションを接続させていくことが，よりよい包摂に漸近していくための方途となる．本研究に引きつけるなら，ある場面での障害者と介助者の関係のあり方が観察さ

れた時，それ以外にどのようなコミュニケーションがありえたのか，にもかか
わらずなぜそのコミュニケーションが選ばれたのか，それを別様のコミュニ
ケーションに開く契機はどこにあるのかを探ることが必要であるといえる．

　とくに，介助者手足論が基本的な理念として介助のなかで重視されているの
であれば，手足からの斥力，すなわち介助者手足論にのっとった障害者の決定
にもとづく実行という関係から，障害者の決定を察して率先して動いたり，決
定の背景にある事情を考え，ときに異議を発するなど介助者手足論を相対化す
る関係への移り変わりがどのような相互行為にもとづくのか，また，これとは
逆に，手足への引力，すなわち既存研究でも指摘されている手足を相対化した
関係が採用されているにもかかわらず，どのような場合にそうした関係が強固
さを失い，時として介助者手足論にもとづく関係への揺れ戻しをもたらすのか，
そうした力場を構成する要素を解き明かすことが本研究のより特定化された問
いとなる．

　本章ではここまで，前章での言説史を前提とした上で，既存の研究における
介助者像や，障害者と介助者がもつ関係を概観してきた．その結果，それらの
研究が発見してきた多様な関係のあり方が存在するという事実を引き受けた上
で，介助者手足論にのっとった関係と，これを相対化する関係のあいだでの揺
らぎや混交を発生せしめる相互行為の様相を捉えるという，本研究のより特定
化された問いが得られた．

　この問いに答えるべく，本研究は次章以降で経験的な調査にもとづいた議論
をおこなっていくことになる．しかし，その前に，障害者の家族をどのように
捉えていくかを確認しておかなくてはならない．なぜなら，前章や本章で照準
が据えられていたのは，基本的に障害者と介助者の関係であって，家族の場合
にはまた別の議論の蓄積があるからだ．よって，本章の最後に，次節では，障
害者の家族を対象とした既存研究を概観し，本研究において障害者の家族をい
かに位置づけていくのかを確認していこう．

▶ 3.6　障害者の家族を捉える視角

　本節では，本研究において障害者の家族をどのように分析に組み込むのかを

検討していく．ここまで，第2章の手足という言葉に込められた意味を探る言説史においても，また本章で見てきた障害者と健常者の関係のありかたをめぐる先行研究の検討においても，その議論の俎上に載せられる健常者は介助者，すなわち有償か否か，資格をもつか否かはともかくとして，障害者を介助する「家族以外の」健常者であった．たしかに，小倉虫太郎が「『介助者』は……『障害者』の身体性の健常者世界への翻訳不可能性そのものを逐語的に『健常者世界』にもたらそうとする者，つまり『翻訳者』である」と述べるように（小倉 1998），介助者は健常者社会の側から見れば障害者と接するインターフェイスとしての位置にあるといえ，彼らについての／による省察は，健常者と障害者の関係において生起する論点をいち早く捉え，提示してきたという点で，介助者についての議論を起点とすることには理があったはずだ．しかし，障害者の側から考えてみれば，それらの人々が関係をもつ健常者は，介助者であると同時に，あるいは介助者より先に，家族ということになるだろう．ゆえに，障害者とその家族のあいだに生起する相互行為をも分析に含めることが，本研究の問いから要請される[13]．

　なお，家族を対象とするにあたり，本研究ではおもに障害者が形成する生殖家族が念頭に置かれている．たしかに，従来の研究の多くにおいて，障害者の家族とはすなわち障害者の親，すなわち障害者の定位家族であった．前章までに検討した青い芝の会や自立生活運動が主張したように，障害者の側から見れば親は自立にとっての障壁となるという点で論点となってきた（横塚［1975］2007; 岡原［1990］2012）．また親から見れば，障害者の親というアイデンティティをめぐる葛藤や（土屋 2002: 133-81），自身が死んだあとの子どものケアをいかに社会に担わせていくかという点が議論されてきた（中根 2005）．このように，障害者の家族としてまずその親が注目されたのは，障害のある子どもと障害のない親のそれぞれにとって切実な論点が提出され，障害者とその家族のなかでも，この対がもっとも可視的であったという事情によるものであろう．

　しかし，いまなお親元で暮らす障害者が多いとはいえ，第1章でもみたように配偶者や子どものいる障害者もいまや決して少数派ではない．障害者の社会参加は今後も進むことが予想されるし，規範的にもそれは求められてよいことだ．そうであるならば，もはや障害者とその家族について考えるときに障害者

の親だけを考えれば足りるということにはならないだろう．また，同じく第1章でみたように，絶対的な人数としては親からのケアを要する先天的，あるいは幼少期に障害を得た人々よりも，ある程度成長して以後に障害を持った中途障害者の方が多いのであった．それらの人々は自身の生殖家族を形成している蓋然性が高いことを踏まえると，定位家族での庇護を前提にして，従来のように障害者の親にのみ注目していくことは，ややバランスを欠いているといわざるをえない．第1章でも述べたように，こうした現況があるからこそ，障害者とその生殖家族，すなわち配偶者や子どもとの同居を射程に収めた議論が必要になるのだ．この点は，次章で，中高年で発症する ALS を対象とすることの妥当性としても繰り返されるだろう．

　では，障害者の家族を対象に含むとき，どのような方針を立てて分析をおこなえばよいだろうか．ここで重要なのは，前節で提示した問い，すなわち多様な障害者との関係の結び方が，臨床においていかに組み合わされているかという問いを，介助者と家族の関係にもそのまま適用するわけにはいかないということだ．なぜなら，介助者と家族を単純に同列視することはできないからである．たとえば，家族は多くの場合，介助者としての専門的な訓練を受けていない．そのため，介助者手足論のような専門職倫理を内面化している程度は介助者よりもずっと低いだろう[14]．事実，既存研究も指摘し（Pearson・酒井 2004; 大西 2011），本研究でものちに触れるように，家族は単に障害者に従うのみならず，意思決定に際して自身の意見を述べるなど，介助者にはみられない役割を果たしている．たしかに，前節では指示に従うのみならず自身でも考える介助者がありうることを指摘した既存研究をみたが，それは介助者手足論の相対化という文脈において初めて発見されるものであったのに対し，こうした家族の様子は，そうした規範の相対化を経由せずとも可能になっているものである．こうしたことからも，介助者を分析する枠組みを家族を分析するに際して流用するわけにはいかないことがわかる．

　一方で，だからといって，家族を対象とした分析をおこなうために，まったく別立ての問いを設定するわけにもいかない．たしかに，障害者とその親を対象とした分析が多いとはいえ，障害者の配偶者や子どもを対象とした既存研究の蓄積がないわけではない[15]．その蓄積に依拠して本研究の問いを設定すること

も可能ではある．しかし，本研究はここまで障害者と介助者のあいだの関係を
検討するという課題を中心として議論してきたため，そうした別の議論を本研
究のなかに含めてしまうことは，論点を拡散させ，本研究内部での議論の連関
を不明確にしてしまう．障害者とその家族を対象としつつ，しかし障害者と介
助者のあいだの研究と密接に関連させた議論がおこなわれなくてはならない．

　そこで，本研究では，障害者と家族のあいだの相互行為が，障害者と介助者
のあいだで結ばれているどのような関係のあり方を背景として成立しているの
かという視角を採用することとする．前節に述べた問いのもとに，障害者と介
助者の関係を分析する一方で，その関係を障害者と家族のあいだのやりとりと
いうフィルタを通じて検討するのである．こうすることにより，障害者とその
家族のあいだのやりとりを分析に含むことができる上，これを通じて障害者と
介助者のあいだの関係を別の角度から検討することが可能になる．

　なお，障害者の家族を対象とするに際しての注意として，家族が介助を担う
存在であることを自明視してはならないという点が挙げられる．青い芝の会や
自立生活運動は，障害者の親と介助の結びつき，またそれを自明視する社会を
批判したのであった．障害者の親に対するこうした眼差しの研究上の問題点は
すでに土屋（2002: 24-9）によって指摘されているが，配偶者や子どもを対象と
するに際しても同様の注意が必要になってくる．たしかに，障害者の配偶者や
子どもが介助の担い手たりえることは上でも触れた．のちの経験的な議論にお
いても，介助をおこなう家族が登場することだろう．しかし，その様子を記述
することと，それらの人々を介助をして当然の存在として眼差すことには大き
な差がある．障害者の配偶者や子どもを，介助を担って当然の人々として捉え
るのであれば，それはケアを私的空間に囲い込む規範の再生産に加担するおこ
ないであり，臨床にいる人々への抑圧として機能するだろう．またそうした規
範的な側面のみならず，家族と介助の結びつきを無批判に受容してしまえば，
介助を担わない家族が存在することや，介助から離脱する契機が介助のなかに
ありうることが見逃されてしまう可能性がある．そのため，たしかに本研究で
も登場するのは実際に介助に携わっている家族ばかりではあるのだが，その負
担ばかりに注目するのではなく，そうした負担を軽減する家族の主体的な実践
にも注目することをもって，家族と介助の結び付きを自明視しない議論をおこ

なうこととする.

　本節では, 障害者の家族, とりわけ配偶者や子どもを本研究の議論にいかに含めるのかを議論した. その結果, 前節において提示された障害者と介助者の関係をめぐる問いを検討するための窓として, 障害者と家族の相互行為を検討するという視座が得られた. よって, 本研究の問いは, 介助者手足論的な関係の相対化と, その揺れ戻しが環境や個々人の思惑が絡み合う中でどのように発生するのかを, まずは障害者と介助者が関係を切り結ぶ場面を直接に考察し, またそれを家族を通じて検討するというように構造化されることとなった.

　以上を踏まえて, 本研究の経験的な議論は以下のように構成されることになる. まず, 第 5 章では, 障害者からの指示を重視することと, 障害者の意図を察して動くことのあいだで介助者がどのように揺れ動くのかをみる. 次に, 第 6 章では, 介助者がそうした決定と指示という発想それ自体を相対化する様子をみる. 続く第 7 章では, それまでに議論した障害者と介助者の関係を家族がどう観測しているのかを, 第 8 章ではそうした家族の認識が, ひるがえって家族の実践をどのように規定しているのかをみる.

　では, こうした問いのもとで介助者や家族が障害者と切り結ぶ関係を明らかにしていくに際して, 求められる対象と方法はいかなるものであろうか. 次章では経験的な議論を始めるための最後の準備として, 本研究がおこなった調査の概要をみていこう.

　注
1) 渡邉 (2011: 60) は「たとえば介助者手足論は, 障害者解放運動や自立生活運動においては, 健全者手足論として, しばしば介助者自身によって自覚的に唱えられてきた」と記している. 青い芝の会の名前は出していないが, 健全者手足論との連続性が述べられている. ただし, 渡邉は運動における手足論が健全者としての自覚をともなっていたということを指摘しており, この点は前章の議論とも合致する整理である. 別の箇所で渡邉は健全者手足論と介助者手足論の意味の断絶についても触れており (川口ほか 2013: 326), 上の引用はやや筆が滑ったものとも読み取れる.
2) 深田は介護者手足論という言葉をもちいている.
3) 一方で, そもそもなぜ, 障害者運動のメインストリームが青い芝の会から CIL へと移っていったのにもかかわらず, 介助者を手足とみなすというメタファーが残存し, 専門職倫理のラベルとして用いられているのかという問いを明らかにすることは別途必要

な作業である．なぜなら，クライアントの意思決定を尊重するという発想は，隣接領域の看護師などにとどまらず，一般的な対人支援職において共通するものであるにもかかわらず，ことに障害において，手足という言葉が強調されるのであれば，そこには障害者の支援に特殊な性質が見出しうるからである．

4）これは，現在の研究者らによる介助者手足論の理解が表層的であるというより——もちろん歴史的な経緯をきちんと把握しておくことはそれとして重要ではあるのだが——介助の臨床における介助者手足論の理解がそうしたものとなっていることの反映とみたほうがよいだろう．

5）本研究の目的からは外れるが，健全者手足論とはまた別個に，こうした介助者手足論内部での意味内容の変転を追うことも重要な作業であると思われる．なお，運動としての規範が希薄化しているといっても，介助者に専門職倫理として指示をきちんと聞くことを求めることによって，結果として運動が目指していたものが達成されるということはあろう．

　　また，自立生活運動の広まりによって，必ずしも運動に参加しない障害者にも自立が可能となった現代においては，そうした運動の理念自体が冗長になってしまうこともある．たとえば，上に見たような第三者とのコミュニケーションの場面において，介助者が利用者のかわりに健常者同士で会話をしてしまったとき，健常者ペースが当たり前であるという発想を解体していくという運動の理念とは別に，その場にいる障害者にとって単純に不愉快であるからやめてほしいということはありえ，それを防ぐというだけなら，障害者の指示をきちんと仰げ，というだけで十分ではあろう．こうした自立生活の普遍化・日常化も，介助者手足論の運動論的側面の希薄化に影響しているかもしれない．

6）当事者主権を掲げた中西と上野も，決定や指示が難しい人々についてはこうした潜在的な意思を汲み取っていくことが重要になると述べている（中西・上野 2003: 40-1）．ただし，これは知的障害者や認知症を患った人々を念頭に置いた記述であり，身体障害者の場合にも発生する決定と指示の理念を貫徹することにともなう困難はここでは意識されていない．

7）ただし，渡邉はこうした先回りの問題点を指摘する一方で，手足に徹することによる介助者の自己抑制の限界をも指摘しており，手足論を疑って適度に介入するようになる介助者の様子を描いている（渡邉 2011: 64）．

8）こうした他者という語の用法のうち，前者は予期の不一致，あるいは違背の可能性に他者の他性をみる社会学の伝統的な発想と基盤を共有したものである（浅野 2012: 850-2）．一方で，後者は他者を，個人にとって事物や制度と同様に環境としてその行為の前提をなすものと考えている．

9）こうした規範には，健全者社会の規範に従順で，おとなしくふるまうことを期待する「障害者役割」（石川 1992: 118; 岡原 [1990]2012:154）のようなものもあれば，自立生活によって健全者社会を告発する障害者像を期待するものもあるだろう．たとえば，古波蔵へのインタビューでは，後者の規範をめぐって，健常者と微妙なかけひきがおこなわれている様子がみられる（古波蔵ほか 1998）．

10）少々文脈を違えるが，立岩真也はこうした「自己」決定における他者の影響について，

脳死臓器移植や安楽死・尊厳死を念頭に議論をおこなっている（立岩 2008: 88-93，立岩 2009: 294-6）．そこでは他者の影響があることを認めた上で，しかしそれが本人の決定が採用されるべきではない論拠とはならないこと，またしかし，本人の決定が無条件に採用されるべきであるわけでもなく，周囲の人々が決定の前提においてできる／すべき試みがありうることが述べられる．この点は，本研究がのちの経験的対象として扱う ALS という難病の支援に際しても，とくに人工呼吸器の装着をめぐる決定に際しての周囲のかかわりの問題として前景化する論点である（立岩 2004: 391-402; 伊藤智樹 2012; 石島ほか 2015）．

11）杉田俊介（2008）は障害者介助などのケア労働の多くが非正規労働者によって占められることの背景として，「内なるチャリティ精神」，すなわち誰でもできる，汚くきつい仕事であるなど，非正規でも仕方のない仕事をしているというケア労働者がもつ自己規定の存在を指摘し，これを解体しなくてはならないと述べる．前田の論は直接にこれを目指したものではないが，介助者に照準してその実践を探求することは，そうした介助者のエートスへの省察にもなるだろう．

12）看護師が患者や医師との相互行為のなかでその業務の範囲や内容の境界づけをおこなっていく様子を検討した三井さよ（2004: 102-4）は，看護師がときに「業務的」態度，すなわち患者との心的交流を絶ち，決められた仕事のみを淡々とこなしていくという考え方で仕事をすることで，看護に際してのさまざまなストレスに対処することがあると指摘した．看護師と介助者をまとめて考えてしまうのは雑に過ぎるが，こうした態度が介助者にも発生しうることは経験的にそれほどありえない事態ではないと思われる．

13）なお，本研究では「家族」という言葉を，集団としてのそれではなく，家族集団を構成している，障害者本人以外の個人を指すものとして用いている．

14）脳卒中患者の配偶者が「患者の手となり足とならなければ」と語ることがあることは報告されているが（佐直 1995），こうした表現の含意は必ずしも明確ではない．

15）前者，障害者の配偶者については，主に看護学において，脳卒中とその後遺症を患った人々を対象とした研究がおこなわれてきた．そこでは，まず定量的に配偶者の負担感が測定され，とくに 70 歳以上の配偶者において同居家族外からのソーシャルサポートが不足し，家族内の情緒的つながりが希薄であることや，配偶者自身も健康に問題を抱えていることが明らかにされた（山田・川原 1996）．また，介助にともなう身体的な負担が精神的な健康や夫婦満足度とも相関していることも指摘されている（細川ほか 1996）．一方で，近年では定性的な研究もおこなわれており，入退院や治療プログラムへの参加をおこなうか否かといった選択において，病院スタッフといった専門職からの影響は小さく，配偶者が決定に大きく関与していることなどが明らかにされている（Pearson・酒井 2004; 大西 2011）．くわえて，障害に対する捉え方の変遷や，生活における目標設定の推移を整理する努力もおこなわれてきた（佐直 1995; 酒井ほか 2000）．

　社会学や障害学の文脈では少ないものの，稀有な例としては，深田（2013）の一部が該当する．深田によれば，脳性麻痺者である新田勲は，介助を社会化するという脱家族の理念をもちながらも，パートナーや娘と同居し，親密圏を形成していたという（深田 2013: 118-28）．障害者の親を対象とした諸研究の多くは，親を抑圧者として捉えていた

が，それとは異なった様子が障害者と生殖家族のあいだには生じうることがここからう
かがわれる．

　また，田中恵美子による調査も障害者の生殖家族を扱ったものとして挙げられる
(2009: 139-173, 2014)．ただし，そこで登場する夫婦はほとんどがともに障害者であり，
障害者が健常者である家族とともにどう生きているのかに注目したい本研究とはやや趣
を違える．なかには健常者のパートナーをもつ障害者も登場するが（田中 2009: 126），
田中の関心は自立生活を可能ならしめる生活の構造にあり，パートナーとのやりとりは
それほど記述されず，やはり本研究の関心からは外れてしまう．

　他方，後者の障害者，あるいは介助を必要とする人の子どもについては，これまでヤ
ングケアラー研究という領域で対象となり，議論が進められている．とくにイギリスで
は，早くからヤングケアラーへの注目がなされてきた．そこでは，まずヤングケアラー
を 18 歳以下の介助する子どもと操作的に定義し，国内でどの程度の規模でヤングケア
ラーが存在しているのかを把握することがおこなわれた．ついで，介助が子どもと家族
の紐帯を深めるというポジティブな面をもつ一方，子どもの正常な発達を妨げることが
指摘され，そうした負の側面を解消するための方策がどのようにおこなわれるべきかが
検討されてきた（Frank 1995; Dearden and Becker 2000; 三富 2000; Thomas et al. 2003;
柴崎 2005; 澁谷 2018）．なお，やや年齢を引き上げて 14 歳以上 24 歳以下の子どもを対
象としたヤングアダルトケアラー研究と呼ばれる領域にも類似の蓄積がある．

対象と方法

▶ 4.1　対象とその適切性

4.1.1　ALS とその療養

　本章では本研究の対象と方法を説明する．冒頭でも述べたように，本研究が
おこなう経験的な調査における対象は，ALS という疾患の患者と，その生活
を支援する介助者や家族である．ALS については既に簡単に説明したが，本
節で改めてその詳細な説明をおこない，本研究の問いに照らしたときの対象と
しての妥当性を確認する．その上で，次節では ALS の療養をフィールドとし
た調査としてどのようなデザインが望まれるのかを議論し，実際の調査の概要
を述べる．最後に 3 節で調査協力者についての基本的な属性等が開示される．
では，まず ALS についての基本的な知識をおさえていくこととしよう．

　ALS は，英語名の Amyotrophic Lateral Sclerosis の略称であり，日本語で
は筋萎縮性側索硬化症と呼ばれる．神経原性の筋萎縮疾患，すなわち神経の変
性によって脳からの命令が筋肉に伝わらなくなり，徐々に筋肉が衰え身体が動
かせなくなっていく進行性の難病で[1]，およそ 10 万人に数人の割合で発症し，
厚生労働省の『衛生行政報告例』における特定疾患医療受給者証所持数にもと
づくと，日本には 2018 年時点で 9805 人の患者がいるとされている．発症は年
代では中高年に，性別では男性に多い．有名な患者に物理学者のスティーヴ
ン・ホーキングや元メジャーリーガーのルー・ゲーリックなどがおり，近年で
はテレビドラマや映画，小説，漫画などにも登場して世間での認知が進んだほ
か，アイス・バケツ・チャレンジと呼ばれる寄付運動の世界規模での社会現象

化（2014 年），参議院厚生労働委員会における患者当事者の参考人招致拒否問題とその後の招致（2016 年），患者当事者の参議院議員の誕生（2019 年）そして医師による嘱託殺人事件（2020 年）などの出来事が記憶に新しい.

　おもに障害されるのは随意筋で，手の痺れや足のもつれ，呂律が回らなくなるといった症状にはじまり，症状が進行すると患者は全身不随に至る（Kiernan et al. 2011）．一方で，ALS-D と呼ばれる認知症を併発する症例や，情動静止困難（感情失禁）と呼ばれる症状が知られるものの（吉野 2001; Masuda et al. 2018），基本的には知能・意思は維持され，不随意筋や内蔵の機能も保たれる．こうした臨床像を踏まえると，ALS の患者は難病を患う病者であると同時に，重度の身体障害者でもあるといえる.

　症状が進行すると，横隔膜などの呼吸に関わる筋肉も侵されるため，一般には 3 年から 5 年程度で自発呼吸が難しくなり，死に至るとされる．ここで人工呼吸器，とくに気管を切開して頸部に装着する侵襲的な人工呼吸器（TPPV）を装着すれば，呼吸不全による死亡を避けることができるが，そうした選択をする患者は世界的にみると多数派ではない．たとえば，米国イリノイ州の場合，人工呼吸器を装着する患者は 10% 以下に留まる（Moss et al. 1993）．こうした装着率の低さの理由としては，アメリカでは装着後の生活の質（Quality of Life: QOL）が低く，経済的な負担も大きいことが指摘されている（Borasio et al. 1998）[2]．欧州でも同様の状況はみられ，デンマークでは 5.1%（Dreyer et al. 2014），ノルウェーとスウェーデンを対象とし，装着率の性差に注目した調査では，TPPV を利用する患者は男性で 6.7%，女性で 3.8% という報告がある（Tollefsen et al. 2010）.

　このように人工呼吸器の装着が療養において主たる選択肢ではない場合，患者が死に至るまでの期間の患者および家族の負担を抑えることが療養の主眼となるため[3]，それらの規定因を探る研究が多数積み重ねられてきている．具体的には，患者の QOL や家族の悲嘆を尺度で測定することに始まり（Jenkinson et al. 2000; Aoun et al. 2012），とくに家族の心理的負担については，患者の身体機能や社会的なサポートの程度のほか（Goldstein et al 2006; Pagnini et al. 2010），患者の逸脱的な行動が負担感に影響することが指摘されている（Hecht et al. 2003; Lillo et al. 2012）．また，両者の負担感の相関についての研究もおこなわれている

（Ozanne and Persson 2013）.

　一方，人工呼吸器，とりわけ TPPV を利用すれば呼吸不全による死亡は避けることができ，ALS が直接の死因となることはない．このように人工呼吸器の装着が選択された場合には，徐々に衰微していく身体機能に合わせたかたちでの物的・人的な介助体制の構築が必要となる．日本における具体的な制度としては，介護保険の訪問介護や障害者総合支援法に定められる重度訪問介護[4]といった制度があり，これらによって生活のための介助人員を確保しつつ，適宜訪問看護や訪問リハビリテーションなどを組み合わせていくことが目指される[5]．介護保険や重度訪問介護では，1 割から 2 割の自己負担で公的サービスを受けることができるが，それらのみで 24 時間の介助が保証されることは稀であり，実際には家族やボランティアによる介助が入らざるをえないことも多い．患者によっては，安定した介助者の供給のために，自身で介護事業所を経営し，採用・訓練も自身で行ったうえで自身に向けて介助者を派遣している場合もある．

　こうした介助体制のなかでも，とりわけ肝要となるのはコミュニケーション支援だ[6]．なぜなら，人工呼吸器の装着にともなう気管の切開によって，多くの場合声が失われるし，人工呼吸器の装着まで症状が進んでいる場合には筆談のような方法も難しくなっていることが多いため，適切な支援がなければ患者は日常的な会話をすることや，介助に際して要求を発することができなくなってしまうからである．そうした支援としては，比較的残存しやすいとされる身体機能，すなわち眼球運動や表情筋，指先のわずかな動きなどを利用したものが挙げられる．

　具体的には，ひらがなの五十音表やアルファベットが書かれた透明な板（透明文字盤）をもちいて，一字ずつ患者の目線を読み取る方法や，患者の口のかたちとまばたきなどの合図を組み合わせる口文字という方法のような，電子機器を用いない手段がまず挙げられる[7]．このほか，わずかに動く指などにきわめて微弱な力でも押せるスイッチを置き，そのスイッチで電子機器を操るものもある．こうした機器は意思伝達装置と呼ばれ，ひとつのスイッチで簡単な会話ができるようなものから，通常のパソコンを操作できるようにするソフトウェアまで多様なものがある．このように人工呼吸器をつけて以後の療養までをも

視野に入れて臨床像を捉えるものは「新しい ALS 観」と呼ばれており，「これまでの ALS 観」，すなわち人工呼吸器を装着せずに発症後数年で死に至る臨床像を相対化するものとなっている（日本 ALS 協会 2005: 4-8）．

　日本の場合，先に見た世界的な傾向に比べると TPPV を選ぶ患者が相対的に多いことが知られている（Christodoulou et al. 2015）．しかし，その日本ですら TPPV を選択する患者はいまだ多数派ではなく，厳密な数値は定かでないものの，おおよそ 3 割程度といわれることが多い[8]．すなわち，残る 7 割程度の患者は人工呼吸器を装着せずに緩和ケアを受けながら亡くなることになる．その原因としては，身体が動かなくなり呼吸器をつけた生活に対する悲観や，そうした状態で生きることによって家族に負担をかけることへの心配があるとされる．とくに，人工呼吸器の装着にともなって必要になる喀痰の吸引や，嚥下障害のために必要となる，腹部に造設した胃瘻からの経管栄養の注入などは「医療的ケア」と呼ばれ，2012 年 4 月からは社会福祉士及び介護福祉士法の改正により一部の介護職員等による実施が可能となったものの，いまなおこうしたケアは家族によって担われていることが多いため，家族の負担が予期されてしまう．また，上に触れたコミュニケーション支援が十分に期待できず，あるいは症状の進行のためにこうした支援によっても外界との意思疎通が不可能になってしまう可能性を考えて呼吸器の装着が忌避されてしまう場合もある[9]．くわえて，現在の日本では，法制度上，一度装着した人工呼吸器を外すことはできないということも，こうした人工呼吸器装着への躊躇に影響しているといわれる[10]．制度に対する認知も十分に進んでおらず，人員も不足している地方部においては，なおさらこうした傾向が強い．

　2020 年現在では，和歌山県などにみられる一部の遺伝性のものを除いて原因は不明で，治療法も存在しないが，原因究明と創薬のために世界中で研究が進められており，将来におけるこの疾患の克服が期待されている．これまで日本で利用可能な唯一の進行抑制剤であったリルゾール（リルテック）に続き，2015 年 7 月にはとくに初期の患者について進行の抑制効果が認められたエダラボン（ラジカット）の薬事承認がおこなわれたり，いくつかの治験で成果が見られるなど（Kaji et al. 2019），少しずつではあるが創薬に向けた進展がある．

4.1.2　対象の特性と関心に対する適切性

　さて，経験的な対象は，それぞれの研究がもつ関心や問いに対して適合した
ものが設定されなければならない．ALS を対象とすることそれ自体の意義に
ついてはすでに第 1 章で述べたが，第 3 章での既存研究の検討を通じて導出さ
れた問いを考えるに際して，ALS 患者の生活が妥当する対象となるのか否か
については別途論じる必要があるだろう．そこで本項では，障害者と介助者と
の関係を問うにあたって ALS という疾患とその患者たちの生活が適切な対象
であることを説明していく．先回りしてまとめるならば，ALS という疾患の
それ自体の特質や，その生活環境のあり方によって，患者と周囲の介助者や家
族が，常に互いのあいだの関係を観測し，よりよいあり方を不断に模索し続け
なければならないという点が，ALS 患者の生活を対象に障害者と介助者の関
係を考える理由となる．また，これを説明する過程で，従来の障害学が想定し
ていた身体障害者像と ALS の患者の差異，あるいは身体障害のなかでの ALS
の位置付けもより明確になるだろう．

　こうした対象との適切性を論じるに際して，とくに説得的に述べられなけれ
ばならないことはふたつに腑分けすることができるだろう．第一に，脳性麻痺
や脊髄損傷といった従来の議論で想定されていたタイプの身体障害を対象とし
ない理由はなにかという点である．第 3 章でみた多くの既存研究は，脳性麻痺
や脊髄損傷といった障害を対象としておこなわれいる．これは，単純な人数の
多さもさることながら，第 2 章でもみた青い芝の会や自立生活運動といった
70 年代以降の日本の障害者運動に呼応したものであり，故なきことではない．
本研究の問いも，そうした既存研究の蓄積の上に設定されるものであるから，
こうした障害を対象とすることが自然であるように思われる．にもかかわらず，
本研究は ALS 患者の生活こそが，本研究の問いにとって適切な対象であるこ
とを主張するのだから，それは説得的におこなわれなくてはならない．第二に，
本研究が ALS 患者の生活を対象とする積極的な理由はなにかという点もまた，
明示的に説明できなくてはならない．たしかに，ALS 患者は重度の身体障害
者としての側面をもつとはいえ，第一義的には疾病の患者である．また，第 1
章で確認したように，昨今の身体障害者の量的な増加がおもに肢体不自由者に
よって占められており，その意味で ALS の患者がその代表例ないし症状の点

で極限例といえるにせよ，身体障害をもつ人々は当然 ALS の患者ばかりでは
ない．既存研究のなかには，ALS を対象としてこれを既存の障害学の文脈に
据えるものもあるが，その際には ALS の療養が関心として先行しており，な
ぜその問いに対して ALS が適切なのかは明示的でない（長谷川 2010）．もちろ
ん，実践的知見が提出されるであればそれでも十分意義はある．しかし前章ま
でで議論したように，本研究は ALS に限らず，あくまで既存の障害学を議論
の基盤とした上でこれに貢献を果たさんとするものであるから，可能な対象の
なかで ALS が選ばれるに十分な理由が提示されなくてはならない．

　そこで以下では，ALS が脳性麻痺や脊髄損傷といった既存の議論で対象と
されていた議論の延長線上に位置づけられつつも，本研究の問いを検討するた
めに妥当な特性をもった対象であることを述べていこう．

　まず，ALS の患者たちが求めているものが，歴史的な障害者運動での要求
と近似しているということが確認できる．たしかに，ALS は多くの場合中高
年で発症するから，その患者たちは幼少期からの施設や家族のもとでの庇護と
いった脳性麻痺の人々のような経験をもたないことが多い．しかしながら，診
断や胃瘻の造設，気管切開といったタイミングで ALS の患者は入院を経験す
ることになる．そこでは，在宅時には認められていた介助者の介助が認められ
なかったり，看護師によるケアが画一的なものであったりと，脳性麻痺者が経
験したような施設の抑圧性が——脳性麻痺者からはだいぶ希釈されたかたちに
見えるかもしれないが——経験されるだろう．それゆえに，ALS の患者の場
合にも，地域・在宅での生活に対する希求は強くある．たとえば山梨県では，
ALS の患者たちの働きかけによって介護人派遣事業が導入されている．また，
日本 ALS 協会の調査によれば，現に 84% の患者が自宅で生活しているし[11]（柳
屋 2013: 29），自立生活センター北見のように，ALS の患者が代表を務める自立
生活センターも登場している[12]．くわえて，ALS 患者の生活を支える最も重要
な制度のひとつである重度訪問介護は，脳性麻痺者の運動のなかで勝ち取られ
てきたものであり，その点でも ALS の療養はこれまでの障害者運動の歴史の
延長線上に位置づいているといえる．

　一方で，従来の障害者運動が想定していた身体障害者の生活と，ALS 患者
の療養が完全に一致しているわけでもない．そのひとつが介助者である．もち

ろん，その養成の過程では，前章でみたような狭義の専門職倫理として，意思の尊重という理念は ALS 患者の介助者にも引き継がれているといえる．しかし，すでに第 1 章でも指摘したように，現代の ALS 患者の支援をおこなっているのは，仕事として介助を始めた人々が多く，彼ら彼女らは 70 年代前後の障害者運動を直接には知らない人々である場合が多い．それゆえにこそ，そうした時代における地域在宅での生活がいかなるものであるかを論じることが，障害学への示唆となるのであった．

　くわえて，障害者が形成する生殖家族を考える上でも，ALS 患者は従来の想定と一線を画す．たしかに，往時の運動を主導した人々のなかにも，結婚して子どもをもつ人々は存在した．しかしそれらの人々は先天的な，あるいは幼少期から障害をもっていた場合が多く，家族形成は障害を前提におこなわれていたと思われる．これに対し，上に述べたように ALS は中高年で発症するため，健常者として生殖家族を形成し配偶者や子どもをもった上で，青天の霹靂として障害者となる場合が多い．その意味で，今後その増加にともなって重要性が増すと思われる，中途障害者における配偶者や子どもの関係をめぐる論点について，ALS はこれを先取りした対象と捉えることができるだろう．[13] 障害学の知見を参照しつつ，経験的議論を通じてこれに示唆を投げ返すことを企図する本研究にとっては，こうした差異は好都合なものといえる．

　とはいえ，以上の議論からのみでは本研究の問いに対しての適切さが十分に説明されたとはいえない．なぜなら，前章でみたような手動の手足としての介助者のあり方，すなわち厳密な意味での意思の尊重のみが強力な規範として作用するような場では，そうした介助者のあり方，障害者との関係のあり方の揺らぎが観察されづらいであろうからだ．だとすれば，本研究の対象には，意思の尊重のみにとどまらない多様な関係が出現しうる可能性が含まれていなければならない．その点，ALS 患者の生活は，脳性麻痺のような従来の研究の対象との近接性や連続性をもつ一方で，関係の揺らぎが生じる蓋然性を高めるような独自の特徴をもっている．これが，本研究が ALS の療養を対象とする積極的な理由を提供してくれるだろう．

　その特徴としてまず挙げられるのは，繰り返し述べるように ALS が多くは中高年で発症する疾患であるということである．これはすなわち，ALS の患

者は健常者として社会化されているということを意味する．ゆえに，幼少期か
ら障害のある身体を経験し，障害者として健常者とのかかわりのなかにいた脳
性麻痺者らとは異なり，介助者に向けて細かな指示を出すといったことに患者
は不慣れなことがままある（長谷川 2010: 356）．前章でみた手動の手足をよしと
するような規範は必ずしも確固としたものではなく，これを相対化する関係，
すなわち身体を同期させて察して動く手足や，他者としての介助者のあり方が
出現する余地が残されているのである．

　発症時期以外にも，ALS という疾患は，患者と介助者が取りもつ関係を多
様なものにする蓋然性を高める特徴をもっているといえる[14]．たとえば，ALS
が進行する病であるという点である．状態が固定的な障害とは異なり，患者ご
とに程度の差はあるものの，ALS の場合では数年のあいだに筋肉が萎縮して
いく．健常者から全身不随の重度障害者へ，急激な変化が起こるのである．そ
のため，そうした変化する身体の状態に合わせて，介助の必要はさまざまな場
面において，次々と生じてくる．そのなかには，もちろんきちんと指示を出し
てそれを実行してもらうという形式に適したものもあろうが，ある程度介助者
が自発的に動かなくてはならないこともあるだろう．身体の変化に最適化した
介護体制を逐一アップデートしていくときには，患者本人とともに介助者が考
えていくことが必要になる場面もでてくるかもしれない．くわえて，進行にと
もなう患者の精神的な負担やその変化も，介助者との関係を単一のものとしな
いだろう．

　具体的に，こうした症状の進行にともなう関係の変化が見出されやすい場面
としては，コミュニケーション手段をめぐるものが挙げられる．たしかに，症
状の進行にともなって，上に見たような意思伝達装置等を用いたコミュニケー
ションが意思疎通の主たる手段となっていったとしても，熟練した介助者であ
ればかなりの速度で透明文字盤や口文字を読み取ることはできるし，患者も練
習によってパソコンの操作に熟達していくことはある．しかし，ALS 患者の
橋本操が「私は川柳や俳句で会話している気がします．推敲を重ね，弓を放つ
ように音を紡いで言の葉にしていくのです」と述べるように（日本 ALS 協会
2005: ii），健常者同士の会話に比べてそれらの方法ではどうしても速度や量が制
限されてしまうのであり，患者が発する言葉の背後には，その何倍，何十倍も

の伝えたいことがある．長時間にわたってこれらの方法を用いると疲れてしまうこともあり，日々の介助において患者と介助者の双方に大きな負担がかかってしまうので，そうした背景まで含めてあらゆることについて介助者が確認してから動かなければならないとすることも現実的ではない．ゆえに，介助者にはALS患者の発するひとつひとつの言葉や文章の背景に，患者の意思を汲み取って，自分自身でも考えながら動くことが求められる場面がALSの療養には存在している．¹⁵⁾

　また，人工呼吸器の装着をめぐる決定が療養において重要な契機となるという点も，介助者との関係を単一のものとはさせないALSの特徴であろう．人工呼吸器装着にかかわる選択は，ALSの療養において単に指示に従っていればよいというわけにはいかない場面があることの象徴である．たしかに，人工呼吸器を装着しないという選択も患者の判断であり，それが尊重されるべき時もあるだろう．しかしながら，実際には家族への負担や療養生活への不安といった要因が，人工呼吸器を装着するという選択肢をそもそも選びようのないものにしてしまっている場合もある．そのときには，人工呼吸器を装着しないという選択は唯々諾々と従えばよいものとはならない．そうした局面において，周囲の人々には人工呼吸器を装着して以後の生活がどのようなものか，それが想像しているほど絶望的な状態ではないと伝える，あるいはそうならないような努力をする余地があるし，そうした努力を規範的に退ける道理はない．こうした人工呼吸器をめぐる患者と介助者のかかわりのなかで，患者から表出された意思のみに従えばよいという態度は相対化されうるのであり，だとすればこれは多様な関係が現出する理由となるだろう．

　さらに，発症時期などの疾患の特徴がもたらすものばかりではなく，ALSの患者をとりまく周囲の人々や環境も，単なる決定・指示とその実行といった関係のみでは療養が形成されない要因となる．そうした要因の第一は，まず介助者の量的な多さである．とくに症状が進行し，24時間の全介助が必要な患者の場合，少なくとも10人前後の介助者が介助に参入している．また，人工呼吸器を装着した場合には，その療養は長くて数十年という長期にわたるため，介助者の参入・退出が発生する蓋然性は高く，療養を通じてかかわる介助者ののべ人数はさらに多くなる．

　前章で検討した小山内は，指示を実行するのにとどまらない，先回りをした
り異論を挟んだりといった介助が心地よいものとなるか否かは介助者との気の
あい方次第と述べており（小山内 1997: 121），それぞれに得手不得手や異なった
性格，バックグラウンドをもっているそれらの介助者は，患者とそれぞれに別
様の関係をもっていくことになるだろう．また，中高年で発症するために患者
には配偶者や子どもがいることも珍しくはない．こうした患者の家族も，前章
6 節で述べたように患者と介助者の関係をそれぞれに観測していると思われる．

　多様な関係を顕在化させる環境要因の第二としては，療養をとりまく法制度
面の変化が挙げられる．患者会による地道な活動と，その結実としてのさまざ
まな法改正により，ALS の療養環境は徐々にではあるが整備されつつある．
上にも触れた社会福祉士及び介護福祉士法の改正によって，家族以外の者でも
医療的ケアをおこなうことが一部解禁されたし，現在でも，介護保険と重度訪
問介護の適用関係の改善[16]，一時的な入院時にも重度訪問介護のもとでの介助者
の支援を可能にする法改正[17]など，少しずつ療養環境を改善しようとする動きが
継続されている．また，こうした法制度の整備のみならず，その実際の運用の
局面においても，行政の担当者との不断の折衝により重度訪問介護の支給時間
が少しずつ増加することはあり，裁判で介護支給量が勝ち取られることもある[18]．
しかし一方で，こうした制度による改善は一方向のものではなく，たとえば行
政担当者の変更によって運用が変わるなど，前進と後退が繰り返されるもので
ある．このことは，ALS の療養をとりまく環境が不変のものではなく，その
時々に応じた体制がかたちづくられるということを意味するだろう．それはと
りもなおさず，そこにいる障害者と介助者の関係も，それに逐一適応する中で
変化することを意味する．

　また，こうした法制度以外にも，療養環境は変化しうる．それが顕著なのは
意思伝達装置だろう．上にも触れたような機器以外にも，たとえば患者の視線
を検知してパソコンを操作する方法は精度も向上し，ここ数年で桁が２つ下が
るほどの低コスト化も進んだ．また，神経内部を通っている生体電位を体表外
から拾い，これをスイッチとしてもちいることで手足がまったく動かなくなっ
てもパソコンを操作できる機器も商品化されている．このほか，より侵襲的な
方法ではあるが脳表面に置いた電極によって，念じるだけで外部のロボット

アームなどを操作する技術も開発されている．このように，福祉工学の分野か
らも ALS の療養を支える方法が発達しつつある．もちろん，これらを補装具
として公的補助のもとに導入できるようになるにはタイムラグがあるとはいえ，
こうした技術面では数年のあいだに療養環境は激変しうるのだ．そして，これ
らの方法はそれぞれに時間的・体力的・精神的なコストが異なり，患者側は使
いやすいがセッティングが難しく介助者側には負担になるものがあったり，逆
にセッティングが難しいがゆえに患者が頼める人を選ばざるを得なかったりな
ど，そのコストも多面的なものだ．ゆえに，新しい方法の登場とその習得，利
用のたびごとに，どの場面でどの機器を用いるのかといった最適化は，患者と
介助者がともに手探りの共同作業としておこなわれていくだろう．こうした場
面でもさまざまな関係のあり方が現出してくることが予想される．以上のよう
に，ALS の療養において，患者や介助者，家族には，常にさまざまな関係の
可能性のなかから，よりよいと思われるものを取捨選択し続けていくことが要
請される．こうした理由から，介助者手足論とこれを相対化する関係とのあい
だの揺らぎや混交の様子，またそれを発生せしめる相互行為の様相を明らかに
するという問いを検討するに際しては，ALS の療養がその適切な経験的
フィールドたりうるのである．

　なお，ここまではおもに障害をもつ人を指すにあたって障害者という語を，
またとくに介助サービスを利用する人としての側面が強調される場合に利用者
という語を用いてきたが，以降の章では ALS に罹患し療養をおこなう当人を
患者と呼び，そのなかで得られた知見を障害者一般の問題として検討する際に
障害者の語を用いる[19)]．

　本節では，本研究の対象を ALS の療養とすることを述べ，その妥当性を論
じた．そこでは，脳性麻痺のような従来の研究で対象となっていた身体障害の
延長線上に位置づきつつも，ALS の療養は従来想定されていた身体障害者像
とは差異があり，その点が本研究の意義を担保するとともに，その臨床的・社
会環境的な特徴が，障害者と介助者の関係の揺らぎを発生させやすくするとい
う点が，本研究の関心と合致することが示された．では，こうした ALS の療
養を対象として，患者と介助者の関係を探っていくには調査をどのようにデザ
インしていくことが要請されるだろうか．次節では，本研究がおこなった調査

の方法を説明していくこととしよう.

▶ 4.2　調査の方法と概要

　本節では，本研究がALSの療養を対象としておこなった調査の方法を述べる．本研究の調査にまず要請されるのは，ALS患者の生活を対象として，患者が介助者とのあいだにもつ関係のあり方や，これに関わる家族の実践を問うという本研究の目的を達成するのに適したものであることである．そのためには，定性的なデータを収集することが必要になるだろう．なぜなら，ALS療養自体がそもそも多様性をもったものであることが知られている上（田中ほか2013），その臨床において，患者や家族，介助者がそれぞれにどのような関係を切り結んでいるのかという相互行為のあり方に照準する本研究の目的に照らすと，個々の事例に密着し，そこに共在する人々の属性や価値観，生活史が絡み合うことで現象が生起する様を，豊富なディテールとともに捉えられる手法が望ましいからである．具体的な手法としては，インタビュー調査によって，患者や介助者，家族がそれぞれに形成する関係がいかなるものであるのかについての語りを得ることが中心となる．くわえて，そうした語りを適切に理解するためには，それらが位置づく文脈である介助の現場を実際に観察し，これに知悉することが求められるだろう．そうした観察によって，語られたことが実際におこなわれる様子はもちろんのこと，語りには直接現れない身体のふるまいをも経験的な記述に含めることができるようになる．もちろん，こうした調査の前段階としては，患者や家族による手記のほか，患者会の会報誌などを通じて基礎的な情報を確認した．以上の方法を採用しておこなわれた本研究の調査は，相互に浸透的ではあるものの以下のようにおおきく3つに区分することができる．

4.2.1　調査 I

　本研究の調査のうち，2012年3月よりおこなわれた調査の開始から2014年頃までの期間におこなわれた調査を調査 I とする．本研究のための調査を始めるにあたっては，まず個々の事例となるALS患者の療養にアクセスしなくて

はならない．そこで本研究では，ALS をはじめとして難病の患者を支援する
NPO 法人である，ICT 救助隊に協力をあおいだ．同法人は，支援者に向けた
意思伝達装置の使用法の講習会を全国でおこなっているほか，啓発イベントの
開催，意思伝達装置利用でトラブルを抱えた患者の自宅への個別訪問などをお
こなっている団体である．筆者は同法人の一部業務を手伝いつつ講習会等に帯
同し，ALS の患者を紹介してもらった．その上で，患者，家族および介助者
に対し，個々に調査への協力を求め，同意を得た．このとき，本研究について
の説明をおこない，調査結果の公開にあたっては匿名をもちいて個人情報を保
護すること，調査への協力および拒否，中断は自由におこなえること，データ
の公開範囲等についても調査協力者の意思が尊重されることを説明した．調査
Ⅰは後続する調査のためのパイロット版としての性格もあるため，インタ
ビューに先立ち，まずは ALS 患者の生活の実態について，基本的な知識を得
ることが目的とされた．その上で，徐々に前章までに議論したリサーチクエッ
ションを組み上げることと併行して，インタビューをおこなっていった．

　インタビューは，おもに患者の自宅でおこなわれた．そのため，インタ
ビューは患者と 1〜2 名の介助者あるいは家族が同席した状態で実施されてい
る．基本的には，筆者が患者や介助者，家族に対してそれぞれに質問していく
かたちで進めたが，インタビューイー同士の会話についてもとくに阻むことはせ
ず，それらも記録し，分析の対象とした．また，患者の自宅でのインタビュー
は実際の介助と併行しておこなわれたので，筆者は同時に介助の観察をおこな
うことができた．ただし，患者と同席することによって語りに一定の配慮がお
こなわれる可能性が考えられたので，一部の介助者には個別にインタビューを
おこなった．1 回あたりのインタビューの時間は 1〜2 時間程度であった．

　インタビューは許可をとった上で録音，逐語録を作成し，これを丹念に読ん
で分析した．この際，先にも述べた ALS の特徴を踏まえ，語りのなかでも症
状や環境の変化とそれらへの対応といった，時間軸を含んだ語りにとくに注目
することとした．くわえて，インタビューから得られた語りのなかで，ある関
係が介助者手足論的なものであるか，あるいはこれを相対化する察して動く介
助者ないし他者としての介助者なのかを判断する基準を明確にすることも必要
となった．[20) 現在の介助者の多くは 70 年代の障害者運動にかかわってきた経験

をもたないので，手足という語を自身の役割として明示的に使うことはそれほ
どないと思われるからだ．これを観測する家族の場合はなおさら，こうした専
門職倫理を内面化している程度は小さいだろう．ゆえに，その当人が自身を手
足と明示的に表象するか否かを，介助者手足論的な関係の有無の基準とするこ
とはできない．そのため，この語を用いるかどうかにかかわらず，患者本人の
意思決定に対し，その決定に過不足なく従おうとする志向のもとに患者に接す
ることをもって，介助者手足論的な関係とみなすこととした．逆に，その決定
に自身が影響しているという内省がおこなわれたり，決定にただ従うのではな
く自分の意見をいって再考を促したりする場合には，介助者手足論的な関係が
相対化されていると本研究は捉える．このほか，「手足」という語以外にも，
とくに日常言語とはニュアンスを違える場合や，意味の曖昧さがある語につい
ては，適宜その文脈のなかでの意味を確認していった．

　また，データの読解に際しては，患者や介助者，家族といった個人と，その
療養の事例がもっている特徴を分析的に切り分けることが求められる．すなわ
ち，それらの人々を個々の事例のなかにネストされた個人として捉えることで，
その事例が個別にもっている文脈の影響を受けつつ，それぞれ異なる属性を
もった個人が患者とどのような関係を切り結んでいくのかを捉えていくことに
なる．[21]

　こうした定性的なデータの分析手順の妥当性の担保は，批判的な検討に晒さ
れることに委ねられるしかない．しかしながら，一定の指針を既存研究から得
ることは可能だろう．ここで参考になるのは，シンボリック相互作用論の系譜
に連なるアンセルム・ストラウスの議論である．

　アメリカの病院における癌患者への告知をめぐる患者や看護職，医師，家族
らの相互行為についての研究をおこなったバーニー・グレイザーとアンセル
ム・ストラウスは，患者と周囲の人々が取り持つ関係の移行を論じた（Glaser
and Strauss 1965 = 1988）．すなわち，「相互作用に関与する1人ひとりが患者の
医学的病状判定（defined status）について何を知っているか，そして彼が知って
いることを他の人々はどこまで知っていると彼自身思っているのか」（Glaser
and Strauss 1965 = 1988: 9，傍線は日本語訳原文による）によって，患者が自身の病状
について知らない閉鎖認識，患者が自身の病気は実は癌なのではないかと思う

疑念認識，患者が癌であることを患者と周囲の双方が知っていながら，そうで
はないかのように振る舞う相互虚偽認識，患者が癌であることを知り，周囲も
それを前提に患者に対するオープン認識という4つの「認識文脈」を類型化し，
その移行の様子を記述したのである．

　彼らのうち，とくにストラウスは，匿名の人同士の相互作用秩序の攪乱とそ
の修復に関心をもっていたアーヴィング・ゴフマン（Goffman and Manning 1971;
Goffman 1974）とよく対比されるように（天田 1997），お互いを知る人同士の相互
行為秩序の更新や微修正に対する関心のもと（片桐 1987），認識文脈と並んで
「名付け」（Strauss 1959 = 2001）や「交渉された秩序」（Strauss et al. 1963），「地位
移行」（Glaser and Strauss 1971）といった概念を提出している．医療に隣接する
介助の場面において患者と周囲の人々の関係の揺らぎを捉えんとする本研究と
ストラウスは関心を近くしており，こうした議論は分析に際しての参照点とな
るだろう．ただし，ストラウスはこうした概念を統合して相互行為秩序の更新
についての体系的な理論化や，それを経験的に議論するための方法論の精錬に
は至っていない．そこで，本研究では上にみた幾つかの概念を適宜参考にする
に留める．また，詳細はすでに注で触れているが，具体的な手順に関しては，
事例分析について近年すぐれた体系化をおこなっているロバート・K・イン
（Yin 2013）に依拠することとする．

　なお，透明文字盤や口文字を介しておこなわれる患者の発言については，可
読性を重視し漢字への変換や句読点の挿入などをおこなった．患者がPCに入
力した文章については，原則として原文のままとしている．また，インタ
ビューとは別に数十回，筆者は患者らの自宅や外出先での介助に立ち会う機会
があり，その様子の観察や調査協力者との会話も，分析において念頭に置かれ
た．くわえて，この調査Iをおこなっているあいだに，調査協力者の厚意に
よって，筆者はいくつかの介助者の資格取得のための講習に参加する機会を得
た．それらに参加することで，筆者は重度訪問介護従業者および特定認定行為
業務従事者の資格を取得した．前者は重度訪問介護，後者は特定の患者に対す
る痰の吸引や胃瘻からの経管栄養の注入といった医療的ケアを可能とする資格
である．これらの資格はそれぞれ短い講習時間と実習で得られる導入的なもの
であるが，きわめてごく一部，筆者が実際の介助を合法的におこなうことを可

能にした．これらの参与・非参与の観察によるデータは，インタビューによって得られた語りと補完的に用いられる．

4.2.2　調査Ⅱ

2014 年から 2015 年の期間におこなわれた調査を調査Ⅱとする．この時期，患者会である日本 ALS 協会は，日本財団の助成のもとでコミュニケーション支援事業をおこなっていた．この事業は，ALS 患者の在宅療養に欠かせない意思伝達装置等の利用について，各県に置かれた日本 ALS 協会の支部による支援活動の実態や，地方自治体がそれぞれにもつ制度，NPO 法人等の支援活動および自治体との連携の現状とその問題点を調査することを目的としたものである．この事業では，そうした調査をもとに，介助者や理学療法士，作業療法士といった支援者に対する技術指導のための講習会や，啓発のためのシンポジウムを開催したほか，翌年には事業の成果と新たな課題を検討するフォローアップミーティングがおこなわれた．対象となった地域は，北海道と山梨県 (2014 年度)，宮城県と島根県，および近畿地方である (2015 年度)[23]．筆者は，調査Ⅰをおこなう過程で日本 ALS 協会の理事らとも接触する機会を得ており，各会議での議事録作成や記録写真撮影等の業務担当を依頼され，同事業に随行した．そのなかで，事業とは独立のものとして各地の患者に調査への協力をお願いした．調査協力者への説明と同意取得，インタビュー方法は調査Ⅰに準じる．ただし，調査協力者からの要望や，地理的な距離の問題から，一部は電子メールによって質問を送付し，これに記入してもらうかたちでの聞き取りもおこなった．調査Ⅱは調査Ⅰで得たデータを踏まえておこなわれたし，この時期においても筆者は調査Ⅰの調査協力者と継続的に接触していたため，調査Ⅱで得られたデータと調査Ⅰで得られたデータの比較もおこなった[24]．

4.2.3　調査Ⅲ

調査Ⅲは，NPO 法人 ALS/MND サポートセンターさくら会が，2013 年度に独立行政法人福祉医療機構による社会福祉振興助成事業の支援を得ておこなったものに端を発している．さくら会は，痰の吸引や経管栄養の注入といった医療的ケアをおこなうための資格取得講習会などを開催している組織であり，

筆者は調査 I の過程でさくら会の理事らと接触した．この調査の設計はさくら会のメンバーとその共同研究者がおこなったが，筆者も実査の途中から参加し，データの分析をそれらの人々とともにおこなった．

　この調査は，ALS を罹患している親を介助する人々に，その経験が自身の人生にどのような影響を及ぼすのかを，質問紙調査およびフォーカスグループをもちいた混合調査法から明らかにし，もって ALS 患者である親を介助する人々の生活および介助環境を改善する方途を検討することを目的としたものである．この調査の協力者は，症状が進行して重度障害の状態にある ALS 患者の子どもである．調査の協力を得るにあたっては，地域の支援者の紹介を頼った．その結果，国内 3 地点で，それぞれ 4 名，7 名，6 名の計 17 名に対して調査がおこなわれた．筆者はうち 1 箇所での調査にのみ同席した．

　本研究では，この調査のインタビューデータの一部の譲渡を受けて，分析の参考にするとともに，この調査の参加者のうち 2 名に独自に追加のインタビューをおこなった[25]．これを調査 III とする．調査の方法は上記の調査 I および II に準じており，調査に際してはさくら会によるものとは別に，あらためて目的を説明し，協力に同意を得た．

　こうしたデータの譲渡については，一定の注意が求められる．なぜなら，筆者はさくら会がおこなった調査の設計や実査の前半にはかかわっておらず，また質問紙調査の採用など，この調査のデザインは本研究の目的に完全に合致しているわけではないからだ．そのため，この調査データの利用は二次分析としての側面をもつ．とりわけ質的なデータの二次分析については，データの収集方法や問いの設定について，分析者の思い通りにはならない場面が多いといった問題や（Szabo and Strang 1997），オリジナルの調査の文脈を理解し，調査協力者の同意や匿名化といった倫理的配慮をおこなうことについて，一次分析以上の注意が求められる（Heaton 2008; 武田 2009: 211-21）．

　ただし，本研究にとってはこれらの問題点は大きな問題とはならなかった．なぜなら，まずこの調査の時点で ALS の療養についての一定の理解を筆者はもっていた上，この調査が理論的な前提を強く設定せずにデータを収集することを企図するグラウンデッド・セオリー・アプローチ（Grounded Theory Approach: GTA）にもとづく分析を念頭において設計されていたためにフォーカ

スグループの話題もきわめて多岐にわたっており，データの豊富さやその文脈理解が分析上の大きな障壁となることはなかったからである．くわえて，二次分析といっても時間的な隔たりの大きな調査ではないので，既に述べたように本研究に際してこの調査の協力者にあらためてデータ利用についての同意をとりつけることもできた．さらに，追加のインタビューによって，事例の具体的な情報を補うとともに，より本研究の関心に即したかたちで語りを得ることができた．以上の点から，このデータを二次的に分析する際の困難は解消されている．

調査ⅠおよびⅡも含め，以上の調査で得られたデータは基本的に電子ファイルとして保存し，印刷したものについては鍵のかかる場所に保管することで個人情報の保護をおこなった．また，電子ファイルについては定期的なバックアップにより保全をおこなうとともに，体系的なファイル名の設定によって当該のデータがいつどこでどのように得られたものであるのかを明確にすることで，分析の過程でいつでも生のデータとその文脈に立ち返ることのできるようにした．[26)]

本節では，ALS 患者の生活を対象としておこなわれた調査の方法について，その概略と実際の手順について述べた．次節では，本研究の調査協力者について，その基本的な属性を示す．

▶ 4.3 　調査協力者の一覧

本節では，次章以降の経験的な議論をおこなうにあたっての基本情報として，本研究の調査協力者の属性を提示する．調査協力者の一覧を以下の表に示す．調査協力者は匿名とし，アルファベットで表記する．年齢は初回の調査時点のものである．

アルファベットの大文字は患者本人を示している．対して，職業的な介助者は当該の患者のアルファベットの小文字と，続けてアラビア数字を振っている．また，患者の家族の場合には，同様に当該の患者のアルファベットの小文字に続けて，続柄を英語で表記した際の頭文字をとって，夫であれば h，妻であれば w，娘であれば d をそれぞれ振った．[27)] gd さんのように，ある患者の娘であ

表　調査協力者一覧

患者						家族・介助者						
年齢	性別	診断年	療養状況	世帯構成	備考		年齢	性別	続柄	資格	当該患者への介助歴	備考
A 70代後半	男性	2004年	人工呼吸器・胃瘻利用	妻と同居		aw	70代前半	女性	妻	—	—	
						a1	50代前半	女性	—	介護福祉士	2009年~	
						a2	30代後半	男性	—	介護福祉士	2004年~	
						a3	20代前半	女性	—	重度訪問介護従業者・看護学生	2011年~	
B 50代前半	男性	2002年	人工呼吸器・胃瘻利用	妻・娘一人と同居		bw	40代後半	女性	妻	—	—	
						b1	30代後半	女性	—	介護福祉士	2007年~	
						b2	50代前半	女性	—	介護福祉士	2006年~	
C 50代前半	女性	2009年	気管切開済み・胃瘻利用	夫・娘一人と同居	介護事業所を経営	cd	20代後半	女性	娘	—	—	
						c1	50代前半	女性	—	重度訪問介護従業者	2014年~	発症前からCさんの友人
D 50代前半	男性	2006年	人工呼吸器利用	独居		d1	40代前半	女性	—	訪問介護員	2012年~	
						d2	20代前半	女性	—	重度訪問介護従業者・看護学生→看護師	2012年~	
						d3	40代後半	女性	—	介護福祉士	2009年~	
E 60代後半	女性	2009年	人工呼吸器利用	夫と同居		eh	60代後半	男性	夫	—	—	
						e1	40代後半	女性	—	介護福祉士	2011年~	
F 60代後半	男性	2000年	人工呼吸器・胃瘻利用	妻・息子一人と同居	介護事業所を経営	fw	60代前半	女性	妻	—	—	授産施設に勤務経験あり
						gd	20代後半	女性	娘	介護職員基礎研修	—	自宅で経営する介護事業所でサービス提供責任者。Dさんの介助者でもある

注：属性は調査時点のもの。調査のあいだに属性がかわった d2 さんについては変化を矢印で示した。また、gd さんには ALS 患者の母親（G さんに相当）がおり、前節にみたさくら会による会にインタビューをおこなっているが、今回はインタビューをおこなうことはできなかった。

出典：筆者作成.

ると同時に別の患者の介助者でもあるといった例外はあるものの，こうした表記をすることで，それぞれの人が属する事例とそのなかでの立場を一目で把握することができるだろう．なお，備考に記したように，患者であるＤさんとＦさんは自身で介護事業を経営しており，とくに本研究で登場するＤさんの介助者は皆，Ｄさんの経営する事業所に所属する人々である．そのため，それらの介助者にとって，Ｄさんはサービスの利用者であると同時に自身の雇用者でもあり，彼らの給与は，行政から事業所に支払われる公的な支給のなかから，Ｄさんを経由して支払われることになる．一方で，それ以外の介助者の場合では，その一部が患者の自己負担額によって賄われているにしても，事業所からの給与の支払いに利用者が介することはない．

　調査のなかで，筆者は表に示された人々以外の患者や家族，介助者にも接触しており，それらの人々についても以降の議論では触れる箇所がある．中心的な事例としては扱わないため表には掲載しなかったが，議論のなかで登場する際には簡単にその属性についても述べることとする．

　本章では，本研究が経験的な議論をおこなうに際しての対象と方法を検討し，ALS患者の生活についてのインタビューを主軸とした事例研究をおこなうという方針を得た．ここまでの議論を土台として，次章以降では，個々の事例において，関係の揺らぎや混交が起こっていく様子を見ていくことにしよう．

注
1)「難病」の語は医学の術語ではなく，国が定義した特定の疾患の総称を示す行政の語である．社会学では，立岩（2004）をはじめとしてしばしばALSが研究の対象となってきたが，実際にはALS以外にも多くの疾患が難病として指定されている．このように疾患名を基準として難病の外延を確定し，臨床データを提供する見返りとしてその患者に医療費を与える仕組みを，渡部は「疾患名モデル」と名付け，その歴史的な成立過程を詳述している（渡部2015）．
　こうした疾患名モデルによる難病指定は，徐々に拡大されていく傾向にあり，障害者総合支援法下では2019年には361疾患が難病となった．しかし，疾患名を基準として支援対象となるか否かが決定されてしまうことで，生活上の困難があっても適切な支援が得られないことがあり，難病は制度の谷間に落ちると表現されることもある（大野2011; 白井2013）．
2) もちろん，それぞれの国ごとに保険や障害者福祉の制度は異なる点には留意が必要である

3) なお，海外では ALS 療養の carer とはすなわち家族を指す場合がほとんどであり，療養におけるさまざまな判断に家族が大きく影響することが指摘されている（Hogden et al. 2012）．

4) 介護保険法施行例では，いくつかの疾患が特定疾病に指定されており，そのひとつである ALS の患者は 2 号被保険者として 40 歳から介護保険を利用することができる．逆にいえば，40 歳未満で発症した ALS 患者は，障害者向けサービスしか利用することができない．

5) 重度訪問介護は，障害者総合支援法下の制度で，「重度の肢体不自由者その他の障害者であって常時介護を要するものとして厚生労働省令で定めるものにつき，居宅における入浴，排せつ又は食事の介護その他の厚生労働省令で定める便宜及び外出時における移動中の介護を総合的に供与することをいう」（第五条 3）．具体的には，歩行，移乗，排尿，排便のすべてに介助が必要で二肢以上が動かないことといった要件にあてはまる障害者に対し，身体介護や家事援助のほか見守りなども含めた幅広いサービスを提供する仕組みである．

　もともとは東京都の介護人派遣事業に端を発したもので，これが国のホームヘルプ事業に組み込まれ，障害者自立支援法下で重度訪問介護として確立した．障害者総合支援法の一部改正にともない，2014 年 4 月からは従来の重度身体障害者にくわえ，行動に困難のある知的障害者や精神障害者も対象に含まれるようになった．

6) もちろん，人工呼吸器の装着を選択しない場合でも，衰微する身体機能に合わせたコミュニケーション支援は重要である．事実，先に見たように人工呼吸器を装着する患者が少数派である海外においても，その重要性はたびたび指摘されている（Doyle and Phillips 2001; Ball et al. 2004; McKelvey et al. 2012）．本研究がおこなった調査のなかでも，人工呼吸器を装着する以前からそうした意思伝達の方法を学ぶことは，その後の療養を快適なものにするためにも重要なこととして語られていた（Field Notes2015/06/21, Interview2015/09/08）．

7) たとえば日本語で「よ」という文字を伝えたいときには，患者がまず「お」の口の形をつくり，それを見た介助者が「おこそとのほもよろを」と五十音表のお段を読み上げる．介助者が「よ」といったタイミングで A さんはまばたきをし，ここで介助者は患者が伝えたかった文字が「よ」であると理解できる．これを一文字ずつ繰り返すのが口文字というコミュニケーション手段である．

　なお，のちに登場する D さんという患者の場合，濁点はまばたきを 2 回，「ん」はお段の最後に配置，拗音は「や」「ゆ」「よ」をそのまま発して介助者に解釈させるといったルールがあるが，こうした細部は患者ごとに微妙に異なる．

8) 2004 年の横断的な調査によれば，TPPV の利用者は全国で 28.4% となっている（祖父江ほか 2007）．ただし，横断的な調査の場合，まだ自発呼吸の機能が残っているために人工呼吸器を利用していない人も含まれていると思われるため，本文でも触れたように自身の予後や家族の負担を予期して呼吸器を利用せずに亡くなる患者が，亡くなった患者全体のどれだけいるのかについては別途検討する必要がある．この点について全国的な調査は見当たらなかったが，大阪医科大学附属病院で 1990〜2010 年の間に診断を受

けた 160 人の患者のうち，103 人（64.3%）が TPPV を使わないままに亡くなっているというデータがある（Tagami et al. 2014）．都市圏では TPPV 利用が多いことを踏まえると，やはり 7 割適度の患者は TPPV を利用しないままに亡くなっていると推測できる．

9）このように意思の発信が完全に不可能になってしまう状態のことを，完全な閉じ込め状態（Totally Locked-in State：TLS）と呼ぶ．人工呼吸器を装着した患者のなかで，13% 程度がこの状態に至るとされているが（川田ほか 2008），実際には適切な支援があれば意思疎通が可能な患者も一定数いると思われる．

10）もちろん，だからといって一度つけた呼吸器を外せるようにすることが解決になるというわけではない．この点は立岩（2004: 363-70）を参照のこと．

11）もちろん，これは患者会が把握している，すなわち患者会にアクセスすることのできた患者を対象とした数値であることに留意されたい．くわえて，そもそも在宅で生活できる基盤がなければ長期の療養はできないことや，なかには病院から放逐されてしまった人を含むことを踏まえれば，この値の高さを楽観視することはできないだろう．

12）2019 年 12 月 28 日取得，http://cilkitami.ec-net.jp.

13）なお，ALS を対象にその家族との関係を扱ったいくつかの既存研究はあるものの，ALS 患者の中途障害者としての側面に注目することで，既存の身体障害者の家族をめぐる議論へ貢献しようとするものは見当たらない．ALS 患者の配偶者については，脳血管障害についての研究と同様に，小長谷（2001）によって負担感の分析がおこなわれている．遺族による療養生活の振り返りとしては田中ほか（2013），家族からの ALS の捉え方については，中馬ほか（1995）による整理がある．ただし，これらの研究は，ALS 患者の配偶者を介助を担う存在であると自明視するという前章で批判したような問題をもっていることに注意が必要であるし，患者と家族の関係性を焦点としたものではないという点で本研究の関心からは外れる．そうした関係性，またそれを観察する視点それ自体を内省的に検討とした稀有な例としては，井口（2013）が挙げられる．

　ALS 患者の子どもについては，第 3 章の注 15 でも触れたヤングケアラー研究の文脈でいくつかの蓄積がある．たとえば，Lackey and Gates（2001）は，ALS を含むいくつかの慢性疾患の患者の子どもへの調査をおこなっている．そこでは，そうした慢性疾患の患者たる親を介助した子どもも，既存のヤングケアラー研究で指摘されるものと類似の経験をしていることが明らかになったほか，そうした経験の長期的な影響も調査されている．日本国内でも，土屋（2006）によって類似の研究がおこなわれており，障害者社会と健常者社会の双方を経験するという独自の経験が，家事をよく手伝う子どもや 18 歳以上の子ども介護者とヤングケアラーを分かつものとして提示されている．

　そうした未成年の介助者に対象を絞ることによって，上に見たような知見を得たことには一定の意義がある．しかし，ヤングケアラー研究という蓄積の上に議論をおこなっているために，これらの研究が ALS を対象とするにあたっても 18 歳以下というヤングケアラーの操作的定義をそのまま採用していることの妥当性には議論の余地がある．なぜなら，先に見た ALS 患者の発症年齢を踏まえると，ALS 患者の子どもの多くは，20 代～40 代といった年齢層に該当すると考えられるからだ．ALS を対象とするのであれ

ば，18 歳以下を対象とした既存のヤングケアラー研究よりも，やや上の年齢層に着目するべきであるといえるだろう．

14）ALS 患者をとりまく制度には各国で差があるものの，ここで述べるような周囲との関係については国境を越えて通底する論点も多い．ALS 患者とされる物理学者，スティーヴン・ホーキングの生活をアクター・ネットワーク・セオリー（Actor-Network Theory: ANT）にもとづいた文化人類学的な観察によって描いたエレーヌ・ミアレの著作には，以下で述べる ALS 患者の生活の様子と共通するものが多く見られる（Mialet 2012 = 2014）．

15）将来的に治療薬が誕生した時には，これと鏡写しの論点が浮上するだろう．もちろん，ALS の治療薬がどういったかたちで現れるかはわからないが，たとえば徐々に神経や筋肉の状態が回復し，健常者に戻っていくことが可能になった場合を想像しよう．そのとき，一度はできなくなった筆談が使えるようになれば，これまでよりも事細かに指示を出して介助をおこなわせるといった介助者手足論的な関係が前景化するかもしれない．将来的には，創薬による回復の局面においても，患者と介助者の間での関係の揺らぎ，再設定がおこなわれることが予想されるのである．

16）従来の仕組みでは，介護保険の方が優先して適用され，重度訪問介護がこれを補うかたちで利用されることになっていた（「障害者の日常生活及び社会生活を総合的に支援するための法律に基づく自立支援給付と介護保険制度との適用関係等について」（平成 19 年 3 月 28 日障企発第 0328002 号・障障発第 0328002 号）厚生労働省社会・援護局障害保健福祉部企画課長・障害福祉課長連名通知）．しかし，介護保険ではできる介助の内容に縛りが多く，重度訪問介護の方が柔軟に運用できるため，患者会は重度訪問介護を優先的に利用する仕組みの確立を厚生労働省などに求めていた．現在では，こうした適用関係の硬直性には一定の改善が見られ，「その心身の状況やサービス利用を必要とする理由は多様であり，介護保険サービスを一律に優先させ，これにより必要な支援を受けることができるか否かを一概に判断することは困難であることから，障害福祉サービスの種類や利用者の状況に応じて当該サービスに相当する介護保険サービスを特定し，一律に当該介護保険サービスを優先的に利用するものとはしないこととする」という改正がおこなわれている（「『障害者自立支援法に基づく自立支援給付と介護保険制度との適用関係等について』の一部改正について」（平成 24 年 3 月 30 日障企発 0330 第 4 号障障発 0330 第 11 号）厚生労働省社会・援護局障害保健福祉部企画課長・障害福祉課長連名通知）．

17）従来より厚労省通知によって可能にはなっていたが，2018 年の障害者総合支援法の改正により，一時的な入院時も重度訪問介護のもとでの介助者の利用が可能になった．

18）有名な事例として，和歌山県で人工呼吸器と胃瘻を利用する全身不随の ALS 患者である 70 代男性が，24 時間の公的介護保証を求めた裁判が挙げられるだろう．判決では，介護保険と合わせて最低でも 1 日 21 時間の公的介護を支給することが市に義務付けられ，これが確定した．中野（2013）は，この ALS 患者の病態や介護内容を踏まえないこれまでの支給時間を市町村による裁量権の逸脱濫用であると認めた点でこの判決を評価する一方，なぜ下限が 21 時間であるのかについての合理的な説明がなされるべきで

あるという指摘もしている.

19) なお, ALS の患者は中高年層に多く, 介護保険法施行例に定める特定疾病でもあるため 40 歳から介護保険を利用することができ, 介助者も多くは介護福祉士やそれに準ずる資格をもった人が多い. そのため,「介護」や「ヘルパー」といった高齢者介護で用いられる語彙が語りのなかでも頻出する. しかし, その内実は比較的短時間に決められた仕事をおこなう介護というよりも, 自身の決定のもと 24 時間の生活を成り立たせるという意味において, ALS の療養は障害者の自立生活として検討した方が適切であると本研究は考えている.

20) のちに本文でも触れるインは, 事例研究の質の高さを測る要件として, 構成概念の妥当性, 内的妥当性, 外的妥当性, 信頼性の 4 つを挙げている. このうち構成概念の妥当性とは, 概念の操作的な定義の確かさと, および研究目的との整合性を意味する. たとえば地域の軽犯罪を研究する場合など暗数の存在が想定される際に公的統計をもちいることが不適切であるように (Yin 2013: 47), 研究の目的に照らして概念は適切に同定されなくてはならない. 本文中では手足という語の本研究における意味を確認したが, こうした作業は構成概念の妥当性を高めることに資するのである.

　なお, 先にも述べたように本研究はインタビューを中心的な手法として採用しつつも, 参与・非参与の観察や文献資料も合わせて利用していく. こうした複数の方法によってデータを収集することも構成概念の妥当性を高めるものである. 先と同じ例でいえば, 軽犯罪の件数について公的統計を定義として用いたとするなら, これと地域の人々の実感とは齟齬をきたすだろう. このように, 複数のデータソースをもちいることで, 当該の定義が妥当なものであるのか否かを確認することができるのである (Yin 2103: 121-2). インの挙げるその他の要件については, 後の注で触れる.

21) インは, このように事例のなかに下位の分析単位をもつ研究を埋込み型の (embedded) 事例研究と読んでいる (Yin 2013: 53-6).

22) ただし, 介助者としての正式な雇用契約は結んでいない.

23) 日本 ALS 協会の支部は基本的に各都道府県に置かれているが, 近畿地方は滋賀県を除いて近畿ブロックとしてまとまっている.

24) 事例の数について, インは単一事例と複数事例の双方に長所と短所があるとしつつも, 単一事例では事例間の比較をおこなうことができないため, 相対的に頑健な知見を提出するためにも基本的には複数の事例を集めるべきであるとしている (Yin 2013: 56-7, 63-4). 本研究でも, 個々の文脈についての深い理解が可能な範囲で, 調査 I と調査 II を通じてできるだけ多くの事例を集めることを目指した.

　また, こうした複数のデータの収集はインのいう内的妥当性および外的妥当性を高めるものである. 内的妥当性とは, ある現象について推測される因果経路の説得性の高さを意味する. 現象があるパターンとして記述されるとき, 個々の事例がそのパターンに沿って展開していれば, その記述の内的妥当性は高いと判断できる. またこのとき, 別様の説明の可能性は説得的に棄却されていなくてはならない (Yin 2013: 47).

　一方, 外的妥当性とは, 事例研究から引き出される知見の一般化可能性にかかわる基準である. 有意水準の設定を介して, ある現象が偶然起こったとは考えにくいという推

論をおこなう頻度統計的な一般化に対し，事例研究では分析的な一般化，すなわち複数の事例による追試を通じ，概念的な水準において，ある現象についての説明の確からしさを高めていくことがおこなわれるとインは述べる（Yin 2013: 46, 68）．そのためには，複数の適切な事例選択が必要になる．

　インの記述をもう少し噛み砕いておくと，たとえばある事例を考察した結果，AとBが揃った時にCという現象が起こると説明できるように思われたとき，この事例以外にもAとBが揃い，かつCが観察される事例が繰り返し発見されれば，その説明の確からしさは高まる．また，この説明は，AとBのどちらか，あるいはその両方を欠くときにCが発生しないことによっても検証される．このとき，先の説明はCの発生について内的妥当性の高いものであるといえる．一方，AとBに合わせてDという条件をもつ事例について，Cが発生しなかったとしよう．この場合には，AとBが揃った時にCという現象が起きるのはDという条件がないときに限るというかたちで，この事例を通じて先の説明が通用する範囲を限定することができる．このように説明が一般化される範囲が適切に線引きされているのが外的妥当性の高い説明である．この例で，外的妥当性を高めるためにはDという要素をもつ事例が必要であったことからも，複数の事例を対象とすることの必要性がわかるだろう．

25）なお，さくら会による調査の成果は石島ほか（2015）としてまとめられている．その論文を執筆する過程での共同研究者との議論には，本研究も多くを負っているが，本研究の議論の内容はその論文とは独立したものとなっている．

26）こうしたデータの管理が，事例研究の信頼性を担保する．信頼性とは，分析の再現性を意味する．事例研究が公開されたときには，必要であれば公開された以外の部分まで含めてデータを再度確認し，分析の過程が再現できなくてはならない．その分析をおこなった以外の人でも同様のデータから同様の知見を引き出すことができるように，データを管理・整理する必要があるのである（Yin 2013: 48-9）．

27）調査のなかでは患者の息子数人とも接触する機会があったが，今回はインタビューをすることは叶わなかった．また，患者の夫も1名にとどまっている．介助者にも女性が多いことと合わせて，調査協力者のジェンダーに偏りが生じていることは否めない．介助が女性によって担われがちであることについては，ジェンダー論にもとづいた批判があり（瀬山 2013），またそれゆえに女性の患者は配偶者に介助を期待しづらいことがすでに指摘されている（土屋 2004）．一方で，男性であるからこその論点も，家族と介助者のそれぞれについて提出されはじめている（平山 2014; 山根 2015）．介助のなかでジェンダーの関連するこうした論点を本研究では扱っていないが，これらは稿を改めて検討すべき課題である．

患者と介助者（1）
——自動と手動のあいだ——

▶ 5.1 本章の目的

　第3章において，本研究全体の目的は，障害者と介助者の関係が，手足という語に象徴される関係，すなわち障害者による決定・指示と，これを踏まえた介助者による実行という関係から，手足を相対化した関係へと揺らぎ混ざり合う様子を捉え，それがどのような相互行為のなかで発生していくのか，またそれは家族からどのように観測されているのかを明らかにしていくこととして特定された．第5章から第8章までの各章では，この問いをいくつかのサブクエッションに切りわけて検討していくことになる．そのひとつめとなる本章では，とくにALS患者と介助者のあいだの関係に注目し，そのなかでも指示の過不足ない実行を志向する介助者（手動の手足）が，患者の指示がなくともある程度自身で考えて介助をおこなう介助者（自動の手足）に変化したり，逆戻りしたりする様子を描き，相互行為場面におけるそうした揺らぎに影響する要素を明らかにすることを目的とする．

　では，そうした様子を検討するに際してはどのような分析視角をとることが求められるだろうか．介助者に自身で考えて動くことが要請された理由を振り返ることで，本章が依って立つそうした視角を得よう．第3章でもみたように，その理由は大きくふたつあるのだった．ひとつは，指示を出すことに困難を抱える障害者を介助する場面において前景化するものだった．知的障害者や発達障害者を支援する際には，指示を待っているだけの介助は困難なのであり（寺本 2008)，そうした場面では介助者がある程度自律して思考し動くことが要請

されるのである．もうひとつは，介助者の側が徹底して障害者の意思を確認しその通りに動こうとする場面で浮上する論点だった．介助者が手足に徹し自身の意思の介在を避ければ避けるほど，指示を出す側である障害者の手間が極大化してしまうのであり，そうした障害者側の煩わしさを減じるためには，介助者には障害者の意思に従うことを大前提とした上で，自身で考えて介助にあたることも同時に求められるのである（深田 2013: 40; 熊谷 2014: 17）．

　ここで注目すべきは，これらの理由はどちらも障害者と介助者のそれぞれについて，極端な想定をおいているということである．たしかに，意思を伝えることに困難を抱える障害者を想定した時や，介助者が徹底して障害者の意思を尊重しようとした結果として逆説的に障害者に不便が生ずる場合には，介助者に自身で考えて動くことが求められるのは当然の帰結であろう．しかしながら，本研究が対象とする ALS 患者の生活とその支援においてもそうであるように，多少不慣れであっても障害者の側からある程度の指示が出せる場面や，障害者の意思に従うことを基調としつつも介助者が自身の考えを持って介助にあたる場面も多くあると思われる．そうした場合には，支援の行き詰まりと，これを受けての介助者による自律的思考の必要という既存の研究が指摘するステップは踏まれることはないのだろうか．あるいは，そうした場面では介助者が自身で考えて動くことは安定的に，かつ成功裡に達成されているのだろうか．障害者や介助者の状態について極端な想定をしていた既存の研究は，そうした前提のあてはまらないような，障害者が意思を発し，介助者にも思惑があるといった場面において，介助者がいかに介助に臨むようになるのかという論点を十分に扱うことができない．

　手動の手足と自動の手足のあいだの揺れ動きが両者の思惑が入り交じる中にもありうるのだとして，これを既存の議論のように，障害者の決定を基調としつつも介助者が自分で考えて動くことが求められる理由を，そうした極端な場面にのみ求めて観察してしまえば，それは歪んだ記述を招来してしまうのである．ゆえに，本章では障害者が指示を出すことに困難をもっている場合や，介助者が半ば愚直なまでに障害者からの指示にこだわる事態を前提しない場合に，介助者が自身で考えて介助に臨んだり，逆にそうした自発的に介助をおこなうのを躊躇ってしまうのはいかなる場合か，という点に注目することとしよう．

　なお，障害者運動に参加し，脳性麻痺者の自立生活運動を直接見聞きしている場合や，その様子を文献などを通じて知っている場合には，本章以降の議論における ALS 患者と介助者の関係や，そこに家族が関わっている様子に違和感を感じるかもしれない．しかし，前章までに述べたように，本研究は ALS 患者の生活を，身体障害者による自立生活との類似性を持ちつつも，運動的な規範が希薄な中で生活を成立させている事例として捉えており，そうした性質ゆえにこそ，現代における障害者の自立生活への意義ももちうるとしたのだった．以降では，経験的に観察される介助者や家族の様子が，往時の障害者運動の規範に照らした際にどう判断されるかは一度措いて分析を進めることとする．

　本章は以下のように構成される．目的と分析視角を述べた本節に続き，次節では ALS 患者の療養とこれを支援する介助者の具体的な事例を参照しながら，介助者が自身で考えて介助にあたるようになっていく様子を追い，第 3 章で指摘したそうした介助者のあり方が不可避に抱えてしまう難点が実際に現出しつつも，これがそれほど大きな問題としては扱われていないことを確認する．にもかかわらず，3 節では，察して動けるはずの介助者がそうした動きを自制してしまう場面を描き，その理由を検討する．先回りして述べれば，それは患者側からの要請であるというよりも，介助者側からの独自の調整の結果として達成されている事態である．4 節では以上の議論をまとめ，患者と介助者の関係のあり方には介助者の意思が介在しうることの含意を整理する．

▶ 5.2　自律性の獲得

　本節では，介助者が患者からの明確な指示がなくともその意図を察して動けるようになっていく様子を確認した上で，先行研究の指摘するようにそうしたスムーズな介助にともなって現れる事態があること，しかしそれが取り立てて問題とは認識されていないことを述べる．

5.2.1　患者を知る

　ALS の介助では，そのすべてについて患者が指示しなくとも，ある程度介助者が察して動いている場面がそこかしこに見られる．手足の位置を変えた際

のマッサージや，車椅子に移乗したあとの座る位置の微調整，服のしわ伸ばしなど[1]，一連の作業としてまとまっているものについてはその各段階で指示が発されることはあまりない．このように，指示がなくとも，あるいは大枠の指示さえあれば，介助者は次に何をすべきかを自分で考えて介助をおこなっていく．

　しかし，介助者の側に患者の側の意図を忖度する独立した思考があることを前提するとはいっても，彼らは最初から察して動けているわけではない．なぜなら，そもそも介助において何をおこなえばよいのかは，介助の参入初期では必ずしも自明ではないからだ．介護福祉士や重度訪問介護従業者といった資格を得る過程で，一定の技能水準が担保されているとはいえ，既存の議論が指摘するように，ひとりひとり異なり多様性をもった生活に対応するためには，介助は基本的にはオーダーメイドであらざるをえない（渡邉 2011: 131-5; 山下 2014）．ALS の療養でも，画一的なやり方ではなく個々人の要望に沿ったかたちでの介助が望まれていることは以下の語りからもうかがえる．

> aw：あの A が嫌だっておっしゃった方〔介助者〕は，すごくこうなんていうのかしら，ご自分がみんないいと思うところ，こういうふうにやるべきだって知ってると思われて，それで「うちではこういうふうにやるんですよ」っていうと，「いや，これはこうですよ」っていって．でもそのいらっしゃった別のヘルパーさんが「でもこのうちではずっとそれはなんにも〔問題は〕なかったからそれでいいんです」っていってくださったんですけどもね．だから，あんまりご自分のこの信念が強すぎてもなかなか合わない（Interview2012/07/12）．

　それゆえ，基礎となる技術や知識をもつとはいえ，介助者はその患者ごとに求められている介助をひとつひとつ学ばなければならない．介助者が指示を得なければ動けないのは，利用者の意思に忠実であるべきという職業倫理を順守しているからであると同時に，少なくともその初期段階においては，単に指示なしではなにをすればよいかわからないからなのである[2]．たとえば，A さんの介助をおこなう a1 さんも参入当初の介助の難しさを語る．ここでは，痰の吸引といった医療的ケアにくわえ，パソコンにかかわる支援が難しかったものとして挙げられている．

a1：一番最初，私にとってＡ様ははじめてのALSの患者さんでもあったんですね．だからすごく結構もう私にとっては大変，なんとなく精神的にはプレッシャーだったんですけど，まぁ入りながら技術的な吸引とかの面ももちろん，こうなかなか覚束ないし，なにしろパソコンもよく扱いになるし，っていうご迷惑をおかけしてると思うんですが（Interview2012/06/05）．

　Ａさんはパソコンを頻繁にもちいて，日常の意思伝達のほか，メールや文書の作成，ゲームなどをおこなっているが，こうしたパソコンの操作，とりわけALS患者がもちいる入力方法は資格取得の過程で習熟するものではない．そのためこうした知識は実地で徐々に学んでいくしかなく，その途上においては何をすればよいのかがわからない．

　同様に，Ｂさんの介助をおこなっているb1さんは以下のように述べる．b1さんは比較的長期にわたってＢさんの支援にかかわっており，参入当初はまだＢさんの症状も相対的に軽度で必要な支援も少なかった．しかし，そのように仕事内容の範囲が限られている中であっても，察して動くことは容易なことではなかったとb1さんはいう．

b1：まぁやることはたぶん30分の訪問から始まってトイレに，胃瘻〔から食事を〕する，お茶を飲むっていうところのサービスだったから，ちょっとしたその手の位置だったりとか，そういうのが読み取れない時期，察してあげることもできない，何が違うのかもわからないみたいな，だったので．
　　まぁ全部指示待ちで動いていたのかな．何かを察して先回りしてやってあげるなんてことはまずなかったと思います．うん（Interview2015/09/08）．

　一方で，以上のことは裏を返せば，患者自身とその生活についての知識を時間をかけて得ていくことによって，細かな指示がなくても患者の要求や機微が理解できるようになることを示している．上に挙げた二人も，しばらくのちには患者の意思をいわれずとも理解できるようになってくると語る．

a1：あとはやっぱりもう２年ぐらい経ってきた時からこう排泄のリズム
とか生理的な好き嫌いとか，そういうのが少しづつなんとなくわか
るようになってきたら，こうちょっとした眼の動きとかでもこうな
のかな，っていうような（Interview2012/06/05）．

b1：時間が経つにつれて，なんとなく分かってくるなっていう感覚があ
る．ああ今こうしたいのかなとか．今日の顔色はこうだな，何か
あったかなみたいな．っていうのはなんとなく長いヘルパーだとた
ぶんそれが感じて．こうだったんだなっていうのは理解ができてく
る．……生活のスタイルが分かる．Ｂさんの．ぜったいほぼパター
ンが崩れないもんね．Ｂさんの生活スタイルが崩れないのでほぼ．
なので次はなんだなって先読みが少しずつできるようになってくる
（Interview2015/09/08）．

　こうした知識の習得は生理的なものばかりではなく，患者個人の生活史まで
をも含みこんだものだ．a1 さんは，Ａさんの介助に入って以降のことを振り
返って，Ａさんが働いていたときに取材された際の新聞記事や講演原稿を読
んだことを述べている．発病する以前の個人の生活史を知り，その人となりや
好悪を知ることが，介助をおこなう上での重要な情報となるのである．

a1：新聞にお書きになった資料とか，あとは〔国際患者会で訪れた〕フロリ
ダの講演の時の原稿とかを読む機会が得られていたのでそういうも
のも含めてＡさんご自身のあのなんていうか病気以外のなんかまぁ
生きてこられたその状況，感じっていうのをわたしはなるべく，あ
のまぁ知りたいなっていう気持ちもあったし，まぁそういうのを知
ることによって私もとってもいろんな勉強させていただいて（Inter-
view2012/06/05）．

　発病以前からＣさんの友人であり，現在は介助者としてＣさんの支援に携
わっているc1 さんの様子もこれを傍証する．c1 さんは，Ｃさんの娘である cd
さんからも「トップレベルに」「すごい丁寧」と評される介助者であるが，そ
の介助は指示というよりも顔を見て，感覚でおこなわれているものであるらし

い．疾患の患者としての生理的な状態のみならず，人間個人としての情報を知っていることが察して動く介助に資するのである．

> c1：なんかやっぱり仕事でちゃんとお金をもらってやってるけれども　やっぱり友達の延長っていう部分も私は強いので，やっぱり顔を見ながら，いまなにをしてほしいのかなとか，あ，してほしくないのかなっていうそういう感覚で動いている部分がとてもあるので（Interview2015/09/16）.

ただし，こうした種々の知識の習得が，実際の介助に活かされるためには，頻繁に介助に携わることで慣れていくことが条件となる点には留意が必要だろう．患者のことを知ることといわれずとも動けるようになることのあいだには隔たりがあり，これを埋めるためには頻回な介助によってその内容を身体化していく必要があるのである．

家族と同居しながら，いくつかの事業所から派遣される介助者とアルバイトの学生によって介助体制を築いているCさんは，みなまでいわなくとも普段通りの介助については動いてほしいと考えており，実際介助者もそのように働いているが，アルバイトの学生介助者は指示しないと動いてくれないと述べる．

> C：〔指示がなくても動いてほしいということは〕学生には伝えていない．なぜかというとたまにしか来な……
> cd：〔来な〕いから，あの，頻度がやっぱ違うので，忘れちゃうんだよね[3]（Interview2015/09/16）.

同様に，上にみたb1さんも，介助者の人数が多く自身が介助に携わる機会の少なかった頃には，察して動くことが難しかったという．

> b1：Bさんのケアが少ない中でも，たぶん指示がないと動けないくらい，緊張もあったし，たぶん週に1回とか2回くらいのペースでぐらいしか，ヘルパーも何人もいたときはそれくらいのペースでしかおじゃましてなかったから．……いまだからこそそれは理解できるけど，最初はもうそれもできないくらいの自分のなかでのてんぱりが

あるから．先読みして何かしてあげるなんて全然無理ですね（Inter-
view2015/09/08）．

　以上のように，まずはその患者の生活に必要なことを知り，頻回な介助のな
かでその生理的なリズムや好き嫌いに慣れていくことによって，介助者は逐一
の指示がなくとも淀みなく介助を進行させられるようになっていくのである．

5.2.2　考えて動く介助者の「問題」？

　第3章では，介助者手足論を順守する介助者は，障害者の意思の尊重という
原則に忠実である反面，逐一指示しなければ動いてくれないという欠点を抱え
ていることを指摘し，これを相対化するものとして，指示がなくとも察して動
く介助者のあり方が提示されていることを確認した．上に見た介助者の語りは，
ALS の介助においても——次節以降，また次章で見るように，それがすべて
ではないが——そのように介助者が察して動く場面が存在しているということ
を示している．しかし，第3章でみた既存研究は，こうした簡略化された指示
を障害者がおこない，それを受けて介助者が察して動くという関係のあり方と
て全面的に擁護可能なものではないということも指摘していたのであった．す
なわち，(1) その場にどの介助者がいるかということ自体が，障害者の決定に
とっての拘束条件となってしまうこと，(2) また障害者の決定や指示を介助者
が先読みすることによって生活の決定権の所在が曖昧になること，(3) さらに，
どこまで阿吽の呼吸を極めようとも，結局のところ介助者は他者であり，その
先読みが本来の障害者の思惑とずれる可能性は常に存在していることといった
難点が，こうした障害者と介助者との関係にはつきまとっているのである．1
点目については，簡略化の程度を問わず，指示と実行という手足の擬制に対す
る根本的な批判として，他者としての介助者を所与とした関係性への発端とな
るもので，次章の検討課題である．また，2点目についてはあくまで指示系統
の簡略化に過ぎず，手足論的な障害者の意思を尊重した決定の仕組みは保たれ
ているという擁護が可能なのであった．察して動く介助者のあり方を検討する
本章において重要となるのは3点目の批判だ．なぜなら，こうした問題が起き
ている場面とは，介助者の練度を高めずれを極小化する，すなわち察して動く

ことを求め続けるか，いまいちど明確な指示とその過不足ない実行という狭義の介助者手足論的な関係に立ち戻るかという選択がおこなわれるという意味で，いわれずとも動く介助者のあり方が見直される契機となると考えられるからだ．

　こうした様子は ALS の介助にも同じく観察される．たとえば a1 さんは次のように述べる．

> a1：〔察して動くための先読みに失敗した経験は〕ありますね，私すごいあのなんていうか私のなかに一番先読みしちゃうのは排泄，お手洗いは間に合わないとまずいっていうのが私のなかにあって，……目がこのへん〔下腹部〕に行った時に時間的にこうだって思うと勝手に〔服を〕開けってたりして，それで違うってことが何回か，なんかそれはよくやってしまって．……こうなんか〔視線入力装置で〕囲碁とかなさりながら下見るのが，下見た途端にもう取りにいったりなんかして，そうすると，右足の方実は本人は見てて，……あとから違う，右足揉んでってことだったっていうようなことがよくあります（Interview2012/06/05）.

　言葉で明確な指示がなくとも，目線が下の方に向かったことを合図に，また介助のなかで予測できるようになった A さんの排泄のタイミングも判断材料となって，排泄介助の準備をおこなうが，それはパソコンを操作する視線の動きであったり，足のマッサージの指示を意図したものであったりする．また，こうした指示内容の取り違えのほか，いつもやっていることが必ずしもその時求められないということもある．以下はインタビューの際におこなわれた A さんと妻の aw さん，a1 さんのやりとりである．

> A：しゅうちゅできないからやめて．〔原文ママ．PC で文字を入力し読み上げなし〕
>
> a1：〔テレビにミラーリングされた PC 画面を見て，誤入力かと考え〕ちゅーちゅー〔痰の吸引〕をやめるってことですか．
>
> aw：いやいや，たぶん，手をマッサージするのを．
>
> a1：そうすると集中できない．マッサージをやめるっていうことですか，

　　　違うかな.

Ａ：すべて〔読み上げなし〕

a1：ああ，すべてね.

aw：ごめんなさいね.

a1：申し訳ございません.

aw：いえいえ，こちらこそ申し訳ありません. 失礼を申し上げました.

a1：すいませんお断りしないで.

aw：ごめんあそばせね，ほんとにあの失礼なことして. ごめんなさい，
　　　いつもやっていただきたいのに. いつもお願いしているばかりで.
　　　ごめんあそばせ.

a1：でも時々そうおっしゃることもあるんですよ (Interview2012/06/05).

　このやりとりからはいくつかのことがうかがえる. まず，a1 さんによる手
のマッサージは「お断りしないで」おこなわれているものであったこと. そし
てそれはa1 さんの勝手な判断でおこなわれていたわけではなく，「いつもやっ
ていただきたい」ことであったからこそa1 さんが A さんの意図を汲んで動い
た結果であること. しかしそうした予測がこの場面のように必ずしも的中しな
い場面もあること，である. a1 さんのように手慣れた介助者であっても，患
者の意思を的確に推察することは完全にできるわけではなく，常に読み違えの
可能性はつきまとってしまっている.

　しかし，こうした問題点は，ここでみる人々のあいだでの関係の更新を要請
するものではない. なぜなら，こうした予測の不完全性が現前する場面があっ
たとしても，それは臨床的には大きな問題とは認識されていないからである.
上に見た場面でも，a1 さんはもちろん謝罪はするのだが，その件で厳しい注
意がおこなわれるわけではない. 「以心伝心がね，理想だけども，そうはいか
なくてもあんまりにまどろっこしいのは勘弁してほしいっておっしゃられたこ
とはあるんですよ」(Interview2012/06/05) というように，A さんはそうした予
測を推奨しており，そうした A さんの方針があるからこそ，間違えれば指摘
をすればよく，指摘があれば改めればよい，ということだけのことになってい
る. ここでは，既存研究が指摘する問題は，非問題化されているといってよい.

　Cさんの事例でも，こうした様子は見られる．上に見たように，学生アルバイトの場合にはいわれずともやってほしいという期待を相対的にかけにくいのではある．しかし，それは適宜いえば済むことであると患者や家族によって観念されている．

> cd：まぁでもたぶん，〔学生も〕いったら思い出すよね．あ，そうだった，って感じだよね，きっとね．だからそんなにいうことがすごい手間ではないでしょ，きっと．たぶんあれだよね，吸引器洗うのを忘れないで欲しいんだけど，夜勤の人に．だけど，他のことはもう滞りなくやるけど，洗うのだけ結構忘れちゃうことが多くて，でも多分吸引器洗って，までいうとね〔やってくれる〕（Interview2015/09/16）．

　もちろん，臨床において非問題的だと認識されているからそれでよいというのは安易であろう．たとえば，そうした自身と介助者の意図とのずれを患者が厳しく指摘をしてしまえば，安定的に介助人員を確保した療養体制が構築できないという予期から，注意したくてもできないということはありえる．また，上に見たAさんとa1さんのやりとりでも，Aさんの指摘に対して即座に妻のawさんがフォローをおこなっているように，そうした指摘は微妙な人間関係の機微に配慮しながらおこなわれていることは慎重に確認しておかなくてはならない．

　そうした留保をつけた上で，本研究の関心から重要なのは，こうした察して動く手足としての介助者と患者のあいだの微妙な離齬がそれほど問題視されないのであれば，そうした患者と介助者のあいだの関係は固定的なものとなるのかという点である．繰り返しになるが，既存研究では，逐一の指示をしなくとも快適に介助を受けられるという利点の一方で，そうした快適さは貫徹されないことが指摘されたのであり，だからこそ本研究はそうした複数に類型化される関係性の組み合わせや，そのあいだでの揺らぎに注目するのであった．しかし，仮にそうした察して動くことの不完全さが問題として認識されないのであれば，そうした関係からの揺らぎは生じないようにも思える．では，本節でみた事例では，察して動く関係が優位なものとして固定的になるのだろうか．必ずしもそうではない，ということを次節で確認していこう．

▶ 5.3 家族への配慮による自制

　本節では，察して動けるはずの介助者が，できるはずのことでもあえて指示を待つ場面を検討する．まず確認しておくべきことは，こうした場面が発生するのは少々不思議に思えるということだ．なぜなら，前節でもみたように，察して動く介助者のあり方が見直される契機となるはずのそうした介助者との関係のあり方の難点，すなわち常に発生しうる意思の推察・先読みの失敗は，介助の臨床においてその場ごとに修正され，患者にとってもことさらに問題的なものとして認識されていなかったからである．介助がさまざまな関係のパッチワークとして営まれざるをえないと本研究が捉えたのは，障害者と介助者のあいだの多様な関係のあり方が，そのそれぞれに難点をもっていたからであったが，ここではその前提が崩れているのである．にもかかわらず，このように介助者が察して動くことを患者が期待し，また介助者もそのように動けている状態が安定的に営まれている中で，介助者が指示なしに動くことを自制する場面があるとしたら，それはどのようなものであろうか．

　ここで注目するのは，b1 さんの語りである．前節でもみたように，b1 さんは，B さんの生活を知ることで逐一の指示がなくとも B さんが快適なように介助することが可能になっている介助者であった．そして，以下の語りのように，そうした指示にもとづかない動きのなかには，B さんの意図を外れるものもあるが，それはとりたてて問題とはなっていない．

> b1：まぁ些細なことだけど，私が印象〔的だった〕っていうか，しまったなっていうのがひとつあって，まぁそれはあえて B さんにもいってないんですけど．ほんと些細なことなんですけど，洗濯バサミを〔物干し竿に〕きちんと並べた方が気持ちいいかなって思って私は勝手に並べてたんですよ，こうやって些細なことなんですよ．気持ちがいいから．
>
> 　と思ったけど，B さん的には並んでるのがすごく気持ち悪いし，なんかこう，なんか見られてるじゃないけど，なんかそういう強迫

的な感じが気持ち悪く感じるっていうのを，でもＢさんそれあえて
私にはいわないんだけど，他のヘルパーさんからあれはそうすると
ちょっと気持ちが悪く感じるんだってって聞くと，ああ私の価値観
が，よかれ〔と思ってやったこと〕が，やっぱり〔やるべきではなかったと
わかる〕，ね．けどそこまではたぶんＢさんは逐一はそんな細かい事
まではＢさんはいわない（Interview2015/09/08）．

　患者の衣類の洗濯は介助者の仕事のひとつである．そして洗濯のタイミング
などに指示をすることはあっても，衣類の干し方や畳み方，ましてや洗濯バサ
ミの整理の仕方などは逐一指示を出すたぐいのものではない．だからこそ，上
の語りにみるような，b1さんの言葉を借りれば「価値観」のずれが顕在化す
るのではあるが，それはＢさんも（「気味悪かった」とはいうのだが）細かく指摘
するほどのことではなく，b1さんもほかの介助者を通じて知る出来事である．
「些細な」とb1さんがいうように，ここでもこうした齟齬は重大事とは認識
されていない．では，こうしたb1さんが，指示なしに動くことを躊躇う理由
とはどのようなものだろうか．インタビューでは，それが家族を慮ってである
ことが示唆されている．以下は，自宅の１階で療養しているために10年以上
直接見ていないという２階の様子を，介助者が教えてくれるとありがたいとＢ
さんが述べたのを受けてのb1さんの語りである．

b1：けどたぶん，関係ができてくると，なんとなくＢさんがこれまでは
　　　いいかなっていうなんとなくが，わかってきてもいけんのだけど，
　　　これ以上踏み込んだらたぶんＢさん嫌なところだろうなとか〔がわ
　　　かってくる〕．たぶんご家庭もあるので，あのこのさっきの〔Ｂさんの
　　　いった〕，２階〔のことを教えてくれるとありがたい〕とか，すごく気持ち
　　　がすごい，ああなるほどなってわかるんだけど，反対側としては奥
　　　さんのテリトリーでもある部分だし，そこを，いまこうなっている
　　　よっていうのは，イコール，Ｂさんはそれを聞いたからってどうこ
　　　ういうつもりはまったくないと思うんだけど，逆に自分の立場だっ
　　　たら，〔自分がＢさんの〕妻だったらね，たぶん，ヘルパーさんが２階
　　　に上がってこういうことを見て感じてるって思われるのは逆にいや．

家族として，もしBさんの奥さんとして入っていて，〔介助者という〕
他人が家に入るわけだから，だから必要最低限のことしかいわない
方がいいかなっていう部分もある．変なその，ヘルパーっていう気
持ちと，逆にもし嫁だったらっていう立場も心のなかであって，ほ
んとは伝えてあげた方がね，いろんなこと知りたいかもしれんけど．
それをBさんがおせっかいって感じる部分もあれば，逆に奥さんが
それもそこまで見て，いわんでよかったのにみたいなことも出てく
るかもしれないから，そこは微妙な駆け引きがある気がする．私の
なかでは（Interview2015/09/08）．

　語りの冒頭では，介助をおこなっていくなかでBさんとの関係を構築し，
「わかってもいけん」という自戒をもちつつも快適な生活を実現できるように
立ち回ることが意識されており，この部分はこれまでの議論とも整合的である．
しかし，次いでb1さんは，家族の存在，とりわけBさんの奥さんであるbw
さんとの関係に配慮して発言を控える場面があることを述べている．普段1階
にいるBさんは，2階の様子がどうなっているのか，わざわざ聞かずとも介助
者が教えてくれるならありがたいと思っており，またそれをb1さんも認識し
ている．にもかかわらず，b1さんは，自分がもし家族だとしたらどう思うか
を考えて，そうはしないのである．
　とくにここで重要なのは，それが直接bwさんにいわれてのことではないと
いうことだ．もしbwさんがそうした介助者の領分について指示をだしている
なら，それは患者と介助者のあいだでおこなわれる，どこまで指示を確認し，
どこからは察して動くべきかという線引きの交渉に家族が加わっているという
図式にすぎず，それはこれまでの議論のバリエーションにすぎない．そうでは
なく，ここでb1さんがおこなっているのはbwさんの意思の忖度である．事
実，こうした配慮についてbwさんに尋ねると，「全然〔気にならない〕．〔b1さん
が介助に参入して〕もう長いから，私は助かるから[4]」（Interview2015/09/08）と述べ
るように，そうした配慮をbwさんが強く望んでいるというわけではない．し
かしb1さんは，介助のなかで自分がいわれずとも動くべきはどこまでかにつ
いての線引きに際し，Bさんとのやりとりと併行して，推察された患者の家族

の意思をも参照し，線引きの調整をおこなっているのである．第 2 章では，よかれと思っておこなうことがむしろ障害者の生を抑圧しうるという障害者運動からの告発について触れたが，こうした b1 さんの実践は，そうしたパターナリズムの忌避としても捉えることができるだろう．

　ただし，ここで急いで補足しなければならないことは，介助の実践に際して家族の存在を織り込むことは，介助者の自制と結びつくばかりでなく，より積極的に介助をおこなう方向にも介助者を向かわせる場合もあるということである．たとえば，同じく B さんを介助する b2 さんは次のように述べる．

> bw：まぁうちの環境がなんていうか，ねぇ，子どもがずっとちっちゃい時から，もうほんとに幼稚園，保育園のことから〔療養生活が〕始まってるので．そうすると，ねぇ．
>
> b2：そうなんですよねぇ．
>
> bw：最初の頃はなんだろうな，もう〔介助者が指示を待たずとも〕OK みたいなところがあったので．そうそう．
>
> b2：どうしても奥様を助けてあげたいなっていう気持ちがあったりすると，B さんができないことがあったりすると，〔他の介助者も自分で考えて〕やってほしいなぁってもう，ついなんか思ってしまう．自分でもう思ってしまっているのかもしれないですけど，いわれなくても，っていうのもあって，最初からでもいろいろ B さんあれしてこれしてっていっておられたのですけど（Interview2015/09/08）．

　こちらの語りでは，介助と同時に当時まだ小さかった子どもの養育もおこなわなければならなかった bw さんの様子は，b2 さんをしていわれなくても率先して動く方向へ動機付けている．ただし，重ねて注意を払うべきは，ここでも家族に対する配慮は家族から直接求められたものではなく，「ついなんか思ってしまう」，「自分でもう思ってしまっている」ものであり，引用した語りの末尾で患者からは直接指示があることとは別の仕組みで自身の領分に対する境界設定がおこなわれているということである．

　もちろん，家族と介助者はともに療養にかかわっている人々であって家族から介助者に向けた指示自体は存在している．たとえば，A さんを介助する a2

さんは，A さんの妻である aw さんからの要望を回顧して次のように述べる.

> a2：以前ね，僕前いた事業所は，非常にやっぱりこういう〔医療的ケアも含む，ALS のような最重度の障害者に対する〕ケアって未熟で，やっぱり僕が一番最初にその入ったんですけど，その当時他の入ってた 5 人くらいいたんですけどみんな〔現在は〕いないんですよ．で，その人達がね，奥様がずっとおっしゃってらしたのが，やっぱりヘルパーさんが来たんだったら自分は離れてお買い物に行くとかしたいし，そのために来て，ヘルパーはっていうので，ちょっとお叱りがあった時期があったんですよね，常に奥様がいないとなにもできないみたいな．奥様がヘルパーのお守りみたいになっちゃって（Interview2012/09/12）.

　こうした経験から，a2 さんは「やっぱり我々が来たからにはよっぽどのことがない限り，やらせてくださいというか」「僕が来たからには奥様は手を休めてください，そこで座ってね，会話するだけでもいいので」という姿勢で介助にあたっているという（Interview2012/09/12）．ここでは，家族からの指示が介助者の役割範囲の規定に影響していることがわかるだろう．しかし，ここで慎重に区別しなくてはいけないことは，ここでの aw さんからの指示は，介助者がおこなうべき仕事の範囲にかかわるものであるのに対し，上で b1 さんや b2 さんが勘案しているのは，なすべき仕事のなかで，察して動くべき範囲と指示を確認すべき範囲の線引きであるということだ．そして，前者に関しては家族からの直接的な指示がこれに影響していたのに対し，後者については，察して動くべき範囲の拡大と縮小のどちらにおいても，家族の意思は直接的な指示ではなく介助者による推察という回路で影響しているのである.

　本節では，介助者が逐一の指示がなくても察して動くことを可能にしており，またそうした動きが孕む難点もそれほど問題視されていない事例において，にもかかわらずそうした率先した動きを抑制し，患者との関係を指示とその実行というそれに差し戻してしまう場面を検討した．その結果，そこには家族の意思の忖度，すなわち患者からの指示とは異なる直接の家族からの指示ではなく，家族がどう思っているかについての自身の推察が影響しうることが明らかと

なった．では，こうした介助者の判断がありうることは，一定の範囲で指示を
放棄する障害者とこれに応じて察して動く介助者という関係のあり方をめぐる
既存の議論に対して，いかなる貢献をするのだろうか．次節では小括としてこ
の点を確認しよう．

▶ 5.4　小　括

　本章では，指示をもとにその内容を実行する手足としての役割の相対化とし
て，そうした指示を受けずとも察して動く役割がどのような場合に現れてくる
のかを検討した．その結果明らかとなったのは，ALS の介助に求められる技
術のみならず，患者の生理的なリズムや生活上の好みに関する知識を頻回な介
助を通じて獲得していくことで，介助者は指示がなくとも介助を進めることが
できるようになっていくこと，一方で，患者と同居する家族が自身の働きをど
のように考えるかを勘案し，自身が動くべき範囲を介助者は微調整しているこ
との 2 点として要約できる．本節ではこれらの経験的議論からいかなるインプ
リケーションが引き出されるのかを議論し，小括とする．
　本章で参照したインタビューデータや，そこで語られる介助の場面は，それ
自体は些細なものである．洗濯バサミの整理の仕方や，介助者が自分で考えて
おこなう範囲を家族がどう思うかなどは日常のごくわずかなすれ違いにすぎな
いし，現にそれは大きな問題とは観念されずに介助は営まれている．また，こ
こで介助者が勘案していたのが家族の存在であることは，その事例では患者が
家族と同居していたという前提条件にも依存しており，家族の意思が推察され
ていることそれ自体は介助者がおこなう実践として——おそらくそれほど特殊
なことではないだろうが——性急に一般化できることでもない．にもかかわら
ず，障害者と介助者のあいだの関係性，とりわけ察して動く介助者像か指示を
受けて動く介助者像が，両者のあいだでどのように選択され，採用されていく
のかという論点に照らしたとき，本章でみた事例は，第 3 章で見た先行研究で
の議論に対して，また障害者がいかに介助者との関係を調整していくかという
実践上の関心に対して，示唆的である．以下にその理由を述べる．
　逐一指示をすることの面倒を指摘した熊谷晋一郎は，日常のなかで求められ

る介助を階層的に並べ，ある程度以上の高次の判断については障害者がおこない，それより低次の判断については決定を放棄して介助者が勝手におこなうのがよいと述べ，その線引きを普段から介助者と調整することの必要性を述べていた（熊谷 2014: 21-2）．こうしたモデルは，ALS の介助においても概ね妥当すると考えてよい．ALS の患者は基本的には自身の決定のもとに生活を営みながら，日常の，とりわけ定型化している細かな介助については，介助者がおこなうに任せており，そこにずれが生じた時に逐時微修正をおこなっていくという様子は，調査対象者と介助者のあいだのやりとりとして多く観察されていた．

　しかし，熊谷の想定するモデルと本章で提示した事例の重要な差異として，そうした線引きの策定にもかかわらず，介助者の思惑は独自にこれに影響しうるという点，とりわけそうした事態が，患者との話し合いを通じてではなく，家族の心情を忖度するといった介助者側の遠慮として発生しているという点が指摘できる．この点を踏まえると，介助者とのよい関係を提示するに際して熊谷が想定していた階層的なモデルはやや単純に過ぎるといえる．たしかに，どの階層まで決定や指示にもとづいておこなうかという線引きの策定に際し，熊谷は「低階層の運動がボトムアップに高階層の思考に影響を与えることもある」（熊谷 2014: 22）と述べる．しかし低階層＝運動，高階層＝思考と結び付けられているように，ここでは基本的に考えて決定するのは高階層の側，すなわち障害者の側であって，低階層の運動，すなわち介助者はそうした決定にとっての拘束条件とされているに過ぎない．そうではなく，そうした線引きは，もちろん障害者主導によっておこなわれているにしても，介助者側の独自の思考によって話し合いを経由せずに変化する可能性に常に開かれているのである．

　もちろん，障害者本人とは異なった思考をもつ，その意味において他者である介助者の思惑が介助に影響しうることについては，第3章の4節ですでに議論したように既知の事実だ．手足のように振る舞いつつも自身の思考を表明するといった関係の混交は，丸岡（2006）がすでに指摘している．そこでは，過食気味の障害者に食べ過ぎを注意するというかたちで障害者にとっての他者として自身の考えを表明しつつ，しかし実際の食事介助は手足としていわれたとおりにおこなうという介助者の様子が発見されていた．しかし，ここで起きているのはもう一歩込み入った事態である．というのも，丸岡がみているのは，

手足として介助をおこなうことのみでは問題が生じるような場面においては意を決して自身の考えを述べる必要があること，しかしそうした自身の考えにもかかわらず，介助は手足として遂行されるということであったからだ．これに対し，本章でみた事例は，どのように介助者が介助をおこなうかという線引きにおいて他者として自身の意思を介在させ，自身の領分を調整することが，その結果としては実際の介助の実践としては察して動く介助者であることを禁欲させることもあるということを示している．介助者手足論を愚直に守るからでもなく，また自身の考えはあるけれども介助者手足論を念頭に置くことでそれを抑えて手足になるのではなく，自分で考えた帰結として，手足たることが選ばれているのだ．くわえて，それは過食のような問題が起きている場面ではなく，ごく日常的な生活のなかにみられることでもあった．介助者手足論的な姿勢が選び取られるのは，そこで作動している規範に介助者がしたがうことによってのみではない．障害者とのあいだに取りうる関係が複数ある中で，介助者による思慮の結果として選び取られる事態でもあり，その選択は，実際に介助がおこなわれるその時・その場所の手前，ないし余白の部分で，日常に遍在しているのである．

　本章は，介助者の知識や技術，配慮，あるいはそれを踏まえた日々の患者の調整が，患者と介助者との関係の形成のあり方に影響を与える様子を経験的に観察することを通じて，規範をそのままに受け入れるによって手足になるのみならず，自身で常に考え，手足たること／そこから離れることを主体的に選び取る介助者像をみた．そうした介助者による介助は，それゆえ，実際に行われる手前にさまざまな関係のあり方を潜在させていることも明らかとなった．

　では，個々の介助の場面で選び取られる障害者と介助者のあいだの関係性には常に介助者の思考が介在しうる知見は，実際の介助の営みに対する示唆としてはどのように翻訳されるだろうか．それは，障害者がコントロールしうる範囲の捉え直しである．熊谷は，障害者が自身で決定する部分と，介助者が自律的に動く部分との線引きを掲げていたわけだが，本研究はそうした線引きの結果として達成される状態が介助者の思惑によって変化しうるものであることを示したのであった．たしかに，こうした影響を嫌って，介助者との話し合いを徹底する――たとえば，家族に遠慮することはないと介助者に伝える――こと

も可能ではある．しかしながら，本章でみたようにそうした遠慮が生じるのは
実際の介助の場面であって，そこでは話し合いをスキップして介助者は自身が
動くべき範囲の線引きをし直すのであった．そうだとすると，たとえどれだけ
厳格に線引きをおこなおうとも，それは介助者側の思惑を完全に締め出すには
至らないし，介助者との調整を過剰に厳密なものとしようとすれば，そうした
線引きにかかる労力が増し，かえって障害者の生活に不便が招かれかねない．

　もちろん，普段から介助者とどの場面でどのように動くべきかについての調
整をおこなっておくことの重要性はいまいちど確認しておかねばならない．し
かし，以上の点を踏まえると，どこまで介助者が自律的に動くべきかについて
の線引きは介助者の思惑によっても修正されうること，そうした障害者のコン
トロール可能性という点においては不完全なものであることを所与として，介
助者との調整をおこなうという方がより穏当な方向性となるだろう．そこでは，
介助者との調整をおこなっていたとしても，その調整から介助者が外れうるこ
とを予期し，必要に応じてこれを修正する準備が障害者に求められるし，介助
者も自身の無謬性を想定せず，よかれと思ったがゆえの判断が障害者の采配を
撹乱する可能性があることを念頭に，障害者からの要求があればそうした配慮
の必要性をいまいちど吟味しなくてはならない．普段の線引き調整をきちんと
おこなっていればこれに従って介助がつつがなく進行すると想定するのに比べ
るといささか面倒ではあるものの，そうした想定の楽観性を修正しより実態に
即した介助という営みの捉え方が，本章の議論から得られる実践上の示唆であ
る．

　さて，本章では指示を受けてこれを実行するという関係と，障害者の指示を
察して動く関係のあいだでの揺らぎを検討したが，これらはどちらも，大きく
は指示とその実行という関係として括ることができる．障害者と介助者のこう
した関係に対しては，そもそも介助者はこの指示の前提として決定に織り込ま
れているという批判があったのだった．次章ではこうした指示とその実行とい
う関係自体が批判的に捉え直されていく様子をみていこう．

注
1）自身で身体を動かせない ALS 患者の場合，服やシーツのしわは褥瘡（床ずれ）の原因

になるため，移乗介助の直後には服のしわを伸ばす作業が必要になる．

2) そして，何をすればよいかわからない中で勝手に介助をおこなってはならないということも職業倫理が戒めるところのものである．

3) このインタビューのとき，C さんの娘である cd さんは透明文字盤で C さんの言葉を一文字ずつ読み取っていたが，ここで引用したように，途中で会話を引き取って補う場面がしばしば見られた．

　　C さんに確認を求める語尾になっていることからもわかるように，ここでは C さんの真意から外れないような注意が払われた上で，C さんがすべてをいわずともその真意を代弁することがおこなわれており，これは察して動くことのバリエーションであると考えられる．

　　なお，介助者が意思伝達装置や透明文字盤を使った意思疎通の方法を学ぶ際には，先読みをすることは慎むべきであると教えられることが多いが，一方である程度は予測してもらった方が患者にとって楽な場合もあり，どの程度の先読みを許容するかは患者による．

4) なお，この bw さんへのインタビューは bl さんの同席しない場でおこなわれている．

患者と介助者（2）
——手足でないことの維持と手足への回帰——

▶ 6.1　本章の目的

　前章では，指示にもとづく介助の実行という介助者手足論的な関係を起点としつつも，介助がおこなわれていくなかで介助者が細かな指示がなくとも率先して動けるようになっていく様子や，逆に自身のそうした自発的な動きを抑制する場面をみることで，個々の介助の手前に潜在する関係があり，その潜在の契機が日常に遍在することを明らかにした．さて，前章でみた事例のなかでは，患者の意思決定が十全に実現されるようにすることと指示を出す煩雑さを避けることの双方のバランスが試行錯誤はありつつも安定的に営まれていた．しかし，第3章および前章2節でも触れたように，障害者が指示をして介助者がその指示を実行する関係のあり方を至上のものと考えるには慎重であらねばならない理由があったのだった．すなわち，障害者の決定はその場にいる介助者を与件としておこなわれざるをえず，とりわけ周囲の人々の得手不得手や性別，個性などを勘案することによって指示を出せない場合を想定すると，指示を額面通りに実現すればそれでよいということにはならないのである．ひるがえって，介助者が障害者の決定に影響してしまう存在であることを所与として捉えることによって，介助のなかでその影響のあり方がいかなるものかを考えながら振る舞ったり，その制限について障害者と介助者双方が話し合いに開かれたりすることが可能になるのである．

　そこで本章では，指示とその実行のみならず，指示を察して動くという前章でみた類型をも含めた，介助者を手足とみる考え方自体が相対化されていく様

子を見る．すなわち，自身らが患者の決定に対する拘束条件となっていること
を介助者がいかに自覚するのか，またその結果として患者の決定を制限する事
態を解消しようとするのか，それともそうした制限としての介助者のあり方を
認識しつつもそうした関係の更新には至らないのかといったことを明らかにす
るのが本章の目的となる．

　本章は以下のように構成される．本章の目的を提示した本節に続き，次節で
は，むしろこうした介助者が他者であるという論点が前景化していないと考え
られるＡさんの事例を検討することで，本節の分析視角を得る．そこでは，
介助者間の相互行為に注目する必要が主張されるだろう．3節では事例から周
囲の介助者を勘案した決定がおこなわれている様子を経験的に記述し，こうし
た介助者による決定の幅が制限されることの問題性は患者の采配の妙によって
回避されうることを示す．しかしこうした問題は解決されているというよりは
水面下で温存されていると見るべきであって，4節ではときに患者が困難を抱
える場面が発生することを見る．次いで5節では，そうした問題を予期するこ
とで，介助者のあり方を変えていこうという実践がおこなわれる事例を対象と
し，いかなる場合にそうした実践が可能になっているのかを検討する．以上の
議論をまとめ，6節では介助者と患者の関係の変容についての本研究の小括を
おこなう．

▶ 6.2　分析視角

6.2.1　介助者が他者であることが意識されない事例

　手足でないことの負の側面，すなわち介助者のあり方が障害者の選択のあり
方に影響してしまうこと，それゆえにどの介助者がいるかを踏まえて決定や指
示をおこなっているような場面の存在は，とくにそれによって影響を被る障害
者の側からこれまでもたびたび指摘されてきた（小山内 1997: 24, 185; 渡辺 2003:
100）．

　もちろん，介助者の側もこうした事態がありうることをまったく意識してい
ないということはないだろう．たとえば3章でもみた前田は，利用者の決定に
影響を与えてしまうことを所与として，実際に試行錯誤する介助者のふるまい

を記述したのだった (前田 2009). これらは, よい介助を構想するにあたって介
助者の影響を極小化することを目指し, 介助者に対してはっきり意見を述べら
れるように啓発する (岡原・立岩 [1990]2012; 立岩 [1995]2012; 渡邉 2011) といった
利用者側に注目する従来の考え方とは別様の, 影響を所与としてこれをうまく
扱う介助のあり方として捉えられる.

　とはいえ, 前田のように自身らの営みに批判的な検討を加え, その結果とし
て上記のような実践を介助者がおこなうというのは, 必ずしもどこでも起きる
ことというわけではない. そのことを, A さんの事例をみながら確認してい
こう. 前章では, A さんがアドホックな修正によって, 察して動く手足とし
ての介助者のあり方の難点＝期待とのズレを克服していることをみた. 一方,
他者であることを所与とした障害者と介助者の関係構築が要請されるのは, 察
して動く手足の別の問題点, すなわち, 介助者がおのずと患者の決定にとって
の拘束条件となってしまうという事実があるからであった. 実のところ, そう
した A さんの介助者の運用は, こちらの問題も極小化しているのである. す
なわち, A さんの事例では, 介助者が他者であるというそもそもの前提が後
景化されているのだ. たとえば, A さんの事例では意思伝達装置やパソコン
といった電子機器にそれほど詳しくない介助者である a3 さんに対しても, そ
れらの操作が頼まれている.

> **a3**：Tobii〔視線で操作する意思伝達装置〕とか, 電気関係はぜんぜんわから
> ないので, A さんに聞きながら, こういうときはどこをどうしたら
> いいか (Interview2013/08/11).

　ここでは, 意思伝達装置の操作に暗い a3 さんには適材適所としてそれを頼
まない, という采配ではなく, わからないことは教える, という選択が A さ
んによってなされている. そして, 介助者の得手不得手を踏まえて頼む内容を
変えるというのではなく, 不得手なことであってもその場で教えるという実践
は, 結果として介助者の技量の均質化につながる. 事実, a3 さんに他の介助
者がおこなっているのに自身がおこなっていないことがあるか尋ねても, あま
り思い当たることがないようであった.

a3：〔他の介助者と自分が違うことは〕うーん……いまあの，血糖測定してい
るんですけど，〔私は〕やってなくて．一応いいっていわれてるので
やってないんですけど．そのへんはヘルパーさんはやってるけど自
分は学生だから（Interview2013/08/11）．

　ここで挙げられるのは a3 さんの資格や身分にもとづいて介助全体の計画の
なかで決定されている差異であり，a3 さんに血糖測定が頼まれないのは A さ
んが介助者ごとの個性や得意を観測した結果ではないと考えるのが妥当だろう．
前章では，介助者が A さんの必要とする介助を知っていくことが逐一指示を
仰がなくてもスムーズに介助を可能ならしめることをみたが，A さんから介
助者へ伝達される細かな指示や情報は，それと同時に，それぞれの介助者が苦
手としていることの訓練や介助者間の技量の均質化としての機能ももっている
のである[1]．さらに，A さんは介助者のみならず主治医や訪問看護師，理学療
法士など療養に関わる支援者を定期的に自宅に呼び集め，介助の方法を確認す
る勉強会も開催している．筆者が参加した際には口腔ケアのやり方についての
統一が図られるなどしていた（Field Note2014/01/17）．こうした機会も，介助者
の技量の均質化に影響していると思われる[2]．
　このように，そもそも介助者の得手不得手が A さんの要求する水準で均さ
れていけば，得手不得手ゆえにこの介助はこの人には頼みにくいといった事態
は発生しにくく，ゆえに決定を拘束するものとしての介助者のあり方を所与と
していかに介助をおこなうかという問いがそもそも成立しなくなるのだ．
　さらに，仮に介助者間の差異があったとしても，A さんの生活の状況はこ
れを不可視化する方向に水路付ける．まず，A さんは妻である aw さんと同居
している．介助者は交代のタイミングでお互いの介助をみるが，その際の交代
の相手が aw さんである場合があるため，家族と同居しない独居の患者に比べ，
A さんの介助者は介助者同士の差異を観測する機会が相対的に少ない．また，
たしかに A さんは全身不随の状態にありながら，パソコンを駆使して自著を
出版したり，さまざまな人とメールのやりとりをしたりするなど，ALS の利
用者のなかではきわめて活発に活動し，社会的な交流をしている患者ではある
ものの，のちにみる D さんと比べると外出の頻度は低い．ALS 患者が外出す

る際には，2人以上の介助者が随伴することが多いが，その一部を aw さんが[3)]
担うことになるため，外出時に介助者が他の介助者の様子を見る機会は限られ
ているといえる．こうした A さんの生活の特徴によって，そもそも極小化さ
れている介助者ごとに頼まれることの差異が，輪をかけて介助者から見えづら
くなっているのである．

　ゆえに，上記のような療養環境をもつ A さんの事例では，A さんの決定を
あらかじめ拘束せざるをえないという，介助者たる自身が不可避にもってしま
う性質をリフレクシヴに捉える契機が介助者の前には現れにくい．その帰結と
して，A さんの介助者は他者としての介助者，すなわち決定を制限すること
を所与とした立ち回りを志向せずとも，A さんの指示に従うという原則に
よって安定的な介助を営めるのである．

> a3：A さんがやってほしいことはみんなおっしゃってくれるので，あえ
> 　　て自分からはいかなくても，って感じは．……A さんが，足をもん
> 　　でほしいとか，吸引してほしいとか，自分から遠慮していえない方
> 　　だったらこっちから〔提案した上で〕やると思うんですけど，言って
> 　　くださるので（Interview2013/08/11）．

　もちろん，これらは介助者である a3 さんの語りであり，介助者に全く差が
ないわけでも，また A さんがその場にどの介助者がいるかをまったく念頭に
置いていないわけでもないだろう．たとえば，上でも述べられている意思伝達
装置の操作については，a2 さんが詳しい設定などにも通じているようであっ
た．しかしここでも，a2 さんが語るように，それは A さんから「背中を押し
てもらえた」からである．

> a2：要するにその，やらないかたはやらないし，でも興味があってやる
> 　　人にはどんどん，A さん自身がアプローチしてくる．そうすれば突
> 　　き動かされてしまうっていうか．そういうのをよく最近感じるのは，
> 　　あの，なんていうんですかね，僕がこう，なんかこうするよりも，A
> 　　さんが背中を押してくれてる部分が強いと思うんですよね．僕もそ
> 　　んなに詳しいほうじゃなかったことをやっぱり背中を押してもらえ

たことによって詳しくなれたっていう部分があって．(Inter-view2012/09/12)

　以上のように，得意不得意などを勘案して介助者ごとに要求を大きく変えるといったことはＡさんはしておらず，またそれぞれの要求についても逐一細かな指示が与えられることで，介助者はその要求に応えていく．その結果，Ａさんの療養においては，介助者が患者にとって他者であること，すなわち患者の決定を拘束してしまう存在であることを所与とした障害者と介助者の関係が現れにくくなっているのである．では，そうした他者としての介助者のあり方が前景化される場面の検討を目的とする本章には，こうしたＡさんの事例を踏まえると，どのような分析視角を採用することが求められるのだろうか．

6.2.2　介助者間の相互行為へ

　前項でみたＡさんの事例では，介助者に不得手なことでも頼み，また外出の頻度や配偶者との同居といった生活スタイルもあって，介助者が患者にとっての他者であることを内省する場面が乏しいのであった．そうした場面に注目したい本章の関心にとっては，こうしたＡさんの事例は，どのような着眼点をもって議論をおこなうべきかを示唆してくれるものである．

　Ａさんの介助者が互いの差異に気づかない様子とその理由を踏まえると，介助者が互いの技量の不足，それゆえの患者の決定の制限を自覚するのは，介助者同士の相互行為を通じてであるということがわかる．たとえば，他の介助者がいればしただろう指示があるが，その場にいる介助者を念頭に次善の指示しかできない場合を想定しよう．そのとき，指示はされているので介助者には本来であればしたかった指示を断念するという利用者側の判断は直接にはわからない．あるいは，決定の制限の別のパターンとして，要望が発されない場合はどうだろうか．そのときには，それが不必要ゆえに指示されないのか，自身が利用者の要望を制限してしまっているのかは介助者からはわからない．つまり，自身のあり方によって利用者の選択が制限されているような場面を介助者は直接には認識しにくいのだ．現に，第3章で検討した前田（2006）も，性風俗の利用を相談できない，爪切りやコンタクトレンズの着脱を頼めないといっ

た例を，別の介助者と利用者との間に起きた出来事として見聞きしている[4]．障害者と介助者との一対一の関係において，とくに障害者がその介助者に向けて直截に訴えない場合，他者として障害者の決定を不可避に拘束してしまう自身の存在を介助者は観測しづらいのである．そうした場面で自身が障害者の決定を制限しているという事態は，介助者にとって常に自身以外の介助者と利用者の間におきたエピソードとして観測されているのだ．このことを踏まえると，Aさんの逆，介助者の得手不得手を勘案して介助の采配がおこなわれている事例について，そうした介助者同士の差異を可視化する介助者間の相互行為に着目することが本章の分析視角となる．

　介助者ごとの技量を踏まえて介助が頼まれている場合には，介助者が患者の決定に際しての拘束条件になっていると考えられるし，そうした差異のある介助者同士がお互いを参照することによって，その介助者や自分は何ができていないために利用者の選択肢を未然に狭めているのかを認識し，これを介助の実践に反映する取り組みが可能になることが予想される．すなわち，自身には頼まれる介助を他の介助者がやっていない，あるいは逆に，普段は頼まれていないために不要と思っていた介助を他の介助者がやっているのを見聞きした，といったような経験から，介助者は自身の技量や障害者と形成している関係が，その介助の指示や決定にいかに影響しているのかを知るのである．

　ここで想定している支援職間の相互行為について，既存研究のなかでも重要なものとしては，病院を対象としたストラウスらによる研究が挙げられる（Strauss et al. 1963）．彼らは，医療の現場において，専門職同士の相互行為が個々の職分を流動的に変化させることを指摘している．ただし，ストラウスらは医師や看護師，病院の事務方など，職業ごとのグループ間での調整・交渉に注目し，そのなかで必ずしも明文化・固定化されないかたちで看護師の役割がインフォーマルに形成されるとしたのに対し，ここでは同じ介助者というカテゴリーのなかでも異なる役割があり，これが相互行為のなかで変容すると考える．

　こうした介助者間のやりとりが介助者の仕事に影響することは既に指摘されている．たとえば兵庫青い芝の会で活動した進行性脊髄性筋萎縮症の中尾悦子は，同会を牽引した澤田隆司とその介助者を回顧して以下のように語っている．

　澤田さんは自分のやり方で人を教育しますよね．この人は大丈夫やと
思った人には，きつく言ってみたり，それを人前で言って介助者に「あれ
やったらあかんねや」ということを学ばせるとか．それを見てきた介助者
が，私が自立するときにたくさんいた．その人たちが，私たちが初めて連
れて来た介助者たちにいろんなことを伝えてくれた．障害者が障害者の立
場から介助者に言えることと，介助者が介助者に伝えられることがあるん
ですよ（角岡 2010: 471）．

　同様に前掲の前田も，介助の現場から間接的にわかる他の介助者の様子が自
身の介助に影響するとし，直接話し合える機会があれば介助の質は向上するか
もしれないと述べる（前田 2009: 303-9）．しかし，そうした介助者間のやりとり
が，介助の実践に具体的にどのような影響をあたえるのか，とりわけ患者の決
定の制限という介助者のあり方への反省的な捉え直しとその修正をめぐって，
介助関係にどのような変化が起きるのかは定かでない．本章の議論は，こうし
た介助者間の相互行為を対象とした既存研究に対する貢献ともなるだろう．

　以上の議論を踏まえて整理すると，本章は介助者間の相互行為に注目するこ
とを分析視角として介助者が患者の決定を未然に制限するような事態を焦点と
する．こうした相互行為に照準することによって，自身のあり方による利用者
の選択の制限を介助者が認識する様子を観察することができるし，その認識が
各介助者の実践に反映されることで，手足でないことを所与とした関係のあり
方がどのように維持ないし変容するのかを問うこともできるだろう．

　本章はこの問いを検討することによって，前章からおこなってきた介助者の
実践から介助を記述するという課題のなかでも，介助者間のやりとりという分
析視角から，手足論的なそれを相対化した関係のあり方の維持をめぐる介助の
実践を考察するものである．

▶ 6.3　介助者による制限への気付きと対処

　本節では，ALS の介助において介助者のあり方が患者の選択を制限してい
ること，これに最適化するかたちで，ALS 患者が介助者を適材適所に配置し，

またどの日どの時間にどの介助者がいるのかに応じて，日々の予定を組み立てる様子をみる．その上で，そうした場面が介助者にとって可視的になりやすいのは，前節でも議論したように複数の介助者の相互行為がおこなわれる事例においてであることを確認する．

6.3.1　適材適所の采配による問題の無化

介助者のことを勘案した生活の編成それ自体は，ALS の療養において特殊なことではないと思われる．たとえば前節でも登場した C さんの生活のスケジュールは，たとえば看護師さんの来ない日に来る c1 さんには気管切開部や胃瘻造設部の掃除をおこなってもらうといったように，その時その場にいる介助者が誰であるのかを踏まえたものになっているのである．

> C：私は得意なことをしてもらってる．
>
> cd：うん，どっちかっていうとそういうタイプだと思います．
>
> ――この仕事はあの人が来るからこの時間帯にやろうみたいな感じですか．
>
> 〔2 倍ダッシュは筆者の発言を示す．以下同じ〕
>
> C：（まばたきをする）〔肯定の合図〕（Interview2015/09/16）

自身で介護事業所を経営し，家族と同居せずに暮らす D さんも，H さん（60代女性・独居）という患者から「間違っている」といわれ，本来はそうすべきではないと思いつつも（Interview2013/06/05），介助者の得意不得意を念頭に置いて頼む内容を変えているという．介助者の得手不得手が，D さんが表出する決定のあり方に先だってこれに影響を及ぼしているのである．

> D：排泄介助は不得意でもやってもらう．〔得意な人にのみやってもらうのは，意思伝達装置の〕スイッチの設置や，身体を動かしてもらうことなどです．〔下手な人に頼むと〕痛いし，身体を痛めます（Interview2012/07/25）．

このインタビューの当時，D さんはすでに全身不随に近い状態にあったが，わずかに動かせる右腕でスイッチを押し，PC を操作していた．腕の動く箇所と方向に合わせてスイッチを的確な位置・角度で設置するには高度な技術を要する．また，身体を動かす際には，単純な力加減のコツにくわえ，痛みが走る

ようなかたちで手指が置かれていないか，服やベッドのシーツに痛みのもととなる皺がないかなど，細かな配慮が要求される．そうしたこともあって，これらの役割は特定の介助者に偏りがちになるのだろう．

あえて悪く描写するなら，こうした事態は介助者の得手不得手が患者の生活を制限している状態にも思える．さらに，その場にいる介助者が誰であるかがCさんやDさんの決定を制限しているこうした状況は，CさんやDさんの側からその制限を越えて意思決定をおこなうことを難しくさせると予想される．なぜなら，誰に何を要望するか（たとえばスイッチの設置や身体の移動を誰にやらせるか）が固定的であると，本来であればそうした要望をしたいときでも，他の介助者にはそれを依頼しづらくなり，要望が未然に控えられてしまいやすいと思われるからだ．そして，前節で議論したように，このように要望が控えられても，それはさしあたりその場面においては介助者には認識されにくい事態であるといえる．しかしながら，ここではいくつかの要素によって，こうした事態の問題性が希薄化されている．

まず，その生活の編成に介助者の性質が勘案しなければならない要素として関わっているのだとしても，その得手不得手を踏まえて適材適所に采配がおこなわれれば，そのなかでの介助は適材適所であることの当然の帰結として，つつがなく進行する．現に，c1さんは現状の采配について「私たちにしてみれば動きやすいかな」と述べていた．また，「最低限のことはみんなできるから心配ない」とCさんが語るように，得手不得手があるといっても痰の吸引などのように介助者全員ができなくてはならない水準は担保されている．

Dさんの場合も同様だ．たとえば，普段のコミュニケーションにおいてもそうした場面が生じることがある．Dさんは全身の運動機能がほぼ全廃の状態にあり，人工呼吸器を装着しているため発話もできないが，動かす能力が残っている口とまぶたを駆使した口文字で意思疎通をおこなっている．口文字は，ある程度熟練した介助者が読み手であれば前章でみたような透明文字盤に比べても速く文章を作成することができるため，Dさんの普段のコミュニケーションの要ともなる方法である．しかし，口文字によるコミュニケーションをとらない介助者も一部いるし，最近では病状の進行にともなって口の動きが読み取りづらくなっていることもあり，疾患や在宅生活についてのシンポジ

ウムなどに呼ばれた時の講演の原稿などは口文字の得意な介助者がいるときに一気に仕上げるようにしているという（Interview2014/10/16）．これもどの介助者がその場にいるかに最適化したかたちで生活を編成することで問題を顕在化させない方法といえるだろう．

　もちろん，適材適所に介助者を配置するのみで生活上のすべての問題が解決するわけではない．なぜなら普段の生活のなかには，どの介助者にも躊躇われるような介助があるからだ．たとえばCさんの事例ではそうした場面として目に入ったゴミの除去や気管の奥のほうの痰の吸引[5]をcdさんは挙げていた．しかしその場合にはcdさんが自らそうした介助をおこない，「それでわりと解決している」という（Interview2015/09/16）．このように，介助者の得手不得手がCさんの生活を編成する上での拘束条件となっているとしても，その状況に最適化したかたちで介助体制が編成され，またそれでも足りない部分は家族が代替することで，ひとまずは快適な状態が達成されているといえる．

6.3.2　介助者同士の観測による差の可視化

　一方で，家族と同居していないDさんの場合はどうだろうか．たしかにDさんも適材適所に介助者の配置をおこなっているとはいえ，たとえば口文字によるコミュニケーションをしない介助者に対しては伝えたいことがあっても我慢してしまうと述べるように（Interview2014/03/18），介助者の得手不得手が，Dさんの指示に先だってこれを拘束し，本来であれば可能であったはずの指示が潜在してしまっている場面は存在している．

　ここで重要になるのが，前節で指摘した介助者間の相互行為である．介助者の得手不得手から生じる選択の幅の制限は，ひとりでは気付きにくくとも，介助者同士であれば互いに観測しやすいのであった．そして，このようにその場にいる介助者が誰であるのかが介助の内容と強く関連することは，Dさんの生活がもつ特徴ゆえに，Dさんを支援する介助者らにとって可視的なものとなっている．その特徴のひとつめはDさんの外出の多さだ．Dさんは他の患者との交流や行政との交渉など，多くのALS患者に比べて外出が頻繁で，多い時には1ヶ月に20日ほど外出するときもある．先にも述べたように，外出時には複数の介助者が同行することが多い．そのため，外出の多いDさんの

介助においては，介助者が自身以外の介助者の様子を見る機会もおのずと多くなる．こうした機会は，自身と患者との関係と，自身以外の介助者と患者の関係の差異を明示的にするだろう．

> **d1**：外出する時ってどうしても何人かと一緒にやるじゃないですか．やっぱり人によって対応が結構違うようで（Interview2013/08/15）．

　介助者の間の差異を可視化するDさんの生活の特徴のふたつめとして挙げられるのは，既に触れたようにDさんが24時間他人介護によって単身で暮らしていることである．独居患者の介助の場合，介助者同士のあいだをつなぐ家族がいないために，交代時に介助者は必ずその前の時間にいた介助者の様子を見ることになる．また，とくに介助への参入初期においては，介助の指導をDさんとともにおこなうのが家族ではなく先輩の介助者となるので，ここにも介助者がお互いの介助の様子を知る機会がある．家族と同居するCさんを介助するc1さんと対比するとこの点はより明瞭になるだろう．

> **d1**：〔介助者同士の様子を見る機会は〕多いですね．で，研修自体をヘルパー同士でやることになるので（Interview2013/08/15）．

> **c1**：その他のヘルパーさんに関しても，そんなにこうあの，バッティングすることがないんですよ，ご家族と私，ご家族ともうひとりヘルパーさんっていうかたちで，そんなにお目にかかることがないというのがあるので（Interview2015/09/16）．

　こうしたDさんの自立生活の特徴とこれがもたらす介助者間の違いの可視化によって，その場にいる介助者に応じて表明する決定が異なってくるという現象を介助者は認識するようになるのである．

> **d1**：薬の整理とか買い物とか，得意な人に頼んでいるなというのは感じますね．……Dさん自身がほんとはそうしちゃいけないっていうのはわかってるらしいんですけれども，得意な人に得意なことを任せてしまいがちなんですね．メールだったりパソコン関係だったらそ

れは私に来たりだとか，そうじゃない買い物に行ったりだとかは他
の人に頼んでるだとか（Interview2013/08/15）.

d2：パソコン苦手な人にはあんまり〔意思伝達装置のような〕メカの操作は
　　お願いしなかったりしますよね．私はよく将来のこととかいろいろ
　　Ｄさんに相談したりとかするので，そういう時間を多くとってくれ
　　たり，お話する時間を多くとってくれるので，ケアをあれやってこ
　　れやってっていうよりは，私とは話す時間を多くとってくれますけ
　　ど（Interview2013/06/05）.

　以上をまとめると，Ｄさんによる介助者の采配は，誰に何を頼むのかの固
定化を招き，それは場面ごとに発することが可能な要望の幅を限定してしまう
が，一方でその危険性は介助者にも認識されているということになる．このこ
とは，介助者をしてそうした固定化によってＤさんの要望が沈潜してしまう
ことを警戒せしめる．なぜなら，他の介助者がＤさんの選択肢を狭める方向
に影響していることが当の介助者によって観測されやすいならば，そうした事
態を改善させることを動機づけると考えられるからだ．すなわち，もし自身が
Ｄさんの選択の幅を狭めていることを自覚するなら，そうならないように努
力したり，逆に，自身以外の介助者がＤさんの選択を制限しているなら，そ
の介助者に働きかけたりといった事態が起こるように思われる．では，介助者
間のやりとりによって，介助者の実践はどのように変容し，Ｄさんの選択に
対する制限を克服していくのだろうか．

6.3.3　介助者間のやりとりによる制限の無化

　他の介助者の介助において，Ｄさんの選択が制限され，またその制限に
抗って介助を依頼することが控えられてしまっているときがあるとする．この
場合に，そうした制限が存在していることを当該の介助者に気づかせ改善を求
める介助者間の相互行為の最たるものは，先にも触れた介助者間での研修であ
る．たとえばd3さんは，支援への参入初期において，先輩の介助者からさま
ざまな指摘を受けたと語る．

d3：初期の頃はいっぱいありましたよ．最初の研修の時は〔先輩の介助者から〕めちゃくちゃいわれました（Interview2014/03/18）.

　こうした介助者間の指導は，家族が同居している場合にももちろんあるが，たとえば A さんの場合では配偶者である aw さんが介助者に手引きをする様子がしばしばみられたのに比べると（Field Notes2012/11/03），やはり独居の患者の場合に顕著にみられるといってよいだろう．

　こうした研修を経て，d3 さんはたとえば口文字というコミュニケーションの方法に対しては，「口文字でこんな会話ができるの，すごーいじゃなくて，当然でしょ，みたいな」態度を身につけたという（Interview2014/03/18）．口文字は D さんが介助者に要望を伝えるにあたっての重要な手段であり，先にも述べたようにこれができない介助者に対しては D さんはそもそも決定を伝えられない．そうした D さんに個別の事情が介助者によって認識され，そうした特定の技術をいまだもたない介助者に対して指導がおこなわれたのである．研修過程で培われたこうした態度は，以下の語りのように，自身の介助の実践にも反映されている．d3 さんは，自身が患者の決定を知らず拘束している可能性を念頭に置き，患者が不便を感じることがないように注意しているのだ．

d3：私はよく患者に，こういう風にケアして欲しいって思わないの？ いわなきゃ損よ，っていうんですけど．絶対これはいわないと，ヘルパーも不安だし，お互いに不安だから絶対これはいってくださいっていうようにしてて（Interview2014/03/18）.

　もちろん，研修によってしかるべき介助技術を身につけた介助者がいれば利用者の生活が快適になるということそれ自体は当たり前のことではある．しかしここで重要なのは，こうした研修という介助者間の相互行為によって，D さんの生活の選択肢が介助者の影響によって狭められた結果として D さんの決定が表出しないといった事態を防ぐために必要な技術——D さんの場合は口文字という会話の方法がそのひとつだ——がどのようなものであるかが介助者によって検討され，その技術をもたない介助者に向けては，研修という介助者間の相互行為のなかでそれが伝えられるという点である．

これは，介助者が純粋な手足たりえないということを所与とした上で，利用者の決定を制限しないために介助者がいかにふるまいうるかを問うに際し，利用者と介助者の関係のみを見ることでは理解されなかったことである．そうした意思決定とその表出が制限される事態を避けようとする介助者が，他の介助者に影響をあたえる．そうすることで，介助者が手足としては不足であること，すなわち自身が利用者の意思決定を未然に拘束していることに意識的になり，その拘束の程度を極小化しようとする実践が可能になるのである．

　ここまで，Dさんが意思を発するのを思いとどまらせてしまうことがないようにふるまう介助者の様子をみてきた．そもそも，Dさんが適材適所に介助者を配置していれば，ある介助に際してそれに適した介助者がいるという状況が生まれるので，決定を伝えづらいという状況はない．また，仮にそれが伝えづらい事態が生じ，Cさんのようにいざとなったら頼ることのできる家族が同居していない場合でも，本節で見たような介助者同士のやりとりが，中長期的にはそうした制限を緩和する方向に介助者を水路付ける．こうした状況のみであれば，Dさんの介助は，Cさんの事例と同様に非問題的であるといえるだろう．しかし，事はそれのみに収まらない．次節ではその様子を見ていくこととしよう．

▶ 6.4　手足に戻る介助者

　前節で見たように，介助者の得手不得手といった拘束条件ゆえにDさんが意思決定を表出させづらい場面があったとしても，それを察知した介助者らの相互行為によって，介助者の影響が利用者の生活を制限してしまう事態が避けられるというだけなら，それは非問題的なものといえるだろう．しかし，今回の調査からは，介助者間の相互行為によってそうした制限が実際にあることを認識しつつも，そうした状況を改善するために働きかけることを介助者が躊躇ってしまう場面も存在していることが明らかになっている．それは，自分以外の介助者の不得手によって，Dさんの決定が制限されている場面で，その介助者に対して働きかけるという場面である．それはなぜなのだろうか．

　ここで行いたいのは，Dさんの要望が潜在化していることを互いに伝えて

改善を図ろうとしない介助者を糾弾することではもちろんない．むしろ，今回調査に応じてくれた介助者は，前節でみた d3 さんをはじめとして熱心な人々であるといえる．よって問題は，そうした優れた介助者たちが，にもかかわらず介助についての改善策を互いに伝えあうことを躊躇わせてしまう理由がいかなるものかを検討することだ．すなわち，本節は前節とは逆に，D さんの決定が介助者のあり方によって制限されていることが意識されているにもかかわらず，その状態を解消することに介助者が動機づけられない場面を検討し，そうした介助のあり方がなぜもたらされるのか，その仕組みを考察するものである．

　ある介助者の個性や得手不得手によって利用者の要望の出し方が左右されるとき，就中それによって利用者が我慢するといった問題的な状況が起きると思われるとき，その介助者に助言や提案をおこなうことがあるか尋ねてみると，d1 さんは「私は口出ししないと思う」，また d3 さんは「いえる人といえない人がいる」と述べた（Interview2014/03/18）．これは端的に不思議なことだ．なぜなら，前節で見た d3 さんのように，利用者の生活を快適にしようと考える介助者が，介助者によって D さんの決定の幅が狭められうるという介助者手足論的な発想の問題点を認識したのであれば，前田（2009）がおこなっていたように，そうした制限のあり方自体を見直していくこと，すなわち不得手なことを直したり，D さんが頼みやすいようにさまざまなことをやる構えを身につけていくようにその介助者に働きかけるなど，介助のあり方を検討の俎上に載せるのが自然であるように思われるからである．

　ではなぜこうした介助者間の相互行為はおこなわれないのか．その（不作為の）動機の語彙として主に語られるのは，利用者の自己決定の尊重という理念である．たとえば，d1 さんは，他の介助者の仕事に提案をおこなわない理由として，「D さんが自分でいうだろうなって思うから」と述べる（Interview2014/03/18）．d1 さんは，介助者となる以前は「いわれたことだけやってるっていうのは全然 NG な職場」で働いていたこともあって（Interview2012/08/29），訪問介護員の資格をとるにあたっての講習において，いわれたことしかやってはいけないという講師の言葉に「馬鹿じゃないのか」と思ったという（Field Notes2012/09/14）．つまり，利用者が介助者に遠慮してしまう事

態まで考えて介助すべきという考えがd1さんにはある．にもかかわらず，そうした考え方が適用されるのは自身の介助に対してのみであり，これが他の介助者に伝えられることはないのだ．そしてそこでは，Dさんの自己決定を尊重するということが，差し控えの理由として語られている[6]．

　ここに，第5章の議論から得られた，日常の個々の場面において障害者と介助者のあいだの関係はその手前にありえた可能性を潜在させているという事実を再度見出すことができるだろう．自身らが患者の決定をすでに拘束しているという事実に反省的に気付いているという点で，Dさんの介助者たちは単純な介助者手足論的な発想から離脱し，患者にとっての他者として行為しうる．しかし同時に，患者の指示がなければ他の介助者とのやりとりを始めることができず，その意味において，介助者は介助者手足論的な意味での手足に戻っている．その場の関係性のあり方は，他でもありえたものを内部に畳み込みながら現前しているのである．

　念のため確認しておくなら，利用者が介助者を運用する采配において自己決定の尊重が語られること，それ自体は不思議ではない．誰が何をするのかに介助者の存在が不可避に影響してしまうからといって，Dさんに代わって介助者が他の介助者の采配をおこなうようなことは，自立生活運動の理念からも，介助者の専門職倫理からも当然おこなわれないものだ．また，ここでいっているのは利用者の指示をただ待つのみで介助者が自律的に行動していないということでもない．d1さんは，自身がすべきことについては反省的にこれを捉え，積極的にDさんに提案をおこなっている．そうではなく，ここでd1さんによって忌避されているのは，その可能な役割の範囲を広げるように他の介助者に働きかけることである．

　第3章では，決定を制限する自身のふるまいを反省的に捉え返す前田 (2009) の実践を検討し，本章ではそうした自身のあり方に気付くために介助者間の相互行為が必要であることを述べた．しかしそこでは，利用者の意思が参照され，これに対する越権となることがないよう，介助者間の相互行為が控えられる．そうした相互行為は，介助者に自身らが障害者の決定を制限する条件であってしまうことを気付かせても，その状況を変える方法とはなっていないのだ．前章にみたb1さんと同様，ここでもパターナリズムに対する忌避が介助者の実

践を水路付けているのである．

　では，こうした介助者間の相互行為の抑制はどのような帰結を導くのだろうか．それは，介助者ごとの差異の固定化にともなって，利用者がその差異を取り払おうと試みることが難しくなってしまうというかたちで現れる．たとえば，とくに外泊をともなう出張などでは，普段の介助も外出先の環境に合わせておこなわれるし，新幹線や飛行機での移動時にのみに求められる介助もある．また，介護タクシーやホテルの予約，障害者に対応した部屋の手配のための交渉といった事務作業も増える．そうした外出に際しては，多岐にわたる介助内容に関して，d2さん曰く「全体的な水準が高い」d3さんが帯同することがほとんどであった．

　一方で，d1さんによれば，Dさんには「d3さんをなるたけそういう負担から外してあげたい，ヘルパーさんたちひとりひとりがちゃんと自立して，d3さんがいなくても外出できるような体制にもっていきたいという考え」があったという．そこで，d3さん以外の介助者と学生ボランティア2人で外出を試みることになったのだが，それはd1さんからみて「リスクがある」もので，d1さんによれば，Dさん自身も「自分も怖いんだけどね」といっていたという（Interview2013/08/15）．

　d3さんが外出の際に頼られる介助者であることは，前節で見たDさんの生活状況もあって，他の介助者から見て可視的だ．よって，d3さんがいるかいないかがDさんの外出についての判断に影響していることも他の介助者にとって理解されている．ここで，仮にd3さんがいなくても外出ができるように，たとえばd3さんがほかの介助者に向けて働きかけるのであれば，こうした差異は縮まっていくだろう．しかし，上にみたDさんによる采配の尊重がそうした相互行為を控えさせることにより，d3さんに頼りがちな状況が続いてしまう．その結果，Dさんが今度は自身の判断としてその状況を変えていこうとしたときには，それはリスキーで怖いものになってしまう．適材適所の配置が，逆に障壁となってしまうこともあるのだ[7]．

　ではこうした事態はどのように改善が図られるのだろうか．ひとつは利用者に逐一確認を取りながら介助者間で指導をしていくという方法である．利用者の意思がなければ教えられないということは，逆にいえば利用者のお墨付きを

得れば気兼ねなく指導が可能になることを意味する．d2 さんは，どの介助者にどのような仕事を覚えてもらうべきかを自身で考えた上で，それを直接その介助者に伝えるのではなく，それを D さんに提案し，D さんを経由することで相互行為を可能にしている．

> **d2**：もっと教えてあげてもいいんじゃないとか，あの子にはちょっとこれは無理かもしれないとかは〔D さんに〕いいますね．(Inter-view2014/10/16)

　このことはひるがえって，先輩の介助者が個々の介助において重要なことを直接に伝達するといった前節のような事例が，研修という利用者の采配のもとで営まれ，かつ先輩と後輩という役割対があったからこそ可能な例外的状況であったことを示している．

　とはいえ，このように誰にどのような介助をやらせるべきかを自身で考え，その意見を積極的に利用者に諮ることがどの介助者にとっても容易と考えるのは拙速だろう．というのも，そうした提案はときに「おせっかい」になるものであるとし，それが可能であるのは自身が専業で従事する介助者ではないからであると d2 さんは述べるからだ．逆にいえば，職業として介助に専従し，より介助者としての規範を内面化・身体化している場合，すなわち利用者の意思を尊重してこれに従うことを意識せずとも行っている場合には，利用者の意思が参照され，そうした提案はおこなわれないかもしれない．現に，今回の調査では d3 さんへの個別のインタビューも打診したが実現しなかった．それは d3 さんが D さんの同席を希望したためであり，介助者として熟練している d3 さんが，D さんから独立して自身の考えを語ることを控えていることがここからわかる．

　このように D さんに確認をしながらの相互行為によって介助者が担うことのできる役割の範囲を拡大していくことができない場合には，介助者全体での会議（ケースカンファレンス）を開くという別様の改善策がとられることとなる．

> **d3**：ケースカンファレンスとかでまとめる人がいて，こういう課題が出てます，みなさんで共通してもっと努力をしましょうっていうのが

出れば，みんな努力するんですけど．（Interview2014/03/18）

　前節に見た語りで，d3 さんは自身の存在が患者の決定を制限することがな
いよう，患者にどのような介助が望ましいのかについての表出を促すと述べて
いた．そこで使われていた主語が「私は」であったことは示唆的である．すな
わち，そうした個人の実践として自身がなにをすべきであるのかは，即座に
「みんなが」同様の実践をすべきであること，またそのために他の介助者に働
きかけることに結びつくわけではなく，ここでの語りが示すように，「みんな
努力する」ためにはいったんケースカンファレンスを経由する必要があるのだ．

　同様のことは，E さんの介助者である e1 さんによっても語られている．「誰
かひとり個人を責めるのはいけないんじゃないかと思う」「その人個人にいっ
ちゃうのはすごくいけないことだと思うんで」（Interview2012/09/11）というよ
うに，ここではより直裁に，介助者間の相互行為を避ける考えが表明されてい
る．

　前田（2009: 306）は，介助者同士が話し合える機会をもつことが介助の質の
向上に資する可能性を示唆していたのだった．介助者間の相互行為が控えられ
てしまう結果としてケースカンファレンスが志向されるというこの語りは，前
田の直観をより積極的に支持しつつ，微妙に修正するものでもある．すなわち，
そうした機会をもとうとするなら介助者間の自発的なやりとりによってではな
く，ケースカンファレンスのような仕組みを講じなければならない．それは，
介助者間の一対一の相互行為が控えられてしまうことからの論理的要請である．

　本節では，自身の実践においては自身が利用者の選択肢を狭める方向に影響
を与えてしまうことを避けようとする工夫に積極的な介助者が，しかし同じ目
的でも他の介助者に対して働きかけることを躊躇ってしまう様子を描いた．ま
た，そこでは利用者の意思の尊重という，確かに重要ではあるものが逆機能を
もってしまう場合があること，その対処策として介助者同士が一堂に会する場
をもつことの意義を積極的に定位できることを示した．

　さて，第 3 章で検討した前田（2006, 2009）は，介助者が障害者の決定にあら
かじめ組み込まれていることを所与として，介助のなかで自身の役割を対象化
し，これを拡張ないし修正していく介助者像を提示したのだった．しかし，本

節の議論からは，自身が決定に際しての拘束条件であることを理解しつつも，患者の意思を尊重することで，介助者はそうした主体性をしばしば自制してしまうことが明らかになった．そうであるとすれば，自身が障害者の決定を拘束していることを踏まえて積極的に自身のあり方を変えていくという実践は，介助者であると同時に研究者でもあった前田が例外的におこなった特異な現象に過ぎなかったのだろうか．もちろん，研究者が設定した問いが，そもそも臨床の人々にとって意味をなさない，あるいは共有されないということは往々にしてあるだろう．しかし，介助者自身の思考があったとしても障害者本人の意思の尊重ゆえにこれが介助に反映されることはないと断じてしまうのは拙速だ．次節では，本節でみた外出という場面を焦点に，前章でも登場した B さんを D さんと対照的に論じることで，患者の意思を配慮しつつも，他者としての自身らの介助のあり方を更新していくことができるとしたらそれはどのような場合かを探っていこう．

▶ 6.5　手足に戻らない介助者はいかにして可能か

6.5.1　患者の意思の尊重による自制

　前節までの議論は，患者が決定をおこなうにあたって介助者はその与件であるということを前提として，これを自覚する介助者が，ではどのようにこれを所与として患者との関係を結びうるかと問うた．その結果，患者の意思の尊重ゆえに，そうした前提を理解しつつも，前田（2006, 2009）のいうような主体性は発揮されない場面があるという知見を得た．本節では，こうした介助者像とは別様の関係性はいかにして可能なのかを B さんの事例から検討していく．

　まず前提として，B さんも介助者の得手不得手を踏まえた介助者の采配をおこなっているということを確認しておこう．B さんは「厳しく求めて在宅できなくなった例を知ってるから余計〔に気を遣う〕」[8]と述べ，前節までにみた C さんや D さんと同様，介助者によって介助の内容や方法に関する要求を変えている．また，そのことは介助者にも認識されている．

　　b1：たぶん，あのサービスの内容とかは再度こうみんなで集まった時に

手順書確認したりとか，自分はこうやってるよ〔と伝えたりする〕．

　で，そうすると，え，自分はそれしてない，いわれてないとかあれなんか自分と違うって感じた時には，多分，まぁ今だからそう思えるんだけど，たぶんそれはBさんのなかでこれは許せること，許せないことっていうのがあるから，まぁその人を見て〔Bさんが指示を出した結果〕だとも思うし．この人にはここまでを要求したいって思うからBさんもそれは伝えていくし，でもちょっとこれ以上無理かなって思った人に関してはそれ以上の要求もしなければ指示も出さないっていうのは，なんとなく私もわかるので (Interview2015/09/08)．

　この語りからは，こうした差異が介助者に認識されるのが，介助者間のやりとりを通じてであることがわかる．さらに上に続く語りで，こうしたBさんの采配にb1さんは理解を示し，自身が干渉すべきでないことを述べる．少々長いが重要な語りなので略さずに引用しよう．

b1：〔苦手なことを頼まれて〕ヘルパーさんもそこで止まってしまって，そこからあのそれがもう，そこでなんていうんですか，それでもう自分はもう駄目だ駄目だになってここ〔Bさん宅〕に来れなくなることが逆に怖いんですよね．ってなるよりはBさんもそういう目で見てくれてるっていう部分であれば，その必要最低限のことがまぁできて，Bさんも諦めてもらったらいけんのだけども，それでもまだ人が増えないとBさんの生活が〔安定的に〕ならないっていうのもBさんもわかっておられるから，うん．

　そこでBさんもひとつ我慢しておられる部分だと思うけど．もうちょっとだからBさんもどうかしてほしいって思うかもしれないけど，それができる人かできない人か，能力があるかないのかっていうのがすごく微妙な，そこにはたぶん関係性ができてないとか，いっても全然響かないとかあると思うんですけど，でもBさんがその人に対してもうそれはそれでいい，っていってくれてる内容であれば，それ以上彼女にそれもっとこうしなさいとはあえていわない (Interview2015/09/08)．

　ここでは，そうした介助者の得手不得手を勘案することで本来であれば頼みたかった介助をBさんが諦めたり我慢したりする場面についての憂慮が述べられつつも，そうした妥協をせずに介助者への要求水準を高めてしまえば介護人員を確保できなくなるかもしれないというBさんの懸念がb1さんによっても共有されている．さらに，b1さんは仮にそこで介助者同士で不得手なことでもできるようになろうと働きかけてしまえば，「Bさんにしても，いっていってるのにまたしつこくやってるって話になっても嫌だし，彼女もそれをやれっていわれたのに受け入れてもらえないって思った時にストレスを感じたりする」ことになると予測し，これもBさんの采配を尊重する理由となっている．このように，Bさんの意思を尊重するがゆえに，介助者がBさんの決定を制限してしまうことを認識したとしても，それを介助者の側から改善していくという実践が抑止されてしまうのである．

　こうした介助者の自制は，前節でみたDさんの事例と軌を一にするものである．すなわち，介助者たちは，自身が患者の決定に影響せざるをえない他者として臨床にあらざるをえないことを理解した上で，しかし患者本人の意思を尊重するがゆえにそうした他者性をみずから乗り越えようという実践に向かうことができない．しかしながら，Bさんの事例では，こうしたなかにも介助者が患者の決定を制限しうるという自覚のもとで，これを改善しようとする実践がおこなわれている場面もあった．次項ではその様子を記述し，そうした実践が可能になる場合についての仮説的な説明を試みる．

6.5.2　介助者から自発的な改善策が講じられる場面

　問題を認識しつつ介助者の側からの解決が図りにくい場面として，前節ではDさんの外出介助が例として挙げられた．いまいちど確認すると，外出に際してある熟練した介助者に頼りがちな状況があることが認識され，またそれは望ましくないとされるが，しかし不慣れな介助者にも技術を伝達するという実践は介助者から自発的にはおこなわれにくいのである．こうした話題を向けると，たしかにBさんの生活においても，そうした熟達した介助者に頼りがちになってしまうことをb1さんは述べる．

> **b1**：月のうちの１回とか，今度の研修とかっていうときにお願いってい
> われるんですけど，でも結局あのまぁほんとは誰が行ってもいいの
> かもしれないんですけど，まぁ長く付き合っているから心配ってい
> うのも逆にこっちもあって，〔意思伝達装置の〕伝の心もつけてない状
> 態で移動されるし，そうすると口〔文字〕がしっかり読めないと意思
> 疎通がまったくできない，まぁ奥さんもおられるんですけど，奥さ
> んもそういう時は一緒に，会場でばたばたされたりするので，まぁ
> 口〔文字〕がしっかり読めないと結局成り立たない，外出が成り立た
> なくなるっていう不安もこちらが先読みしてしまって，ベテランを
> 当てるようになってしまう，今の（Interview2015/09/08）．

　しかし上に続けて，そうした状態を打破するための試みも検討していること
を b1 さんは語っていた．

> **b1**：でも，それしてると，まぁ今後ね，誰かが辞めたとか，まぁ人員が
> 削減された時に困るのが，まぁ逆に B さんが今度外出ができなくな
> る．さっきの話になるといけないっていうのは事務所で話になって．
> で，あの若い下の人が育った段階で少しずつそういう外出支援に関
> わってもらうようにお願いはしてはいるけど，まだちょっと体制的
> にたぶんいまそういう段階ではない，かなぁ．
> ──話し合いをする場所は．
> **b1**：事業所内かな（Interview2015/09/08）．

　ここで注目すべきは，こうした話し合いが介護事業所のなかでおこなわれて
いるということである．前節でみた D さんの事例では，介助者にどういった
訓練をおこなうかは，介助者の側から提案することはあれ，基本的には D さ
んの承認を得てからおこなわれるものであった．もちろん，b1 さんは B さん
の意向を無視しているわけではない．そうした経験の少ない介助者が入った時
には，どのような様子だったかを B さんに尋ねているという．しかし，それ
は指導の方針をうかがいためであるというよりは──もちろん B さんが要求
することもあるだろうけれども──その介助者に B さんからの評価を伝え，

介助者同士のかかわりのなかで育てていくための情報として聞かれているのだ.

> b1：まぁ B さんには，どうだった昨日の夜勤？とか，まぁこう，どう，
> 最近うまくできてるかなとかはちらちらは聞いて．で，まぁ B さん
> は，まだそんな 3 回しか入ってないけん，さっきのまぁ仕方ないよ
> ね，夜間のほうがなかなかうまく体位交換とかそういう意思疎通が
> できないからとかっていうのもあるけど，でもそれは 3 回しか入っ
> てないけん仕方ないよっていってもらうとまぁそれをもって事務所
> に帰って，まぁまぁ心配しないで，本人も多分気にして入っている．
> 入ってるヘルパーもすごく気にして入っているので，自分の一日の
> そのサービスがどうだったんだろうとか迷惑かけたんじゃないだろ
> うかって，みんなそういうの思って入っているのでってことは伝達
> していってあげて大丈夫だよーとかっていって（Interview2015/09/08）.

　では，なぜ B さんの事例では，介助者が認識した問題点について，介助者
から自発的に解決策を練ることが可能になっているのだろうか．ここまで比較
してきた D さんと B さんの療養環境にはさまざまな差異があり，そのどれが
影響しているのかは定かではない．しかし，比較的説得力の高いと思われるも
のを仮説的に 2 つ挙げておこう.

　1 点目は，前節でみた D さんが，学生のアルバイトも含めれば 3 つの介護
事業所から 10 人前後の介助者の派遣を受けているのに対し，地方在住という
こともあって B さんの利用する事業所はひとつで，介助者の人数も少ないこ
とである．このことが，介助者同士のコミュニケーションを密にしお互いに意
見をいいやすい環境をつくることに資している可能性がある．この推論は，前
節で d3 さんがケースカンファレンスのような場であれば意見をいえるといっ
ていたことと整合的である．もちろん医師や訪問看護師などは含まないにして
も，こと介助者に関していえば，B さんの事例では，ひとつの事業所のなかだ
けで全体の会議が可能になっているのである.

　2 点目は，その事業所が B さんの経営するものでないということである．前
節でみた D さんは介護事業所を経営しており，自身で採用した介助者を自身
に派遣するという方法を用いている．前節でみた介助者も，みなこの D さん

が経営する事業所に所属している介助者である。こうした場合，介助者からみてDさんは自身が提供するサービスの利用者ないし消費者であると同時に，雇用主でもある。この場合，Dさんの意思を尊重するということは，利用者と介助者という関係対に求められる職業倫理であると同時に，上司と部下という関係対において要請される規範でもあることになる。対して，Bさんの事例では，Bさんは少なくとも制度上の雇用主ではない。もちろん介助者にとってBさんは利用者や消費者ではあり，またBさんが拒否すれば訪問しにくくなるという意味において，少なくともBさん宅での仕事の可否にはその意向が関わる。しかし，介助者はBさんとは別に準拠可能な上司や社則をもっているのである。こうした場合，Dさんの事例のように介助者が利用者から雇用されている場合に比して，利用者の意思の尊重という規範を相対化しやすい可能性がある。

　本節では，自身らが患者の決定を制限しうることを認識している介助者が，それを所与とした上で改善に取り組む実践が患者の意思の尊重ゆえに自制されてしまうという前節の議論を受けて，同様の状況においてもそうした実践への道が拓かれている事例を検討し，それを可能とする場面についても，仮説的な説明を与えつつ考察した。次節では本章の議論をまとめ，その意義を確認する。

▶ 6.6　小　括

　本章では，介助者が患者の決定を制限してしまう他者であることを認識することで介助者手足論的な関係のあり方を見直し，そうした制限のあり方を改善していくという実践がいかなる場合に可能になるのかを問うた。またその際，そうした患者にとっての制限としての自身のあり方に気付くためには他の介助者と自身の比較が必要であることを指摘し，そうした介助者間の相互行為に着目することを分析視角とした。その結果，たしかに介助者間の相互行為はお互いの差異，またそれを通じて患者にとっての制限としての自身のあり方を気付かせてはいるものの，先行研究として検討した前田（2006, 2009）のように，そうした認識が制限の緩和ないしそうした制限を所与とした上での実践の修正に即座に結びつくわけではなく，自発的な介助実践の更新がおこなわれにくいこ

　ともままあることが明らかになった．とりわけ，自身の介助についての反省は
できても，介助者間の相互行為において，自身らが患者にとっての他者である
ことを所与として，その制限を改善せんとする試みは，患者の意思の尊重とい
う理念のもとで自制されてしまうのである．一方で，そうした実践が部分的に
ではあれ可能になっている事例もあった．そうした実践を可能にする理由とし
ては，同じ事業所に所属するなど介助者間の相互行為が比較的に容易であるこ
とや，介助者が患者を直接雇用しているわけではないことが示唆された．本節
では，以上の発見がいかなる意義をもつのかを述べる．
　まず，本章の議論を通じて，前田の議論を批判的に捉え直すことができる．
すなわち，自身介助者でもあった前田は，制限としての介助者という介助者手
足論的な指示とその実行という図式がもつ問題点の認識と，そうした制限とし
てのあり方自体を対象化し，それに抗ったり利用したりする実践を無媒介に接
続していた．しかし本研究でみた事例から明らかなように，とくに介助者同士
の相互行為の場面において，そこにはまだ溝があり，他者としての認識がすな
わち他者としての実践を招来するわけではないのである．
　介助者間の相互行為が控えられる原因として語られた患者の意思は，介助に
おいて利用することがきわめて容易な動機の語彙であると思われ，実際にはこ
れ以外の影響がないわけではないだろう．事実，今回の調査でも介助者の経験
年数や人間関係が影響することは語られており（Interview2014/03/18），これら
の要因の複合は検討されなくてはならない．そうした留保をつけた上で，しか
し，こうした（不作為の）動機の語彙として患者の意思の尊重が語られるとい
う点は示唆的だ．ここでは，そうした介助者の意思の尊重ゆえに求められた介
助者手足論的な指示とその実行という関係のあり方に対する批判として既存研
究において提出された，意思決定には不可避に介助者の存在が織り込まれざる
をえないということが認識されながら，しかしここではそうした介助者手足論
的な発想がふたたび想起され，そうした認識と併存している．ここに，前章で
議論したのと同じ関係の潜在をみることができる．前章では，患者とは独立し
た思考をもつ他者として考えた結果，指示を待って動く手足と察して動く手足
の線引を主体的に変えていくという介助者の姿をみたのだった．それに対して，
本章ではそうした手足としての介助者のあり方それ自体を相対化した関係と，

手足としての関係との揺らぎのなかで，自身が患者にとっての他者であること
を認識した上で手足に戻るという場面をみた．さまざまな関係性がそれぞれに
抱えている難点ゆえに，介助においては場面ごとに異なった関係性が現れざる
をえないという分析視角を本研究は採用し，実際にここまで複数の関係性がそ
の場に応じて使い分けられていることをみてきたが，上に述べた様子からも，
あるひとつの場面においてすら，ある関係が選び取られることはその場面で同
時に別の関係のあり方が存在することを否定せず，そうしたさまざまな関係の
混交として個々の介助の場面は成立していることが明らかになったのである．
また，本章の議論ではあくまで仮説的な部分を含むものの，介助者間の相互行
為という水準において，決定を制限する介助者のあり方を改善しようとする試
みが，患者の意思の尊重や，事業所の別による介助者間のやりとりのしづらさ，
あるいは患者が自身で事業所を経営するという仕組みなどによって抑止されて
いる可能性が示された．このことは，こうした状況を（変えたいと思ったときに）
変える上での道標となるものだ．

　いうまでもなく，介助において患者ないし障害者の意思を尊重することはま
ずもって重要な規範である．複数の介助事業所を利用することも，どこかひと
つの事業所が撤退した場合を想定したリスクの分散という意味ではむしろ安全
策といえる．また，自身が介護事業所を経営するのも，さしあたっては医療的
ケアも含めた支援をおこなう介助者の不足を補うものとして，また雇用者とし
ての立場をもつことで支援にまつわる非対称性を是正するものとしても有効な
手段であることは論を俟たない．このことは，ここで患者の決定の幅を制限し
ないための介助者間の相互行為を阻んでいるものが，何かそれ自体取り除くべ
きものというわけではないということを意味する．そうではなく，患者の生活
や介助を安定的に営むための理念や仕組みが，部分的には逆機能的側面をもっ
ているということがここでの含意だ．そうであるならば，本章の議論から導か
れる実践的な示唆は以下のようなものとなるだろう．たとえば，本章の議論か
らは，介助者が集まる場であれば，お互いの得手不得手が患者の生活を制限し
うることを伝えられること，しかしそれは自発的には難しいことが介助者に
よって語られたのだから，そうした介助者同士がつながれる場所を制度的につ
くること，さらには，たとえば介護保険における点数加算など，それを動機づ

けることが検討されてよい。[9]

　もちろん，本章が対象としたのはごく限られた事例であり，この論点について今後も継続的な調査が要請されることはいうまでもない。まず，調査協力者を提示した際にも触れたように，前章と本章で調査協力者となった介助者はほとんどが女性となっている。利用者と介助者のあいだのみならず，介助者間の相互行為においてもジェンダーは影響すると思われ，異性の介助者との相互行為においては別の現象が起きる可能性がある。くわえて，今回は利用者の選択肢を制限する原因として介助者間の相互行為の不在が維持されることを指摘したが，一方でこうした相互行為によって発生する問題点には触れることができなかった。これらは別稿の課題である。

　前章と本章では，患者と介助者の関係をめぐって，指示を待って動く手足と察して動く手足のあいだでの揺れ動きとその線引きをめぐる調整や，またそうした手足という関係自体を相対化した患者にとっての他者としての関係の出現とその困難をみてきた。その結果，いくつかの場面間でさまざまな関係性が出現する様子のみならず，ひとつの場面のなかにも他者として考えるがゆえに手足としてふるまうといった複層的な営みがあり，それは介助者自身の自立的な思考が介在した結果であるということを明らかにした。

　では，こうした患者と介助者の関係を，患者の家族はどのように観測しているのだろうか。あるいは，前章と本章でみた患者と介助者の関係は，家族の実践においてどのように想定されているのだろうか。経験的な議論の後半として，次章以降では家族を通じてこうした関係に焦点をあてていこう。

注

1）こうした均質化が，介助者各々の得意分野の抑圧ではなく，全体の水準の底上げとして達成されていることには留意が必要である。もし前者であるならば，むしろAさんの生活はより強く制限されてしまうからだ。そうではなく，ここでは苦手を埋めるというかたちで技量の均質化がおこなわれており，結果としてAさんの生活がその場にいる介助者が誰であるかによって制限される程度が緩和されている。前者のような均質化が忌避されていることは以下の語りからもうかがえる。

　　a2：前にいた事業所なんかだと，別の意味での葛藤はあったりしましたね。だからそのなんていうか，あんまり突出しないみたいな。自分ができて他の人ができ

ないっていうような内容のケアは極力しないように見たいな．あとはそのもし
かしたら，他の方だったらそういうことおおいにあると思うんですけど，とり
あえずＡさん自身，僕はそういうの求めてないなという（Interview2012/09
/12）.

2) ただし，こうした機会は基本的には介護保険等の支給時間外でおこなわれるものであ
る上，そもそも数十人にのぼる大人数の支援者を集められる場所の確保や，それらの
人々への連絡，スケジュール調整の手間などを考えると，どのような患者でも開催でき
るという性質のものではないだろう．Ａさんの場合，妻であるaw さんの協力のもと，
懇親会を兼ねるなどの工夫がおこなわれていた．

3) とくに症状の進行したＡＬＳ患者は座位の姿勢を保つことが難しいため，外出する際に
利用する車椅子は通常のものより重量のあるリクライニングのついたものとなる．ここ
に人工呼吸器の予備電源や外出時用の吸引器なども積載するため，車椅子を押しながら
それ以外の荷物を同時に持ち運ぶのは少々難しい．また，車椅子を後ろから押している
時には患者の顔が見えず，顔色から体調をうかがったり，目線での合図を受け取ったり
することが難しくなってしまう．そこで，ＡＬＳ患者の外出時には車椅子を押す人と荷
物を持つ人，コミュニケーションを行う人といった分担が必要となり，多くの場合２人
以上の介助者を伴うことが多い．筆者が出会った患者のなかには，ひとりの介助者のみ
で外出する患者もいるが，おそらくこれは少数派である．なお，複数の介助者が同時に
働く場合，介護保険や重度訪問介護の時間は二重三重にカウントされてしまう．そのた
め，字義通りの時間数の 24 時間他人介護では，自由に外出することは難しい点に留意
が必要である．

4) ここで，洗濯バサミの整理の仕方をめぐってb1 さんとＢさんのあいだに認識の齟齬
が見られたという前章の語りについて，それをb1 さんが知ったのは他の介助者を通し
てであったことも思い出されるだろう．本章で議論している介助者の他者性は，障害者
の決定を拘束してしまうという意味でのそれであるが，こうした身体の同期の不完全性
という意味においても，介助者が障害者にとっての他者であることがもたらしてしまう
問題点は，その介助者本人のみによっては観測しにくいものであることがうかがわれる．
　なお，本研究はＡＬＳの療養を対象とするため，基本的には身体障害者の生活を念頭
に置いたものではあるが，知的障害者の介助でも，複数の介助者や団体のかかわりが
「特定の支援者や団体には見抜けないその人の姿を，浮かび上がらせ」ることが指摘さ
れている（三井 2011: 12）．また，同じく知的障害の介助を対象としている寺本は，ひ
とりの介助者が介助を取り仕切ることを障害者の生活の支配に結びつくものとして警戒
している（寺本 2013: 104）．

5) 人工呼吸器をつけた患者の場合，切開した気管には気管カニューレという器具が装着
されており，ここにたまった痰を介助者は吸引する．このとき，多少深めにカテーテル
を挿入したほうがよく痰がとれるので患者はそれを望むことがあるものの，介助者には
どこまでカテーテルを挿入してもよいかについて，事業所などによる拘束がある場合が
多い．そのため，そうした奥の痰の吸引は家族に頼られがちになることがある．こうし

た介助者に対する制度上の縛りについては，患者会のメーリングリストでもしばしば議論になっている．また，調査時点では，Cさんは気管切開はしていたものの人工呼吸器は装着していなかった．そのため，吸引をする際には直接気管にカテーテルを通すことになり，とくに奥の方まで挿入するのは介助者にとってはなおさらハードルの高い介助となっていた．

6) たとえ介助者が決定に際しての拘束条件となっていることを知っていても，こうした患者本人の意思の尊重を理由としてその患者の采配に対する自身の思惑を表出しないという様子は，前節でみたCさんの事例にも見られた．たとえばc1さんは以下のように語る．

> c1：たぶん，こういまそれ〔介助者の適材適所の配置〕でうまくまわっているのは，きっとご家族とまぁCさんとで，たぶんこの間合いがいいんだろうなっていうのは私がそういう解釈をしているので，逆にたとえばほんとに必要だったら「ちょっとc1さんあの今度からこういうお仕事こういうふうにしてもらえないかな」っていってもらえると私は思って，そういう信頼関係はあると私は思っているので（Interview2015/09/16）.

　ほかの介助者とかかわる機会は乏しいながらも，申し送り事項を書いたノートでの伝達や，家族を介した情報共有などで介助のなかで，たとえば料理よりも掃除を頼まれやすいといった自身の役割をc1さんは把握している．しかし，「お料理している人を〔見て〕私には頼まないのね，とかは私は思わないし，出来る範囲で頼まれたらうん，やるので」というように，お互いの信頼関係ゆえに必要になったときには遠慮せずに頼んでくれるはずであるから，そうした役割の拡張は自身の検討課題ではないと観念されている．なお，こうした信頼関係の醸成には，Cさんの発症以前からc1さんはCさんと友人関係であったことも影響していると思われる．

7) 現在ではd3さんが不在でも外出が可能になりつつあるが，これもd3さんを始めとする介助者が自律的に他の介助者に働きかけたというよりは，Dさんの監督のもとで技術の伝達がおこなわれたものと考えられる．事実，外泊をともなう出張に筆者が同行した際も，介助者として非常に未熟で，Dさんの選択肢を狭める程度が極めて大きい筆者に対して，他の介助者が介助の方法を指導するのはDさんがそうした指示を出した時のみだった（ただし，他に介助者が2人いて人出が足りない場面は少なく，また筆者が正式な雇用関係にある介助者でなかったことは留保する必要がある）．

8) Bさんは地方都市で生活しており，介護事業所の選択肢はそれほど多くない．とくに痰の吸引といった医療的ケアをおこなえる事業所となればなおさらである．医療的ケアに関しては，先にも触れたように社会福祉士及び介護福祉士法の改正によって法のなかに正式に位置づけられたが，そうした制度化により従来の違法性阻却通知を根拠とした柔軟な対応が難しくなったとBさんは指摘する．

> B：医療的ケアを法規制したのは失敗だったかも．一部の患者が違法性阻却通知を自分達はやむをえずで生きているのかと反発した．法制化を働きかけたが，地

　　方では以前のほうがよかったという声は多い（Interview2015/09/08）.

9）ただし，個々の事例においてこうした機会が有効であるか否かは，その都度検討され
　　るべきであることはいうまでもない．利用者によっては介助者同士がこうした関係をつ
　　くることを好ましく思わないことがあることは報告されている（高橋 2013: 258）．おな
　　じく，第3章でも参照した小山内も「私はケアの人が集まって，私についてのケアの仕
　　方を学びあう場をもちたくはない．そういうことをされると，私のプライバシーがすべ
　　てなくなってしまうからである」（小山内 1997: 185）と述べている．

家族の認識
——家族からみた介助者と患者の関係——

▶ 7.1　本章の目的

　患者と介助者の関係を主たる対象とした前章までの議論に続いて，本章と次章の２章では家族を対象とした分析をおこなう．前章までの議論では，とくに患者が指示をだす場面とその周辺において，介助者がいかにふるまい，患者とどのような関係を切り結んでいくのかについて検討してきた．しかし，こうした介助者側の実践とは別に，実際にどこまで介助を担うのかはともかくとして，家族もまた療養の場面に共在し，介助者がいかなる関係を患者と結んでいくべきなのかについて独自の思惑をもった存在であるはずだ．これまでの議論のなかでも，介助者の側から見て家族の存在が陰に陽にその実践に影響することは指摘してきたが，本章からは視点を家族の側に移動し，前章までにみた患者と介助者の関係は家族によっていかに観測されているのか，ひるがえって，こうした患者と介助者の関係についての家族の理解によって，家族がどのような実践をおこなうことが可能になっているのかを検討していく[1]．

　とはいえ，それだけでは家族から報告された患者と介助者とのあいだに起きた出来事の列挙に終始してしまいかねない．よって，議論の焦点を定めねばならないが，ここで示唆的なのは以下の cd さんの語りである．

　　cd：あんまりそういうふうに〔自身を介助者として〕考えたことないかも．
　　　　でもなんだろう，新しいヘルパーさんに教えるのとかはしないと進
　　　　んでいかないから，そういうときはわりとそういう考えの時はある

けど，母に対して私はそのヘルパー，介助の一員だからっていうの
はあんまり思ったことはないかな（Interview2015/09/16）．

この語りからは，状況依存的ではあるものの，家族である自身と介助者は異
なる存在であるという認識があることがわかる．また，「考え」の水準で「あ
まり思ったことはない」というように，介助者であるか家族であるかは，血縁
や患者との同居といった自身のもつ属性によって説明される事柄ではないこと
がうかがわれる[2]．本章ではこの点に着目し，とりわけ患者からの指示をめぐる
実践について，患者の家族が自身の実践と介助者のそれとのあいだにどのよう
な差異があると捉えているのかという分析視角を設定する[3], [4]．すなわち，介助者
が患者からの指示をめぐってあるやり方で介助をおこない，患者とある関係を
築いているのを家族が見聞きした際に，それを自身の実践と比較して，自身と
介助者の振る舞いはどのような点で異なると家族が観念しているのか，またそ
の背景で「家族」や「介助者」カテゴリーのあいだでどのような境界付けをお
こなっているのかを検討するのである．ストラウスは，このように行為者が対
象をそれ以外との関係のなかで分類する行為を「名付け」と呼んだ（Strauss
1959 = 2001: 20）．名付けることは，その対象がどのように振る舞うべきである
のかを指定したり，あるいは直接そうしないまでも，その対象の行為を予期す
ることをともなう（Strauss 1959 = 2001: 29-34; 山口 2007: 154）．こうした議論に沿
わせるなら，本章の議論は，家族が介助者を介助者として名付けるときに，い
かなる予期がそこに含まれているのかを問うことを通じて，患者と介助者の相
互行為秩序のあり方を検討するものであるといえる．

　また，こうした視座を家族社会学の文脈に位置づけるなら，本章の議論は主
観的家族論，すなわち構築主義的な観点にもとづいて，家族を家族として認識
する仕組みを検討するものの系譜に連なる（木戸 1996; 田渕 1996, 1998）．とくに，
本章の議論はそうした家族という概念が日常的な実践のなかで得られていく過
程をこそ記述すべきとした松木（2013）の提案を実行に移したものといえる．
ただし，ここでは家族とともに介助者を介助者として認識する仕組み，いわば
主観的介助者についても問い，家族を認識する仕組みと，介助者のそれとの関
連も検討する．なお，構築主義的な主観的家族論を扱った既存研究のなかには，

すでに病者や障害者のケアにおける責任と家族カテゴリーのつながりを指摘するものもあるが（Gubrium and Holstein 1990 = 1997: 238-55），第 3 章でも述べたように本研究では家族と介助のつながりを自明視せず，公的福祉サービスが利用される介助のなかでの家族というカテゴリーの運用をみる.

　こうした視角をとることの利点としては，一般的な障害者介助と同様に，あるいはより強く家族の負担軽減が模索されてきた ALS 療養に対する実践的な関心に照らした時に[5]（小長谷 2001; 齋藤・小林 2001; 隅田 2003; 村岡 2005; Goldstein et al. 2006; 堀口ほか 2007 ; 石川・藤 2010，Pagnini et al. 2010; 石島ほか 2015），介助者がいかにふるまうべきであるのかについての指針を与えることができる点が指摘できよう．次節以降でもみるように，療養の場面における介助者と家族のふるまいは近似しているかのように見える．事実，次節で確認するように痰を吸引したり車椅子を押したりといった動作のみについていえば，それはどちらもがおこなっていることであり，両者のあいだでの介助の内容の差は一見してわかりにくい．そうした現状認識から家族への支援をおこなおうとすれば，両者がやっている内容が同じである以上，その配分を調整する，すなわち単純に公的なサービスの支給時間を増やして家族がおこなう分を減らすという路線しかとりようがない．もちろん介助サービスを充実させることによって家族の負担軽減を図ることそれ自体は必要だとしても，家族の主観的な役割意識や，家族としての自認がどのような内実を伴っているのかを確認することによって，そうした公的なサービスの中身において，どのように介助者がふるまうべきであるのかに対して示唆が得られ，同じだけの支給時間であってもより効果的に家族の負担を減じられる可能性がある.

　たとえば，制度上介助者がやってもよい介助が，家族だからやらざるをえないという使命感のもとに家族によって担われている場合には，そうした家族としての責任意識を緩和して介助者に頼りやすくする方法を探ることが可能になる．あるいは介助のある部分において家族だからこそ積極的におこないたいと思われているものがあるなら，あえて介助者には一歩引くことが求められる場面もあるだろう．また，本研究で対象となっている事例は，比較的安定して療養を継続できている事例に偏っている傾向があるものの，そうした事例における家族の役割認識を明らかにすることは，家族としての責任への対処に困難を

感じている他の事例に対しての示唆をも含みうるはずだ．くわえて，家族との対照において介助者がいかなる存在であると家族が考えているか，ひいてはどのような介助者像が期待されているかを明らかにすることができれば，まずはその期待を介助者が全うするというかたちで，単に介助の時間を増やすのとは異なった指針が得られるし，もしそうした家族からの期待と，前章までにみた介助者のふるまいとのあいだにすれ違いがあるならば，その齟齬をいかに調整するかという新たな問いも拓かれてくるだろう．

　本章は以下のように構成される．次節では，事例のなかで観察された場面や調査協力者の語りをもとに，介助者が家族のように，また家族が介助者のように介助に携わっている様子を確認する．続いて3節では，にもかかわらず家族が自身を介助者とはみなさず，また介助者と家族というカテゴリーのあいだに境界付けをおこなっていることを指摘し，そこでは家族と介助者がそれぞれどのような存在であり，どのような関係を患者と築いているのか，また築くべきであると理解されているのかが述べられる．4節では，それまでの議論をまとめつつ，そうした家族の想定と前章までに議論した介助者のふるまいとの整合性について考察を加える．

▶ 7.2　接近する家族と介助者

　本節では家族による家族としての自認を支えている自身や介助者についての理解を検討するための前提として，介助における家族と介助者のふるまいが一見して近似していることを確認する．前節でも触れたように，ALS患者の家族は自身を介助者とは規定してはいない．介助者と家族は概念的に区別されているのである．しかし，もし療養のなかで担っている役割がそもそも異なるのであれば，こうした区分は当然のこととなるだろう．たとえば家族が患者にかかわる一切の介助をしない場合を考えれば，介助者は介助をする人であって，介助をしない自身は介助者でないと捉えるのはごく自然な認識であるはずだ．あるいは，両者が介助に参入する場合でも，介助者は身体的な介助のみをおこなって患者との会話は一切おこなわず，逆に家族は患者にかかわる家事や会話はおこなうけれども身体には一切触れないといった極端な役割の分化が起きて

いるのであれば，家族と介助者は容易に境界付けられるカテゴリーとなるだろう．本節では，そうした極端な分担はおこなわれていないこと，むしろ両者は傍目には似た実践をおこなっていることを確認することで，家族が自身と介助者を境界付けるに際しては，介助に対する臨み方の水準に着目しなくてはならないことを述べる．

7.2.1　介助者としての家族

　まず大前提として，家族も介助に関わっているということを確認しておこう．とくに症状の進行した ALS 患者の場合，その生活には常時の介助が必要になる．しかし，介護保険と重度訪問介護を併用したとしても，1 日 24 時間，月換算で 720 時間あまりの公的な介助サービスを得ることは，自治体によって程度の差はあれ容易なことではない[6]．たとえば，B さんの場合，週にヘルパーが来る時間は 60 時間弱なので月で 240 時間程度，C さんの場合も 350 時間程度だという（Interview2015/09/08, 2015/09/16）．実質的に家族による介助を当て込んだ制度設計がなされてしまっているのだ[7]．ALS 患者の在宅療養は家族の協力なしには困難である場合がいまだ多いのである（立岩 2004: 134）．もちろん，家族介助の規範的な良し悪しは別途検討せねばならず，また家族といっても続柄や性別，同居か否かなどによって介助への携わり方には濃淡があるのだが，ひとまず ALS 患者の家族は現状では介助と無縁な存在ではない．

　そしてその介助の内実も，介助者と明示的な差異をつくっているわけではない．それはまず，おこなっている介助の種類において指摘できる．痰の吸引にしろコミュニケーション支援にしろ，ある介助を家族と介助者のどちらかが独占するような場面は，複数の事例を観察する中でもあまりみられなかった[8]．周囲にいるのが家族であるか介助者であるかは，普段の生活のなかで必要なこととは独立の問題である．

　また，患者との関係のあり方についてもそれほど明確な差異はみられない．前章までの議論では，既存研究の検討から，介助者には決定や指示を受けてからそれを過不足無く実行する，また日々の慣れや状況からの推察から逐一の指示がなくとも患者の意図を汲んで必要な介助をおこなう，あるいはそもそもそうした患者の決定自体が状況に拘束されたものであることを認識し，その前提

を対象化して介助に取り組むといった介助者像を提示し，それらがある場面で混じりあったり，揺れ動いたりする様子をみてきた．実のところ，こうしたさまざまな介助の営み方は，家族による介助にもみてとれる．介助をおこなうにあたって，本人の意思をきちんと確認すべきであるという規範は，家族にも共有されているのだ．

　その様子は，たとえば，以下の eh さんの語りからうかがえる．eh さんは，E さんに目薬や痰の吸引をする場面について，つい自身の判断でやってしまいそうになることを自戒している．

> eh：目が疲れたときは目薬をさすというのが日常になっているので，一応聞いて，本人も OK であれば．まぁついつい，そういっても，本人の意思を無視してやっちゃう場合もあるかもしれないけど．こっちの判断だけで．でも基本的にそれは嫌がるので．……まぁ当然吸引で〔気管が〕ごろごろごろごろいってると，当然吸引しなきゃいけないと思って吸引しそうになるんですけど，それでも本人に確認して，それでやるようにしてます (Interview2012/08/17)．

　本人の意思をないがしろにして嫌がることを無理にするということは家族同士のやりとりとして一般におこなわれにくいものであるかもしれない．そうであるならば，こうした意思確認があることそれ自体は当たり前のことだろう．とはいえ，家族同士のやりとりにおいて，逐一相手の意思を確認するということはそれほどおこなわれないのではないだろうか．なぜなら，もし意に反したことがおこなわれそうになればすぐに抗議すれば良いからだ．しかし，ALS 患者の場合にはそうはいかない．透明文字盤や口文字を使うのであれば相手がまず読み取りの態勢を作ってくれるかどうかにその抗議の発信可能性は依存するし，電子機器を用いるにしてもその労力も単に口で話すのとは比べ物にならない．ゆえに，あらかじめきちんと意思を確認することの重要性が家族にも認識されるのである．

　また上のインタビューデータでは，「目が疲れたときは目薬をさすというのが日常になっている」というように，日々の介助のなかでルーティンとなったものについては，ある程度予測が働いていることも語られており，家族も，あ

るいは家族だからこそ，患者がなにを求めているのかがわかるということがある．そして，「本人の意思を無視してやっちゃう場合もあるかもしれない」という自戒からは，そうした自身の推察が患者の望みから外れうるという認識があることが見える．これは察して動くことにともなう問題点という第5章での議論を彷彿させるものだ．

　以下の gd さんの語りも，患者と介助者とのあいだに見られた様子が，患者と家族のあいだに反復していることを示している．D さんの介助者でもある gd さんは，その経験から患者から発される意思に従って望まれた介助を実行するという枠組みの手前で取り組むべきことがあることに気付いたと語る．

> gd：D さんのところで口文字とかやってた経験が，母への接し方を変えたんですよね．そのときもうなんだろう，いまよりも昔の話ですけど，いま思えば母を TLS にしていたと思うんですよね，本当にわかんなくて，……〔母は〕認知的なところは大丈夫なのか，なんか問題があるんじゃないかっていうところに注目してしまっていて，あの全然〔意思を〕汲みとれなかったんですよね．いま思えば汲みとろうとしてなかった，それが足りなかったって思えるんですけど，そのときは全然わからない，わからない，わからないっていう感じで，もうお手上げ状態（Interview2015/08/16）．

　ALS の介助では，症状の進行にともなう関係の更新のみならず，さまざまな環境の変化や経験を通じて，よりよい関係のあり方が逐一模索されることになるという点は第4章でも指摘した．ここでは，「いま思えば」「そのときは」というように，gd さんは過去を再解釈するかたちで，決定を拘束する他者としての自身のあり方を語っている．自身の存在それ自体が患者の決定に影響することに気付き，反省的に捉えなおすという介助者にもみられた実践が，ここでは家族によっても営まれているのである．

　以上から，おこなっている介助の内容において，またその際に患者と切り結ぶ関係性においても，ひとまず患者の家族の様子は介助者のそれと一見して接近しているとまとめることができる．

7.2.2　家族のような介助者

　家族が介助者と同等の役割を担っている一方で，介助者もまた，家族に接近していると思われる場面がある．すなわち，家族は介助者が仕事として介助をおこなうことのなかで，患者と情緒的な関係を築くことを排除せず，むしろそうなるように望んでいることすらあるのだ．たとえば aw さんは，孫の誕生日会に A さんとともに行く際，そうでなくては「なんか寂しいですから」，介助者も楽しめるよう他の人々と同じように参加できるようにするという（Interview2012/07/12）．また以下の語りは看護師について述べたものではあるが，自身と患者との関係をまさに家族の明喩で語る看護師のことを aw さんが肯定的に捉えている様子がうかがえる[9]．

> aw：勉強会を通じていろんな方とできるだけその，こういうお仕事の場だけの仕事の対象としてだけでなく，お互いにもお付き合いなさっていただいて，……看護師さんたちもほんとにね，親しくしていただいて．まぁ家族のようなもんですからっていってくださってますけども，はい（Interview2012/07/12）．

　同様に，C さんの生活においても，それは介助者のためであると同時に，患者側の居心地の問題でもあるのだが，介助者と患者のあいだに情緒的なつながりはあってよいものとして，家族である cd さんに理解されている．c1 さんのように元からの知り合いが介助に入っていることもこうした関係のあり方が出現していることに影響していると思われる．

> cd：やっぱ楽しく〔仕事〕してほしいよね，せっかく一緒にいるんだからね．なんかすごく辛そうにやられたらやっぱやだよね．
> ──そのための工夫は？
> C：言葉を優しく声かけるし，
> cd：〔透明文字盤を読み取りながら〕「し」であってる？
> C：好きな話題の話を振る（Interview2015/09/16）．

　第3章でもみたように，介助者としての専門職倫理は，そうした親密さを余分なものであるとしたのだった（立岩 2000: 245-6）．なぜなら，そうした親密さ

は（定位）家族や施設がもつ愛情や福祉的配慮が結果として障害者の抑圧に帰着してしまったように，地域での自立生活では警戒されざるをえないものだったし，日々の介助については淡々とやってくれた方がむしろ心地よいということもあるからである．しかし，すでに深田（2013: 126）も指摘しているように，だからといって現実に介助者と被支援者の関係は無味乾燥なものではないのだ．

　ここまで見てきたように，介助の臨床における家族と介助者の様子は，ともすれば似通っているようにも思える．家族は介助をおこない，介助者は家族に擬えられる患者との情緒的なつながりを獲得しているのである．しかし，ここで前節で確認したことを思い出さなくてはならない．こうした近似にもかかわらず，家族は自身を家族として，すなわち介助者とは異なるものとして規定していたのであった．そうであるならば，家族によって規定される介助者とは，「介助をする人」ではなく，「『あるやり方で』介助をする人」であるはずだ．ゆえに，家族による家族と介助者の境界付け，そのカテゴリーの運用を知るためには，おこなっている介助それ自体ではなく，そのおこなわれ方の仔細に注目する必要がある．ハーヴィー・サックスは，成員カテゴリー化装置，すなわちある人々をあるカテゴリーの要素として位置づける規則をともなったカテゴリー集合という概念を用いて，会話のなかで人々が分類されていく様子をみた（Sacks 1972 = 1995）．次節からの議論でも，介助をする人という大きなカテゴリーのなかに含まれる介助者や家族といったカテゴリーを，介助者や家族自身について語るなかで家族がいかに個人に振り分けているのかをみていく．その作業によって，家族が自身を介助者ではないと定義するための前提となる，家族による介助者の定義づけが明らかになるだろう．

▶ 7.3　家族と介助者の境界付け

7.3.1　指示に従うものとしての介助者

　前節でもみたように，単に介助をする人が介助者であるならば，家族もまた介助者の一員ではある．本節では，にもかかわらず患者の家族が自身を介助者ではないと規定する前提にあるはずの介助者の定義，すなわちどのようなやり方で介助に臨んでいる人を介助者として規定しているのかを検討する．

前節で引用した家族の比喩について，その意味を踏み込んで尋ねると，aw さんは以下のように述べた．

　　──家族「のように」ということは家族ではない？

　　aw：ないんです．それは家族ではない．……家族であると困ることもあ
　　　　るしね．それはやっぱりだって，なんていいますか自分がこう，こ
　　　　れはこうやっては困るということもあるときにちょっとこう，そう
　　　　しないでこうしていただきたい時に，家族だとかえっていいづらい
　　　　かなってこともありますでしょう．お仕事で来てらっしゃるんだか
　　　　ら割りきれますけど．……だからすごくお親しい方はもちろんそれ
　　　　はいいますし，とってもよくしてくださるし，あの面白いお話をお
　　　　互いにしたり，楽しくしておりますけども，やっぱりなんかお願い
　　　　するときは一線がありますね．それは向こう様もちゃんともって
　　　　らっしゃるし．私もできるだけそれを踏み越えないようにはしてお
　　　　ります（Interview2012/07/12）．

　ここでは，親しい関係のなかにも「お願いするとき」，とりわけ介助のやり
方の修正や変更のための指示をめぐる場面において，介助者と家族の差異が前
景化することが述べられている．そしてその差異とは，そうした指示の発しや
すさの違いであり，家族はときとしてそうした指示を伝えにくい存在として，
対照的に介助者はともすれば気まずい指示であってもいうことのできる存在と
して規定されているのである．

　別の例として，gd さんの語りを見てみよう．gd さんは，ALS 患者の母をも
つ娘であると同時に，父とともに介護事業所を経営し仕事として介助をおこ
なっており，患者への接し方における介助者と家族の差異を以下のように述べ
る[10]．

　　gd：ヘルパーさんで行ってるんだったら，その人の右手左手のかわりに
　　　　自分が動くっていう感じなので，全部ただいわれたとおりにやって
　　　　るんじゃお互いにつまらないこともあるから会話をするという意味
　　　　でなんかこう話したりはしますけど．基本的にはいわれたことをや

　　るべきだと思ってやってますね．ご本人が迷ってるんだったら
　　ちょっと一緒に話しながら考えて，ご本人が決定したことをわかり
　　ましたとやる（Interview2015/08/16）.

　ここでも，aw さんと同様に，介助者と家族の対比は指示をめぐる場面にお
いてなされている．雑談や話し合いの余地を残しつつも指示に従うものが介助
者であり，そうではなく独立した考えをもっているのが家族というわけである．
　上にみた 2 つの語りはそれぞれに自身の言葉で介助者と家族の境界付けをお
こなっているが，共通しているのは指示に従うことが介助者であることの要件
として強く意識されているということである[11]．aw さんの場合，多少気まずい
内容であっても指示をすることができるのは，それが拒否されないだろうとい
う予期があるからだし，gd さんの方はより直截に，介助者は「いわれたこと
をやるべき」存在として観念されている．
　前章までの議論に沿って考えるなら，ここでは介助者手足論的な介助者像が
想定されているように見える．もちろん，それは厳密に合致しているわけでは
ない．なぜなら，aw さんが介助者は指示に従ってくれるだろうという期待を
もつとき，その指示をするのは自身，すなわち患者の家族であって患者自身で
はない．介助者手足論が，第一義的には障害者本人の意思に従うものである以
上，これは介助者手足論にもとづいた介助者についての予期ではないからだ．
にもかかわらず，この「介助者による指示への従属」という想定に媒介される
かたちで，介助者のもつ専門職倫理と家族による介助者についての予期は，ず
れを孕んだままに両立している．
　こうした各アクターの思惑のずれと，にもかかわらず成立する協働の様子に
ついては，カリフォルニア州の大学に設置された自然史博物館を調査したスー
ザン・スターとジェームズ・グリジマー（Star and Griesemer 1989）の議論が参考
になる．彼女らは，研究者や大学の事務方，アマチュアの標本コレクターなど
が協働する様子を描いている．そこでは，バウンダリー・オブジェクト，すな
わち，標本やその収集方法，あるいは博物館それ自体など，それぞれの人々や
その関心にとっての意味は異なるものの，それらの人々の境界にあってコミュ
ニケーションを可能にする事物の存在が指摘されている．各アクターはそれら

を適宜自身の目的に沿わせるかたちで参照するので，それぞれの関心やアイデンティティは維持されたままで，多様な人々の協働が可能になるのである．

　スターらの議論をここでの事例に引き付けるなら，「指示」という概念が，家族と介助者の協働を可能ならしめているのだ．介助者は，介助者手足論を基本としながら，患者からの指示を受け，その指示にもとづいて介助を実行する．家族は，介助者手足論を直截には参照しないながらも，介助者が自身や患者からの指示に従うものだと想定している．厳密には想定の不一致はありつつも，しかしそれは生活を営むには不都合のない範囲に収まっているのだ．

　もちろん，介助者が指示に従う存在であると考えられていることそれ自体は自明なことではある．それは専門職倫理として介助者が自身に課しているものであるし，家族が期待するのも当然のことだろう．前章までにみた介助者と患者の関係のあり方の類型化に照らしても，患者の意思に従わないという介助者のあり方は既存研究において規範的に退けられ，本研究における経験的な調査のなかでも，あってはならないこととして語られている[12)]．

　にもかかわらず，視点を家族の側に設定する本章と次章にとって，この点は重要である．なぜなら，第一に，介助者と患者の関係を患者の家族がどのように捉えているのかを通じて，家族によるカテゴリーの運用を検討する本章にとっては，こうした家族の認識はひるがえって自身のあり方の規定にもつながるからである．また第二に，そうした認識によって可能になる家族の実践を検討する次章にとっては，そうした認識が家族との対比において運用される言説資源となっているからである．後者の論点については次章での課題として，本章の以降の議論では前者について議論を進めよう．

7.3.2　そうではないものとしての家族

　繰り返すように，職業的な介助者が介助者手足論的に指示を受けてふるまう存在であることそれ自体は目新しい発見ではない．ここで重要なのは，家族と介助者との差異を説明するに際して，そうした介助者の特徴が家族によって持ちだされているという点である．本章の1節でも述べたように，家族と介助者を比較してその違いを列挙していくなら，血縁や同居の有無など，可能な説明はいくらでもある．にもかかわらず，家族が――自身とは異なって――介助者

はいかなる存在であるのかを説明する際にそうした介助者の特徴が語られるの
だ.

　そしてそれが自身と介助者との差異の説明であるがゆえに, そこには相即的
に, 自身についての規定が随伴することになる. ここでは, 人工類 (human
kinds) という概念道具をもちいて, 人々を分類する仕方やそれにともなう活動
を検討したイアン・ハッキングの議論が参考になる. 人工類とは,「ある目的
を達成するためではなく, それが固有の道徳的価値を持っているがために, 人
がそうなりたいと思ったり思わなかったりする」(Hacking 1996: 367) カテゴリー
である. 彼がしばしば例に挙げるのは自閉症や解離性同一性障害などだ. 彼に
よれば, ある逸脱の状態が人工類として観念されるときには, それと抱き合わ
せるかたちで正常な状態が規定されるという. 正常な子どもや正常な発達など
のように, 逸脱から逆照射されるかたちで規定される人工類を, 彼は二階の類
(second-order kinds) と呼んでいる. 日常言語において, 家族と介助者は対概念
ではない. しかし, ここでみている ALS 患者の生活という文脈を踏まえると,
家族というカテゴリーを介助者でないものとして, あるいは逆に, 介助者とい
うカテゴリーを家族では無いものとして, これらを互いに二階の関係にある人
工類としてみることもできるだろう[13]. ゆえに, 家族がある人を介助者として規
定するときには, そうではないものとしての家族という分類が可能になるので
ある. 現に, gd さんは, 上にみた介助者についての語りの直後で, それと対
比的に家族による介助のあり方を次のように述べている.

> gd：家族の場合は〔両拳を離した位置に掲げて〕えっと独立した存在なので
> 　　自分が思っていることをいう, いって, 普通の家族の関係, という
> 　　か. で, ありたいと思ってます. そういう関係でありたいと. 思っ
> 　　てますけど, うちの母の場合は意思疎通がとても難しいので, とれ
> 　　ないので. 本人の意思が感じられたらできるだけ添いたいっていう
> 　　ふうに家族としても思ってます (Interview2015/08/16).

　たしかに, 家族による介助の場合も, 本人の意思の尊重が重要視されている
ことには変わりない. しかし重要な差異として, 職業的な介助者による介助が
「いわれたことをやるべき」というように当為として語られていたのに対し,

家族の場合には「できるだけ添いたい」と自身の希望として語られていること
が指摘できる．介助者が指示を受けて動く存在であるという点で家族と差異化
されることにより，ひるがえって，家族はそうした介助者とは異なるもの，す
なわち，自身以外の要請を受けて介助をおこなうのではなく，自発的に介助に
携わるものとして語られることになるのである．実家で介護事業所を開設する
際のことを振り返る gd さんの次の語りも，これを傍証している．

> gd：最初 MSW〔Medical Social Worker〕になりたいと思ったんです．って
> 思ってるところに父が事業所を自分達で立ち上げるっていう話に
> なって，あ，そっちでも私が支援したいことができると思って，勉
> 強して MSW とるコースでなくて父と一緒に事業所をやるっていう
> 方向に行って今に至ってます．自分の興味が無いのに介護しなきゃ
> いけないんだったらそれはすごく辛いと思います．他に自分がやり
> たいことがあるのにそれができなくて介護しなきゃいけないんだっ
> たらそれはすごく嫌ですね（Interview2015/08/16）．

　ここでは，やむにやまれずという事情「のみ」ではなく，自身が関心をもっ
ているがゆえに支援をおこなっていることが語られている．同様に，介助を
「自分で選択してやってるっていうつもり」と語る cd さんは，家族の負担を
懸念して人工呼吸器の装着について悩む C さんに対し，介助をすることは自
身で決めたことであると伝えているという．

> cd：負担だけどやってあげるよって感じだよね．あの，基本的に，〔人工
> 呼吸器を装着して以後の生活や介助は〕簡単なことではない．やっぱり，
> あの，これは本人にも一応いってて，すごい嫌なやつですよね．す
> ごいなんだろう，すごい簡単でなんともないことではないけど，や
> ろうと思ってるから，うまくいえないんですけど，悪い意味のそう
> いうあれじゃなくて〔人工呼吸器を装着してほしくないから負担があると
> いっているのではなくて〕，ねぇ．ふふふ．まぁあのちょっと大変だけど，
> それでもちょっと生きていてほしいなって思ったから．そういうふ
> うにいう．……やっぱちょっと必要だなって思うから，いてほしい

と思うから，ちょっと大変だけど頑張ってあげるから，一緒に頑張
ろうねみたいな感じで．だよね．わかんないや．ね．うん，あの，
負担じゃないよとはいわない．やっぱり我慢してることはあると思
うし．でもそれはなんだろう，嫌でそうなってるんじゃなくて，
ちゃんと決めてそうなってるから，まぁ，頑張る，頑張れるところ
まで頑張ろうかなって思うね（Interview2015/09/16）.

　もちろん，このように自身の選択として介助に臨んでいると語るからといっ
て，それがまったくの自由意思によって選ばれているというわけではない．す
でに述べ，また次章でも詳述するように，ALS の療養においては，規範的に，
また実際上の労働力としても，家族には介助に関わることが求められてしまう．
事実，cd さんが「ダダこねてもどうにもなんないことは，考えているだけ無
駄だから，それは『嫌だ嫌だ』っていって，『じゃあやんなくていいよ』って
なるんだったらもちろんやりたくないし」と語るように（Interview2014/01/23），
介助をおこなわないという選択肢は現実的には選びづらいものとなっており，
その点に留保は必要である[14]．

　しかし，ここで重要なのは，介助者を指示を受けていわれたことをおこなう
ものであるという点で自身と差異化することは，指示があるから介助するので
はないものとしての家族という，自身に対する認識をともなっているというこ
とである．この点を，単に介助者は指示に従う存在であり，家族はそうではな
いということのみに矮小化してはならない．そうではなく，患者から指示を受
けてその命を果たすという介助者のふるまいが，家族の自身に対するカテゴ
リー化にも影響を与え，介助をおこなうに際してもその意味付けを肯定せしめ
るのである．

　では，家族によっておこなわれる家族と介助者というカテゴリーの運用やそ
の境界付けをめぐる以上の検討は，いかなるインプリケーションをもつのであ
ろうか．次節ではその点について考察をおこない，小括としよう．

▶ 7.4 小　括

　本章では，患者と介助者の関係を家族がいかに観測しているのかを検討することを通じて，一見して似た実践をおこなっている家族や介助者について，家族がいかにそれらのカテゴリーに境界付けをおこなっているかを検討した．その結果，介助者は患者からの指示を受けて動く点において家族とは異なると家族から観念されていること，ひるがえって，そうした介助者とは異なるものとしての家族は，患者からの要請とは別に，自身の決定のもとに介助をおこなっているという自身に対する理解をしていることが明らかとなった．本節では以上の議論の含意を考察する．

　まず，こうした介助者との差異化のなかでの家族の自己理解を明らかにしたことは，家族がいかに ALS 患者（と）の生活を捉えているのかを，従来とは異なる角度から理解することを可能にする．もちろん，ALS 患者の家族が主体的に，積極的にかかわりたいといった肯定的な感覚をともなって介助に携わることがあることはこれまでにも指摘されてきたことではある（Rabkin et al. 2000; 小長谷 2001）．しかし，これらの研究と本章とでは，こうした家族の認知の理解の仕方に大きな差がある．詳しく説明しよう．

　上に挙げたラブキンらや小長谷の研究は，心理測定尺度をもちいて，家族が介助に対して肯定感を抱いていることを示し，家族がそうした感覚をもっているのは何故なのかという問いを立てる．その上で，その肯定感が同時に尺度で測った介助の負担と正の相関をもっていることを示し，そうした肯定的な認知は療養にかかわることによるストレスへの対処行動と捉えるのだ．これらの研究は，療養にともなう負担があるのにもかかわらず肯定的な認知があることを一見して矛盾した事態として提示した上で，これを負担があるからこそ肯定的な捉え方をせざるをえないという論理にほどきなおすのである．ここでは，肯定的な認知と介助の負担感は，本人達の語りを経由せずに，心理学的な理論を媒介として接続されている[15]．

　たしかに，それらは真実の一側面ではあるのかもしれない．事実，本章の冒頭でも確認したように，現今の日本において，介助サービスの支給時間は家族

の存在を当て込んで決定されてしまっているのであった．そのことを踏まえると，家族が介助をしなければならないという社会に遍在する規範が家族を介助に駆り立てており，家族が選び取ったと述べていてもそれは負担感を打ち消すためにそう思わざるをえないのだという解釈もありうるだろう．

とはいえ，そうした解釈では，家族の認知にまつわる当人たちの理解は軽視されてしまっている．そこでは，心理学的な理論や社会の規範の存在といった前提に沿うように ALS の療養にともなう負担と自身の主体性の認知とのあいだの論理的な連関が組み替えられてしまうのである．盛山（1995: 179）の語を借りるなら，そこでは一次理論に対して二次理論が無邪気に優越している[16]．

そうではなく，本章は，一次理論に寄り添い，その理解に極力踏みとどまってこれを理解する可能性を示した．すなわち，介助者と家族の境界設定がいかにおこなわれているのかを経由することによって，家族が介助に主体的に関わっているという感覚が生まれるとも考えられるのである．家族の感覚は，自己防衛的に負担感から発生させるものというよりは，ひとまずはそうした負担とは独立に発生しうる自身についての理解なのだ．家族の語りをスキップせずに，これを読み解くことによって，家族本人たちの理解と整合的な説明は十分可能なのである．

また，こうした自身に対する理解が指示に従うものという介助者像と表裏一体であるという点は，介助者手足論を家族の視点から再評価することにつながる．第2章や第3章でもみたように，それを手足と呼ぶかはともかくとして，障害者からの要求に過不足無く応えるという介助者のあり方は，さしあたっては障害者の権利の確保のために求められたものであったし，現在においてもその第一義は保たれているといってよい．しかし，そうした専門職倫理は家族が介助者を形容するに際しても利用可能な言説資源となっており，それがひるがえって自身の介助へのかかわり方の認識につながっていることを本章の議論は示唆している．介助者手足論的な介助者のあり方は，単に家族がおこなう介助を量的に減ずるのみならず――先にも指摘したように，「指示に従う」ことの意味内容は家族と介助者で微妙に異なるのではあるが，そうしたずれを孕みつつも――家族の自己に対する認識にも，ポジティヴな意味付けを可能にするという意義をもつのである．

　一方で，以上の議論に対してはいくつかの留保もつけなくてはならないだろう．まず，自発的に介助をおこなっていることは，介助にともなう負担がないことを意味しているわけではない．前節でみた語りから明らかなように，自発的に介助にかかわっているからといって，介助にともなう負担は厳然とある．とくに患者の子どもなど若い家族の場合には精神的な負担が大きいことはこれまでにも報告されている（石島ほか 2015）．自発的に，あるいは肯定的な意味付けとともに介助をおこなっているからといって，その部分のみを受け取り，やりたくてやっていることであるとして家族への支援が切り詰められることはあってはならない．

　また，家族によって想定されている介助者像が介助者手足論的なものであることは，別様の介助者と患者との関係のあり方が生起しづらいことに起因している可能性がある点も確認せねばなるまい．たとえば，gd さんは，患者である母との意思疎通が難しいこともあって，介助者が察して動くことは難しいと考えているようだった．

> gd：〔母の様子を〕見てて，理由は説明できないんですけど，きっとこうしてほしいと思っている，こうしたほうがよさそうだなっていうのをなんとなくわかったり思いついたりするんですけど，自分以外の人にはわからないことだからそれは（Interview2015/08/16）．

　あるいは，eh さんは，介助者が自身の特徴を把握するように仕向けることの難しさを語る．

> eh：うまいへただとこう何度かやってもらったりすることでそれがうまく上達することもあるでしょうけれど，そうじゃなく，なかなか難しいのは，その人うまいへたとはちょっと違くて，その人の性格の違いかもしれないですね．乱暴な人と丁寧な人．そういうのはなかなかちょっと注意もしにくいですよね（Interview2012/08/17）．

　ある介助者が乱暴であるがゆえに E さんが介助を頼みづらいことがあるならば，そうした介助者のあり方は E さんの決定を拘束してしまっているといえる．しかし，ここでは介助者にそうした事態を反省的に捉えさせるのが難し

いと語られているのであり，それは自身が患者の決定を制限する存在であることを所与とした介助者の取り組みの不在へとつながりかねない．

　もちろん，第 4 章と第 5 章でみたように，患者と介助者の関係は偶有的で，介助者手足論的な関係のみにとどまらない関係が常に潜在している．しかし，そうした関係の成立は家族から難しいものとして理解されている場合には，察して動くことや，介助者が制限となっている場面で代わりに介助をおこなうことが，家族だからこそできること，家族でなければできないことと感得され，集中的な負担が発生してしまう可能性もある．介助者手足論的な介助がまず求められることを確認した上で，しかしそれにとどまらない介助が一方では必要でもあるということも付け加えなければならないだろう．

　くわえて，介助者は指示に従う存在であるといっても，それが行き過ぎることはかえってよくないと考えられてもいるという点も指摘しなくてはならない．gd さんは，自身の事業所から介助者を派遣している患者のなかに，介助者に対する要求がやや厳しい人がいることを踏まえ，次のように語っている．

> gd：いつまでたっても，自分は利用者であり，相手は業者であるっていう感覚でいたら歩み寄れないので，なんだろう，うまくいかないというかその関係がうまくいかないと自分の QOL も上げられないと思うんですよね．だからうちでよくいうのは，そういう業者的な感じじゃない付き合いがしたいってよくいってます（Interview2015/08/16）．

　過度な要求をすることによって介助者が疲弊し，離脱してしまっては結局自身の生活を困難なものにしてしまう．だからこそ，「ぐっとこらえてでも」介助者との関係をつくることが重要と gd さんは語る[17]．これはどちらかというと家族としてではなく，介助者，とりわけサービス提供責任者としての語りとして捉えたほうが適切であろうが，介助者手足論的な患者と介助者のあり方についての留保として重要な指摘であると思われる．

　以上のように，本章では患者の家族がなにをもって介助者を介助者と認識し，ひるがえって家族をどのような存在として規定しているかを見た．しかし，障害者の家族を対象とした研究をおこなった土屋（2002: 10）は，こうした家族とは何かという認識を問う研究に対して，そうした意味付けの素描以上の議論を

できていないという批判を与えている．次章では，この問題を乗り越えるために，本章でも参照したハッキングの議論を援用する．すなわち，こうした介助者と家族の関係のあり方についての家族の理解があることによって，家族がどのような実践をおこなうことが可能になるのかを問うのである．次章ではこうした認識によって水路付けられる，家族の介助における実践について検討していこう．

注

1) こうした目的が成立するためには，そもそも介助者と家族がともに介助の現場に参入していなくてはならない．よって，本章と次章では多かれ少なかれ介助にかかわっている家族を対象とする．こうした議論の射程を考えるに際して，その外側にある事例，すなわち家族が介助に関わっていない事例や，介助者がおらず家族がすべての介助を担わなければならない事例が存在していることは確認しておかねばならない．
2) イギリスにおける同性愛の歴史を紐解いた J. ウィークス（Weeks 2007 = 2015: 305-6）によれば，現代においては家族はもはや固定的な組織ではなく，家族的な実践を通じて遂行的に達成される活動である．
3) こうした境界付けは ALS に特有のものではないと思われる．たとえば脳性麻痺者である新田勲の介助をおこなっていた深田は，生殖家族を形成している新田の家庭のなかで，介助者と家族のあいだには「目には見えない境界線がある」（深田 2013: 125）と述べている．
4) もちろん，患者からの指示をめぐる場面以外にも，患者の家族と介助者にはさまざまな違いがある．たとえば介助に際して賃金を得られるか否かや，介助する時間が限られているか否かなどだ．こうした差異は自身と介助者を境界付けるものとして家族からも意識されていることが以下の語りからうかがえる．

> eh：ちょっとでもヘルパーさんの介護と家族の介護は違うのかもしれない．ヘルパーさんは時間で拘束されていて，〔時間が〕来たらもうそれで終わりですよね．家族はそうじゃない．それはもう日常ずっと続いてるわけですから．本人を常に見てなきゃいけないですから．ヘルパーさんが少なくとも居ないときはみなきゃいけない．寝てる時も．寝てるから見れないんですけど，何かあったらすぐ起きなきゃいけない．ヘルパーさんがいないときはそばにいてやんないといけない．それが嫌だっていってるわけではないんですけど，そういう意味では自分の時間っていうのはほとんどないです．四六時中見てなきゃいけない．……そういう意味ではヘルパーさんはそういう思いをしないので．決まった時間に決まったことをすればいいので．ずいぶん大きく違うような気もするのだけど．職業でやってるのと，家族なんかでやってるのは違う気がする（Interview2012/08/17）．

　　gd：〔母への介助において賃金は〕でないです．同居の家族が仕事のヘルパーとし
　　　　て入ることはできないんだけど，別居の家族であれば法的には問題がないそ
　　　　うなんですけど，私自身がお母さんのことをするのに仕事で行くのは嫌で仕
　　　　事にはしないでもらっているっていう感じです（Interview2015/08/16）．

　　本章では前章までの関心に連続させるかたちで患者からの指示をめぐる実践に注目す
　るが，家族による「家族」や「介助者」といったカテゴリーの境界付けには，こうした
　要素も影響していると思われる．

5）ALS の療養において，家族の負担をいかに減じるかは喫緊の課題である．なぜなら，
　第一に，家族の負担を推し量ることで人工呼吸器を装着することを選ばない患者がいた
　り，家族が人工呼吸器の装着を望まないことがあるという点で（立岩 2004: 110-1,
　137），それは療養の開始にとっての大きなハードルとなっているからだ．また第二に，
　よく知られるものとして，2004 年の相模原での事件（長岡・川口 2012: 75），また近年
　でも，神奈川県で心中事件が起きているように（『毎日新聞』2013.1.19 地方版），介護
　負担が原因の一端となって家族が患者を殺してしまうという事件が起きており，患者の
　療養を継続するという観点からも家族を支援することが不可欠だからである．

6）調査のなかでは，多くの患者や介助者，家族から，支給時間を少しずつでも増やすた
　めに行政との交渉を地道に繰り返すことの大変さがしばしば語られていた．

7）また，とくに ALS 患者の利用するサービスのうち，時間の面では大部分を占める重度
　訪問介護は，介護事業所への報酬が介護保険の居宅介護，とりわけ身体介護に比べると
　単価が少なく設定されてしまっているため，事業所によっては ALS 患者への介助者派
　遣を渋ることがあり，結果として書類上サービスは支給されているのに利用できないと
　いうこともある．この場合にも，足りない部分は家族が担うしかなくなってしまう．
　ALS の療養に不可欠な痰の吸引や胃瘻からの経管栄養の注入といった医療的ケアので
　きる介助者がいまだ十分に存在していないことも，こうした状況に拍車をかけていると
　いえる．

8）例外的に，eh さんは E さんの胃瘻からの食事や排泄の介助については自身がおこなう
　と語っているものの，これも介助者の来る時間帯と食事の時間帯が合わないからという
　のが理由であって，「とくにこれは私がやらなきゃいけないって思ってはいませんけど」
　と語るように，介助者にやらせないようにしているというわけではない（Inter-
　view2012/08/17）．

9）E さんは患者の視点から，「訪看さんよりヘルパーさんのほうが家族的．ヘルパーさん
　のほうが時間が多いから親密になる」と語る（Interview2012/08/17）．ここから，A さ
　ん宅で看護師が家族に擬えられる関係を形成しているのであれば，介助者とも同様かそ
　れ以上の親密さがあることが予想される．

10）gd さんは D さんの介助者でもあるが，D さんが gd さんの事業所と契約しているの
　ではなく，gd さんが D さんの事業所にも所属するかたちで介助をおこなっている．こ
　こで「ヘルパーさんで行ってる」というのは，D さん以外の，gd さんの事業所と契約
　した患者に対してのことであり，gd さんは D さんの介助をおこなうときと他の患者の

介助をおこなうときを明確に異なるものとして考えていた.

> gd：3つパターンがあって，自分の母親の介護をしている時と，Dさん，Dさんの時は介護をしているって感じは全然しないんですけど，Dさんの時と，自分の事業所から他の利用者さんのところへ行っている時と3つあるんですけど，介護に関わっていることが，感覚としては全部違いますね（Inter-view2015/08/16）.

11）ここでは家族の視点からみた境界付けを検討しているが，介助者の側からも自身と家族のあいだに一線を設ける様子が見られる.

> e1：やっぱり入っちゃいけない部分ってあるじゃないですか．いくらこう親しくして，家族とみんなとね，すごく親しくしてなんかしてても，やっぱりご夫婦であったりとか，親子であったりするから，私たちはそこに入り込んじゃいけない部分ってあるでしょ．……たとえばね，ご主人がALSの方だったりしたら，奥さんをないがしろにして〔自身と患者の〕2人でこうなんとか決めるってことは絶対しちゃいけないことだし．やっぱり奥さんもみんなで考えなきゃいけない．私と本人だけで，利用者さんだけで決めちゃいけないし，本人がいいよっていったって．一番は奥さんじゃないですか．Eさんにしたらご主人が一番（Interview2012/09/11）.

　ここでは，家族の認識を裏打ちするように，介助者が家族からの指示にも従わなくてはならないという専門職倫理が語られている．あるいは，Cさんの発症以前からもともと友人であったc1さんは，仕事として参入する以上そうした友人関係が表出しないように注意することもあると語る.

> c1：逆にいうと，辛い部分もあるかなって．なんかこう，患者さんとして見るよりも友達として見る分，だとやっぱりちょっとウェットな部分が出てきてしまうので，そのへんはやっぱりどこかで線引きをしなきゃいけないなとは逆に思います（Interview2015/09/16）.

12）たとえば，Eさんは「私の意思無視したら大変だよね」と述べる（Interview2012/08/17）．また，Cさんは過去にホームヘルパーとして働いていたことがあったが，その際に利用者の意思確認をしなかったことをいまでは反省しているという．以下の会話からも，介助者が意思に従うのは当たり前であるという考えが共有されている様子がうかがえる.

> C：自分がヘルパーだった頃のことを反省.
> cd：どういうこと．ふふふ．みなさん良くしてくれるから．自分の反省してるの？　おかしいね.
> C：確認をしな…
> cd：しなかった．Cさんこれで大丈夫ですかっていう確認しなかった？　最悪だ

　ねー，それ大丈夫なの？（Interview2015/09/16）

13) また，ハッキングは第2次世界大戦期に，cripples や dumb などと呼ばれていた障害
　者が，handicapped を自称し始めたことを例に引き，人々が自称する人工類を自己帰属
　的類（self-ascriptive kinds）と呼んだ（Hacking 1996: 380）．（介助者ではなく）家族で
　ある，と家族自身が述べる文脈においての家族というカテゴリーは，自己帰属的類の例
　と考えられる．

14) ここから，今回聞き取りをおこなった家族が現に介助をおこなっている人々であるこ
　とは先の注でも述べたが，「仕事でないのに介助をする」ことに「自身で選んでいるか
　らである」という理解が接続するためには，そもそも家族が介助を担わなければ生活が
　立ち行かないという前提が必要である可能性が示唆される．もし介助をしないという選
　択が可能であるならば，「介助者は仕事として介助をおこなっている」という理解から
　ひるがえって家族が家族というカテゴリーを自己執行するとき，「仕事でないから介助
　はしなくてもよいのが家族である」という理解もありえないものではない．ここでは現
　に介助をしているからこの理解は選び取られないのだが，介助をおこなっていない家族
　が，介助者をどのような存在と考えているのかについては，別途検討が必要である．

15) こうした発想は，ラブキンらや小長谷の問題というよりは，尺度自体がもつある種の
　パラダイムであると考えられる．すなわち，負担ゆえにやむにやまれず肯定的な感覚が
　現れるという考え方は，尺度の開発の段階において既に織り込まれており，これを実際
　に利用する研究者はそれに従っているのみなのである．たとえば，ラブキンらが用いた
　肯定感の尺度はスーザン・フォークマンからの私信によるものだが，内容的に類似する
　と思われるフォークマンの論文（Folkman 1997, 2008）にそうした発想が読み取れる．

16) この点については，本土で就職したのちに帰郷した沖縄出身者の語りの解釈をめぐる
　既存の研究に対する岸（2013, 2015）の批判も参照．

17) そのための具体的な方策として，自身で介助者を雇い，介助者への文句がすなわち雇
　用者である自身への文句になる仕組み，すなわち自身での介護事業所の経営が有効であ
　ると gd さんは述べる．前章では患者が自身で事業所を経営することの意図せざる逆機
　能的側面にも触れたが，ここでの gd さんの語りからも，大局としてはそれは推進され
　てよいことであることがわかる．

家族の実践
――患者と介助者の関係を後ろ盾として――

▶ 8.1　本章の目的

　前章では，家族が患者と介助者の関係をいかに捉え，それが介助者，ひるがえって自身についての理解にどのように帰着するのかを検討した．これを受けて本章では，そうした自身や介助者に対する認識によって可能になる家族の実践がいかなるものであるのかを検討することを目的とする．換言すれば，前章でみたような指示に従う存在としての介助者，またそうではないものとしての家族といった理解に裏打ちされることによって，家族が介助のなかで担う役割の範囲や，その役割の果たし方がどのようなものとなるのかを問うのである．

　とはいえ，家族のもつ認識がその実践と結びついているという視角には説明が必要だろう．なぜなら，ALS の療養においては，患者の家族がどのような認識をもっているかとは独立して，家族がおこなうべき介助についての期待や規範が存在しているからである．

　まず，前章でも触れたように，多くの場合，家族が同居する場合，家族からの支援を前提にした制度設計がなされている状況がある．歴史的根拠が薄弱であるにもかかわらず，日本では介助は家族が担うべきという規範が根強く残っている（上野 2011: 105-33）．この規範は社会資源の不足という現実の問題と連結して，ALS の在宅生活において家族が介助をすることの自明視を構成している．

　さらに，家族に要請される介助労働力としての役割は，これをとりまく専門職との相互行為において一層期待される．ALS の患者とその家族，医師への

インタビューをおこなった土屋葉によれば，家族は疾病の告知の時点から「患者さんの病気について十分な知識を持ち，知識をもとに見通しを立てる，常に冷静な態度で患者さんに助言を行う」（土屋 2004: 85）という役割を医師から期待されるという．こうした期待は，ALS の患者に対する 24 時間の支援は医療機関では不可能であるという事情とあいまって，人工呼吸器装着以後の生活における家族による介助への期待に転化する（土屋 2004: 93）．また，そうした実際の介助においては，家族愛という規範のもと，「患者さんを身体的に支えるだけではなく，精神的に支える介護の担い手となること」（土屋 2004: 94）が家族に期待されるという．くわえて，家族の負担を肩代わりするものであるはずの介助者からも，同様の期待がかけられてしまうことがある．なぜなら，先にもみたように，人工呼吸器を装着した患者の療養に必要な医療的ケアを職業的な介助者がおこなうことが解禁されたのはごく最近になってからであるために，それらの介助に習熟していない介助者は家族に頼らざるをえないからである（因 2004）．同様に，透明文字盤を用いる能力が介助者にない場合には，その負担も家族にかけられることとなることも報告されている（堀口ほか 2007）．

　こうした家族をとりまく環境を踏まえると，家族による実践はその環境に依存しており，家族がどのような考えをもっているのかは重要ではないように考えられるかもしれない．たしかに，上でみたような役割を従容として受け入れて介助に臨む家族の実践を臨床に発見することはできるだろう．

　とはいえ，家族はそうした周囲からの期待のみに沿って療養にかかわる存在というわけではない．たとえば，社会的なサービスの利用についての ALS 患者の家族の考え方を調査した石川順子と藤信子（2010）は，患者を一時的に入院させるなどして介助から適度に離れ，自分の時間をもつことで燃え尽きを防ぐべきであるという介助者からの勧めに対し，常に患者の面倒をみていたいと語る家族がいることを指摘している[1]．これはむしろ家族が周囲からの期待以上に介助への傾倒をより強くする例であるけれども，こうした指摘から，家族が周囲からの役割期待を必ずしも受け入れるだけの存在ではなく，自身の考えをもとにこれを解釈し，場合によっては拒否していることが示唆される．先にみたように，ALS 患者への介助にかかわる家族については，周囲からの期待を受け負担を強いられるという側面の検討が中心的であった．しかし，石川らの

研究が示すように，家族はときに能動的に，自身の役割を解釈して介助に参与しているのである．

　こうした家族の実践に着目した議論が成功したならば，前章と同様に望ましい介助者のあり方を検討することができるだろう．ある介助者像が家族によって想定されることによって，周囲からの期待に抗ったり受け流したりすることが可能になるのであれば，負担を強いられるばかりでない家族のあり方を実現させるために必要な介助者のあり方を逆算的に把握することができる．もちろん，家族にとって負担の少ない状態がすなわち患者の生活にとって快適な状態であると短絡することはできない．しかし，もしそうした家族と患者の利害が臨床において調停されているのであれば，本章の議論からそうした対立を調整する技法を学ぶこともできるだろう．

　さて，家族の認識，とりわけある人々の分類，ここでいえば介助者や家族といったカテゴリーの線引きや帰属が，それらの人々の実践に影響するという論点についても，前章でも触れたイアン・ハッキングの議論が参考になる．彼によれば，人々を分類するやり方と，その人の意図的な行為の可能態は相互に関連するものである（Hacking 1996: 368, 1986 = 2000）．そして，それは単に関連するだけでなく，互いにフィードバックを重ねることで循環的な変化をもたらす．すなわち，ある概念や，それによって人々を分類するという営みによって，人々は自身についての理解を書きかえ，おこないうる行為の幅を変える．また一方では，そうした人々の側の変化が，今度は人々の分類の仕方や概念自体を更新していく．彼はこうした一連の流れをループ効果と呼んだ（Hacking 1996, 1999 = 2006）．この説明でも明らかなように，ループ効果は理念的には 3 つの側面に分節できる（酒井ほか編 2009: 71）．すなわち，(1) ある概念が日常言語と結びつき，意味を獲得する，(2) そうした概念によって人々の行為の可能性が変化する，(3) そうした新しい人々の行為やその経験，これにともなう知識によって概念自体が変化する，というそれぞれの場面である．

　こうした整理を踏まえると，ALS 患者の家族が，療養という文脈のなかで家族や介助者といった概念を運用し，またこれを境界付けている様子を検討した第 7 章は，(1) の側面をみたものであったといえる．対して，そうした概念の運用にともなう患者の家族の実践を検討する本章は，(2) の側面をみるもの

である．ハッキングは，「我々自身が行っている物事の幾つかは，我々の記述に密接に結びついている」がゆえに，「もし記述の新しい方式が生じてくることになれば，新たな行動の可能性が結果的に生じることになる」と述べる（Hacking 1986 = 2000）．では，前章にみたようなやり方で介助者や家族を規定することは，家族のどのような実践と関連しているのだろうか．この点が本章の問いとなる[3]．

　本章は以下のように構成される．次節では，まず介助をすることが要請されてしまう ALS 患者の家族が置かれた環境を確認する．一方で，3 節では，そうした環境がありながらも，家族はそうした期待に沿うばかりでなく，自身の負担を軽減するための主体的な実践を行っていることをみる．その背景には，前章にみた介助者についての家族の認識があることも明らかとなるだろう．しかし，そうした家族の実践を手放しに良いものとするには慎重にならなければならない．なぜなら，家族のこうした実践による負担の軽減が，患者の生活の快適さとトレードオフになっている可能性があるからだ．4 節では，それが杞憂であること，すなわちこうした家族の実践が，患者の利益を損なわないかたちで営まれうることを示す．5 節では以上の議論をまとめ，本章の意義を述べる．

▶ 8.2　家族への介助規範の作動

　本節では，家族の実践を問うにあたり，それが置かれている環境を確認する．まず，前節でも触れた ALS 患者の家族をとりまく環境の具体的な様子を確認しておこう．既に述べているように，公的なサービスが提供されているとはいっても，家族には介助することが規範的に期待されているし，また実際にも介助を担わなくてはならない場面があることは否定しがたい．もちろん，そうした状況のなかでも，自身の選択として介助をおこなっているという理解を家族自身がおこなうことはありうるのは前章でみたとおりだが，そこでも指摘したように介助の負担は負担として厳然と存在している．

　たとえば，F さんの妻である fw さんは，ここ最近では自身が営む介護事業所が人手不足であり，「もうほとんど仕事一本になってて，〔夫の〕介護はまぁ

ほんのちょっとしかやってない」(Interview2012/09/20) とは語るものの，介助
における労働力であることから完全に解放されるいるわけではないことが以下
の語りからうかがえる．

> fw：いついかなるときでも，どんなときでも，最終的な砦っていうか，
> 誰も何もできなくなった時には，やっぱり家族で〔やる〕しかない．
> ある意味で家族はそこからは逃げられないという，そういう気持ち
> は家族はどなたもあると思うし，わたしもそれはもう常にあります
> よね（Interview2012/09/20）.

また，こうした心的なプレッシャーにとどまらず，実際の介助においても，
介護保険や重度訪問介護によって賄いきれない時間分は，家族が補わなくては
ならないものと観念されている．

> fw：ですから夜勤でも誰もいないと，もうそれはもうわたしがやるしか
> ない．日頃いろいろ〔家族の側に〕身体的に不具合があったにしたっ
> て，夜勤を誰もする人がいなくなったらやっぱり家族がやらざるを
> えない．それはもうね，逃げられないというね，そういう意識，そ
> ういう覚悟，それはもう当然なりますね（Interview2012/09/20）.

このように，家族としての責任という規範や，利用可能な資源が介助者とし
ての役割を家族に要請するのである．さらに，こうした規範から家族に介助が
要請されるのみならず，規範に促されることによって当の家族がより介助に傾
倒していくこともある．その例として，aw さんの様子をみてみよう．aw さ
んも，もちろん公的サービスは利用してはいるのだが，夫である A さんの介
助に積極的にかかわっている．そして，それはときに周囲からの期待を越えて
おこなわれることもあったという．たとえば，それは在宅生活初期に看護師に
よる介助を導入するといったかたちで現れてくる．ここでは生活体制を管理す
るという家族のマネジメント役割が発揮されているのだ（井口 2002，2007）．そ
して，ここで大事なのは，以下に aw さん自身も述べるとおりそれが周囲から
みれば時期尚早に思えるようなものであったこと，すなわち周囲から家族に求
められる以上のものであったのにもかかわらず，それがおこなわれているとい

う点である.

> aw：いっとう最初は怖くてどうなるかわからないし，どのような症状に
> なるかも病気のこともあんまり知りませんでしたし，あの青天の霹
> 靂でこの病気になりましたからね，だからそれはあの，すごく心配
> でございましたから，最初のうち〔介助にはいったのは〕看護師さんか
> らでした．みんなは〔症状の進んだ〕その後のほうが〔いい〕，看護婦
> さん〔に介助をさせる〕なんて今はいいじゃないかとか〔いったけれど
> も〕．やっぱり最初わからないからわかる方に教えていただきたいと
> 思ったし，だから最初のうちしばらくのあいだ看護師さんに〔介助を
> お願いした〕（Interview2012/07/12）.

　あるいは，「コミュニケーションが生きている証」（Interview2012/06/05）とい
う夫の価値観を汲み取った aw さんは，人工呼吸器の装着によって夫である A
さんが声を失うことを予期した時，声の録音を提案したという．音声データを
記録しておけば，これを人工的に切り貼りし，組み合わせることでパソコンで
入力した文字を夫の声で読み上げさせることができるからだ．しかし，こうし
た試みは，当の A さんによって拒否されてしまった．このことを，A さんが
期待する以上のいわば「おせっかい」をしてしまっていたと aw さんは振り返
る（FieldNotes 2012/09/14）．介助者を分析した際の枠組みに照らせば，これは患
者が求めているだろうと思えることを考えて提案したことが，結果として患者
の意から外れてしまったものと捉えられる．
　また別の場面を挙げよう．痰の吸引に際しては，カテーテルの消毒や保管な
どのためにいくつかのボトルを清潔に維持しなくてはならないが，それは介助
者の業務としておこなわれてよいものである．にもかかわらず，aw さんは介
助者も「大変でらっしゃるから」（Interview2012/07/12）という理由でそれらの
作業を自分でおこなうようにしていたと語る．つまり，aw さんは周囲から期
待される A さんへの直接的な身体介助のみならず，本来なら介助者におこな
わせてもよい周辺の作業にまで介助における自身の役割を拡大していたのだ．
　以上のように，ALS の療養において，家族には介助に携わらなくてはなら
ないという規範があり，そこに公的サービスの実際的な不足という問題もあい

まって，家族は介助にかかわっていく．またそのなかで，周囲に期待される以上に介助に傾倒していくということもあるということが示された．しかし，こうした状況があるにもかかわらず，aw さんや fw さんによる実践は，そうした環境から要請される介助労働力としての役割を従容として遂行するのみにとどまるわけではない．そしてそうした実践は，前章でみた介助者と自身についての認識や，その境界付けに支えられたものなのである．次節ではその詳細をみていこう．

▶ 8.3　介助者への認識が可能にする家族の実践

　前節に見たように，ALS の療養においては家族に介助が期待され，また家族もその規範にひとまずは沿うかたちで介助に携わっている状況がある．しかし，家族の実践はそれのみにとどまるものではなく，そうした実践の可能性は前章に見た自身や介助者についての認識に支えられている．本節はそうした家族による実践がいかなるものであるかを検討する．先回りしていえば，それは患者からの要求について自分の意見をいったり，患者からの要求を最優先しないといった実践として現れてくる．

　まず，fw さんの様子をみてみよう．前節に見たように，たしかに，fw さんは自身で介助をおこなわなくてはならないとも考えているのだが，一方で，fw さんはその役割を受動的に果たしているのみではない．そうした様子は，たとえば，筋肉の衰えのために姿勢保持が難しくなっているにもかかわらず，立ちたい，車椅子を使いたいといった要望を F さんが発するときに見られる．そうした時，fw さんは要望をすぐには受け入れるわけではないという．その際，そうした要望を叶えることの価値を必ずしも理解しているわけではないことを F さんに告げているのである．

> fw：私にはわからない．夫がどうしても立ちたいとか，どうしても車椅子に座らなきゃだめだとか，そういうことを私には理解できないんだと，それをいうことにしてるの．私には理解できないよと，私はお父さんの〔気持ちを〕理解できないしわからないよと．……どうし

ても立ちたいっていう気持ちはほんとのところはわからないんだよ，わかってないんだからねってことを常にいってるの．で，私が，こっちが障害がないから，こっちが我慢しなきゃとかね，そういうふうにはしないの．そういうこう自己犠牲的なね，ものわかりのよさっていうのは表現しないことにしているの（Interview2012/09/20）.

また，より直截に，そうした要望に対して「もうお父さん無理なんじゃないの」「お父さんもうそんなんしたら私もうしんどいわ」などと応えることもあるという（Interview2012/09/20）.このように，期待される介助労働力としての役割について，fwさんはただこれを受け入れてはいない．Fさんから発される要望に対して自身の考えを述べるという能動性を発揮し，期待される役割をそのまま遂行することなく，修正をくわえているのである．ここで重要なのは，前章でも議論した介助者は指示に従う存在である認識がfwさんも有しており，これがこうした実践を可能としているという点である．それは以下の語りからうかがえる．

> fw：私がわからないのよっていうのを補ってくれてるヘルパーたちがいるってのがあるわね．ほら，ヘルパーって絶対拒否できないじゃないですか．私はわからないのよ，くらいまではいえるけど，ヘルパーが，あなたのことわからないですよっていうようでは介護が成り立たないんですよ．だからそこはいろんなふうに，わからなくてもわかったふりをしたりね，わかろうと努力したりね，さまざまやっぱりヘルパーはそこで踏ん張ってくれてるじゃないですか．そういうヘルパーが20人，少なくとも20人うちにいる，だから私がこういうことがいえているってこともある（Interview2012/09/20）.

　fwさんは，患者からの指示を「絶対拒否できない」ものとして介助者を表象している．前章で見た患者の家族と同様に，fwさんも介助者を患者の指示に従う存在と認識しているのだ．そして，ここではそれが患者に対して「わからない」といえる自身＝家族と対比されている．介助者という後ろ盾があり，Fさんの指示を聞いてくれるだろうという予期があるからこそ，家族である

fw さんは F さんの要望をただ聞くのみではなく，それに対して自分の意見を返すという態度をとることができるのである[4]．

　ほかの事例でも同じ様子は見られる．たとえば，前章 3 節の最後にみた人工呼吸器の装着をめぐる cd さんの語りもそのように捉えることができる．前章では，介助への参入が自身で決めたものであると観念されているという後半の部分に着目したが，あの語りは同時に，人工呼吸器の装着について悩む C さんに対しての自身の考えを述べるものでもあった[5]．

　また[6]，これに類する様子として，日々の生活のなかでの優先順位が家族と介助者では異なるということも指摘できる．家族は患者からの求めがあっても必ずしもそれを果たすことを第一に考えなくてもよいと考えられており，それが語られるときには，家族だからごく普通にそうできること，同時に，介助者であれば患者を第一に考えるべきであることが語られる．その様子は以下の会話から明瞭に読み取れる．

> bw：たぶん，そのあの，私たち〔家族〕がみるには，〔B さんは〕病気の患者さんではない，〔ベッドを指して〕ここにいる人は[7]．
>
> b2：そうそう．
>
> bw：家族っていうところがたぶん一番に違いがあって，だから，なんかするときも，〔B さんが呼んでいても〕ちょっと待ってねって．こっち忙しいから，ちょっと待ってねっていうこともあるし．そうそう，いまちょっと朝の忙しい，子どもの事でちょっとこれ先にしなきゃいけないから，出かけちゃうから先するからちょっと待っててっていうこともあるし，だからもう家族のなかのひとり．
>
> ——介助者さんではそういうことはないですよね．
>
> b2：それはたぶんないと思う．それ〔B さんのこと〕が一番だから行くと思うけど．
>
> bw：〔家族なら〕普通ではよくある，待ってねっていう．うん（Interview2015/09/08）．

　引用の冒頭で，bw さんは B さんを患者とはみなさず，家族と捉えていることを述べる．そして，「だから」とそうした認識と順接的につながる様子とし

て，Bさんの要求をときに最優先しないことをいっている．それにくわえて，筆者の合いの手以降の語りからは，介助者では同様のことはできないという対比もうかがえる．指示に従う手足としての介助者と，そうではないものとしての家族という前章に見たカテゴリー運用は，家族が患者に対して自身の意見をいう，またときには患者からの要求を必ずしも最優先しないといった家族の実践を可能にするのだ．

　さらに，家族によって，こうした実践を可能にする環境が水路づけられることもある．すなわち，介助者が患者からの指示にきちんと従える環境をつくることによって，こうした実践はさらに安定的なものとなるのだ．たとえば，前節ではawさんが介助に傾注している様子を確認したが，筆者が自宅を訪ねた際，来客のもてなしや介助に直接関係のない家事などを介助者がしようとした際，awさんがこれを阻み自身でおこなう様子がみられた．これは介助者が身体面を中心としてAさんからの指示にもとづいた介助に集中できる環境をつくることもつながっていると思われる[8]．

　さて，上にみたような自身の意見をいうなどといった実践は，患者の家族の心理的な負担の軽減に資するものである思われる．fwさんによれば，患者の気持ちを「わかったふりして頑張っちゃ駄目」であり，仮にそうして頑張ってしまえば「悲劇が生まれる」という（Interview2012/09/20）．fwさんは，患者の意思をなるべく汲むという態度をいったん相対化することで，そうした困難を避けているのである．

> fw：わからないっていうふうに言えるってことは，私はいろんな介護する人の大事なこう，立ち位置っていうかな，救われる言葉だと思う（Interview2012/09/20）．

　周囲，とくに患者から期待される役割を全面的に背負おうとすることが負担になりうるとfwさんは認識している．そこで，「わからない」という態度を示し，その役割を一度突き放してみせることが，結果として家族にとっての心理的負担感の軽減，ひいては「悲劇」をうまない安定的な介助体制の継続につながっていると考えられるのである．しかし，このような実践によって患者の意思や要求が劣後されるという場面では，一方で患者の側に不都合が生じてし

まうようにも思える．次節ではそれが杞憂であることを論じよう．

▶ 8.4　患者との利害調整

　本節では，前節にみた一見して患者の利益を損ねかねない家族の実践が，どのように患者の要求と折り合いをつけているのかを検討する．繰り返すように，前節で見たような家族の実践，すなわち患者の要求にそのまま従わず，自身の意見や都合をいうという実践は，極端にいえば介助の役割を放棄するものであるようにも思われる．このことによって患者の療養に不都合が生じてしまうことはないのだろうか．1節でも触れたように，仮にある介助者像を想定することによって可能になる家族の実践があり，またそれが家族の負担を軽減するものである場合には，それが患者の快適さを犠牲にしたものである可能性がある．そうであるならば，上に見たように fw さんら家族の負担が軽減され，また介助体制が安定することが期待されるにしても，そうした家族の実践を，またその背後にある介助者についての想定を，一概に称揚することはできないだろう．

　とはいえ，少なくとも本研究で対象となった事例について，それは余計な心配であるといえる．なぜなら，そのような態度をとりつつも，家族は結局は患者の意思を尊重しているからである．たとえば，fw さんはこのような応じ方をしつつも，またそのことによってある程度妥協を引き出すことができても，結局は患者の意思が優先であるという．以下のふたつの語りからその様子がうかがえる．

　　fw：家族のどんな思いよりも優先させざるを得ない，そこまでね，障害
　　　　のないわたしが潰すことはできない，無視することはできない，っ
　　　　ていうけど，でも〔自分の意見は〕言い続ける（Interview2012/09/20）．

　　fw：拒否しない，拒否しないっていうのがね，私の方法なんです．拒否
　　　　しない，本人が言っている以上はそれは拒否しない，だけども私の
　　　　考えも必ず言うんですよ，もう無理だと思うよとかね，でもまぁや
　　　　りたいならやるよ，別にそういうことしたいならするよ，でも私は
　　　　無理だと思うよっていうこととかね（Interview2012/09/20）．

これらの語りを踏まえて，fw さんの実践をより精確に記述するなら，患者の要望を拒否して自身の意見を通しているのではなく，いったん拒否するかのような態度をとることを経由してから患者の意思を尊重している，ということになる．患者からの要求に結局は沿うにしても，唯々諾々と従うのではなく自分の意見をいうといった様子は，他の家族にも見られた．たとえばＣさんの娘である cd さんは，次のように語っている．

> cd：よくクレーム言います．それは，もちろん言います．母にですよね．もうばんばんいいます．だけど，私のモットーは，「文句を言いながらもなんだかんだやる」なので．いまちょっとめんどくさいんだけどっていいながらなんだかんだやってるよね．……文句いってやんないで済むならそうするけど，吸引とかだったらしないと死んじゃうし，ね．あとなんか耳がかゆいとかも，いらっとくるときはあるけどかいてあげればすっきりするから，いいかな．でも文句は言います（Interview2015/09/16）.

また，前節で必ずしもＢさんの介助を最優先するわけではないと語っていた bw さんの場合でも，本当にＢさんの方に喫緊の用事がある場合には，自身や子どもの都合を劣後させ，Ｂさんの要求に従うという．

では，結局は患者の意思を優先することになるにもかかわらず，なぜわざわざここでみた患者の家族たちは一度積極的な支持をしない，あるいは反対するポーズをとるのだろうか．家族たちは，ただいたずらに事を荒立てようとしているだけなのだろうか．そうではない．そのことは fw さんの語りから明らかになる．

このような態度をとることによって，Ｆさんの指示に従うのみでは拓かれない，患者と自身の双方の負担が軽減される道が見えてくる場合があると fw さんは考えている．すなわち，fw さんはただＦさんの要望を鵜呑みにするのではなく，一度それを相対化する契機をもたらすことによって，夫が別の方面に目をむける可能性を開いているのである．

fw さん語る以下のエピソードはそうした例として見なせる．かつて，Ｆさんははかろうじて動く指を用いてスイッチを押し続けようとしていたが，その

機能の維持には「相当そばについていなきゃいけないくらい」の労力が必要であった（Interview2012/09/20）．しかしあるとき，作業療法士が導入した別の入力装置を使ってみるとこれが簡便に利用できた．こうした経験から，患者が主張するあるひとつの方法にこだわることは必ずしも有効ではなく，むしろほかの手段に目を向けることが患者と家族双方の負担の軽減につながると fw さんは考えるようになったという．患者が発する要望をただ受け入れる役割を負うのではなく，結果として受け入れることは見越しつつも一度再考を促してみるという fw さんの実践には，こうした過去の経験も影響しているのだ．

　以上のように，介護のなかで期待される役割を実践のなかで取得していくに際し，fw さんはただ周囲からの期待をそのまま自分の役割とするのではなく，自分なりに捉え直し，ときにそれを修正している．それは介助者の存在によって後ろ盾されたものであり，そうすることによって，fw さんは自身の負担を軽減することに成功している．また，それは患者の快適さを犠牲にしたものではなく，むしろ患者と自身の双方の負担を減らす方法を見るけるための契機となっているのである．

▶ 8.5　小　括

　本章では，介助者と患者の関係を検討するための経由地点として，前章にみた家族の認識が可能にする家族の実践がいかなるものであるのかを検討してきた．その結果，たしかに介助が期待されてしまう環境のもとに家族は置かれているものの，そのなかにあっても，患者に対して自分の意見をいう，患者に再考の契機を与えるといった実践がおこなわれていること，そしてそれは患者の利益を犠牲にして達成されているわけではないことが明らかとなった．また，そこには介助者は指示に従うものであるという前章にみた認識が介在していること，さらに，家族はそうした介助者像を維持するために介助に集中できる状況の管理という実践もおこなっていることなども発見された．こうした実践によって，今度はどのように家族や介助者といった概念が書き換わっていくのか，1 節にみたループ効果の（3）の側面の検討にまで踏み込むことはできなかったが，家族とは誰か，介助者とは誰かという家族の認識が，それに留まらず実践

を規定する様子を描いた本章は，認識以上の議論をできないという構築主義的な主観的家族論に対しての土屋（2002: 10）の批判に対して応答するものであるといえるだろう．

　また，本章の議論は，従来の障害者家族をめぐる研究の問題点のいくつかをも乗り越えるものとなっている．その点を確認するための補助線として，再び土屋（2002: 23-38）に登場願おう．土屋は，障害者家族を対象とした従来の研究を，3つの潮流に整理している．すなわち，家族ストレス論，社会福祉論，社会学的研究の3つである．そして土屋はそれぞれに対して以下のような評価と批判を与えている．家族が抱えるストレスを対象とし，これに対する支援策を講じようとする家族ストレス論は，たしかに障害者の家族が抱える困難を明らかにすることができたが，しかし障害者に対してストレスの源として否定的な価値付けをおこない，また家族をストレスに対処するものとして前提化してしまった．くわえて，その際に家族の，とりわけ母親の愛情規範が強調されてしまう点にも問題がある．社会福祉論も，家族ストレス論と同様に家族を支援の対象として設定するため，家族の介助の役割を無批判に前提とし，公的なサービスをあくまで補完的なものとして扱ってしまっている．これらの潮流に対し，社会学の視角から障害者家族をみた研究は，すでに本研究でも触れているように（安積ほか 2012），青い芝の会や自立生活運動の思想に影響を受けるかたちで脱家族を志向しており，この点は前二者を相対化するものである．しかし，土屋によれば，そこでも障害者自身の視点や，母親以外に対しての家族規範の影響，障害者と家族のあいだの関係性など，さまざまなものが見落とされているという．こうした批判から，土屋は家族という集団ではなく，その構成員である個人に照準し，家族内部での個人間の関係性に照準するという研究に進んでいくことになる．そこでは，とくに障害をもつ人とその親という対が対象となっている．

　こうした土屋の研究の意義を十分に確認した上で，以上の整理を踏まえると，本章の議論は土屋とは別様の側面から，従来の障害者家族を対象とした研究を乗り越えているといえる．たしかに，本章では，家族に介助を期待する規範が存在し，また家族もある程度それに順応して介助をおこなう場面があることをみた．もし本章の議論がこれを追認するものであるならば，それは土屋が批判

する既存の研究の轍を踏んでいるものという誹りを免れないだろう．しかし，そうした環境のなかにあっても，家族がそうした規範に従容と沿っていくばかりではなく，介助者についての認識を拠り所としつつ，自身の負担の軽減や患者の利益の維持をバランスさせるための主体的な実践をおこなっていることを本章は明らかにしている．これは，土屋が注目した定位家族を内破して脱家族へと向かっていく場面の先にある段階である．生殖家族を形成する障害者とその家族も，規範に影響されつつもこれに抗っていくことが可能なのである．たしかに，家族が介助の負担を軽減するという実践をおこなっている様子をみているとはいえ，そもそも負担を被る存在として家族をみなしているという点では，土屋からの批判には十分に応えられていないのかもしれない．しかしながら，そこで求められているのは現に家族が負担を被っていることを等閑視することではないはずだ．重要なのは，負担があることをもって家族をネガティヴに表象しないことであり，それは本章にみた家族の実践を丹念に記述していくことによって達成されるのだ．

　また，これは7章の結論で述べた点とも重なるが，介助者の存在が家族の側に読み込まれることによって，こうした実践が可能になるという本章の議論は，いわゆる介助者手足論に対して従来とは異なる角度からこれを評価することを可能とする．もちろん，介助者が介助をおこなうことによって家族の負担が軽減されるというだけであれば，それはことさら目新しい発見ではない．しかしながら，そこで想定されていたのは，有限で数量化された介助労働のうち，介助者が一部分を担うという減算をおこなうことで家族の負担が減少するということであった．そうではなく，そうした減算によって残された家族の介助についても，介助者の存在はその捉え方を見なおさせるというかたちで働くのである．すなわち，十分な技術をもって，fwさんの言葉を借りれば「踏ん張ってくれてる」介助者が存在していることによって，また介助者をそのような存在として想定しておくことによって，家族は介助をおこなうにしても，患者に自身の意見をいったり，再考を促したりといった実践をおこなうことが可能になる．患者の意思に十全に従う存在であることは，ひとまずは当人の生活の快適さのために主張されるものであるけれども，そのような者として介助者が家族から認識されることは，前章にみたようにまずは家族が介助に臨む際の意味付

けにおいて，また本章にみたように認識に留まらない家族の実践においても，意義をもつものであるということが指摘できるのだ．

　本章では，前章にみた家族の認識についての議論からさらに一歩進み，そうした認識によってどのような家族の実践が可能になるのか，またそれを通じて患者と介助者の関係をいかに捉えることができるかをみた．

　さて，ここまで経験的な議論をおこなってきた4つの章では，第5章と第6章で患者と介助者の関係を，前章（第7章）と本章（第8章）で，家族の認識を通じてその関係をそれぞれ検討してきた．では，これらの議論を俯瞰的に捉えるといかなる知見が引き出されるのだろうか．次章では，ここまでの議論の知見をあらためて確認するとともに，それらを考察して本研究の結論を述べる．

注

1) 直接に介助をしていなくても患者の様子に常に気を配り，生活全体を監督ないし統括しようとする家族の傾向は，認知症の家族介護を対象に研究をおこなった井口高志によってマネジメント役割と名付けられている（井口 2002, 2007）．ALS の介助においても，同様の傾向が指摘できることは次節でも触れる．

2) 酒井ほか編（2009）では，おもに医学や法学などにおける専門的な概念が対象となっている．この点について，前章以来検討している家族や介助者といった概念は，日常言語のようでもあるから，こうした視角をとることは妥当でないという批判があるかもしれない．たしかに，これらの概念，とくに家族については，日常生活のなかで一般に使われるものではある．しかし，前章での議論から明らかなように，ことに ALS 患者の生活とその支援という文脈においては，それは日常語と関連しつつも状況に即した意味で，すなわち介助者との差異を含んだかたちで運用されているのだった．その意味で，ここでの家族は「患者の家族」という一種の専門的な概念たりうる．介助者についても然りである．

3) なお，ハッキングは，前章でも述べたように自閉症や解離性同一性障害といったカテゴリーを対象とし，こうした病名が人口に膾炙することで，人々が自身の過去を解釈し直していく様子をみている．ここで扱う介助者や家族といったカテゴリーは病名とは異なるものだが，本章ではより一般化された現象としてのループ効果を議論したものとして，ハッキングを参照している．

4) もちろん，患者に対して自身の意見をいうという実践は，家族カテゴリーのみによって可能になるものではない．たとえば以下の語りでは，仕事という語彙が持ち出されることによっても，それが可能になることがうかがわれる．

　　　bw：彼〔Bさん〕も〔患者会の〕仕事をしているので，口でああだこうだはいいますけど．その，そういうことに関していったことに対して，いや，それは

違うよ，それは違うんじゃないってことは結構口出しますけど．いやまぁそ
れは仕事上の会話ですからね（Interview2015/09/08）.

　また逆に，場面によっては自身の意見がいえないこともある．以下は同じく bw さん
の語りで，胃瘻を装着する際の様子を回顧したものである．

　　bw：その〔胃瘻をつける〕前とかはちょっとあの誤嚥もあるし，肺炎を起こした
　　　　りとかもして病院に何回か運ばれたこともあるので，そのときは大変だった
　　　　し，ちょっと〔B さんは〕もともと料理人だから，食べることが，そこがな
　　　　んだけど，たぶんぎりぎりまで頑張ったんだろうなって．……まぁ基本はね，
　　　　食べたいっていうんだったら食べれるものをっていうふうに思ってました，
　　　　本人がそういうから．でもまぁぎりぎりのときはそんなにそこまでは食べて
　　　　なかったかもしれないけど．だからだんだん痩せていって．で，ある程度，
　　　　あと〔医師の〕先生が説得したみたいなところがある．私が〔説得した〕っ
　　　　ていうよりは，もう必要だよって先生にいわれてたし，もう肺炎も起こした
　　　　こともあって，もうこれで限界かなみたいなところがあったから．うん．
　　──そろそろ胃瘻にしたらという説得は．
　　bw：そういうね，そういうところは先生に任してました．私がよくわからないの
　　　　にいうのもあれだしと思って（Interview2015/09/08）.

　ここでは説得のための資源として医学的な知識が持ち出されているが，bw さんに
とってそれは自身が運用できるものではないとされているのだ．
　なお，ここで B さんが料理人だったからこそ自身の口から食事をすることにこだ
わったという点は，ALS，ひいては障害学における能力や健常性をいかに考えるかとい
う論点にとって示唆的である．この点は第 9 章でも触れることになる．
5）人工呼吸器を装着するに際して，家族が自身の意見を述べ，それが決定に影響してい
　ることはすでに多く指摘されている（Christodoulou et al. 2015; 石島ほか 2015）．また，
　調査のなかでは，人工呼吸器の装着をめぐる決定では，別様の家族カテゴリーの運用も
　語られていた．bw さんは，当初は人工呼吸器の装着を拒否していた B さんに対して，
　人工呼吸器をつけてほしいという自身の考えを伝えていたという．

　　bw：なかなかそこは変わらなかった．変わらなかったんだけど，まぁ，あのとり
　　　　あえず，〔人工呼吸器を〕つけてっていい続けてはいた．うん．だからなにか
　　　　あるたびにそんな重くはなくって〔深刻ないい方ではなく〕，一応〔あなた
　　　　は〕父親だから，父親の役割だっていうふうに，うん（Interview2015/09/08）.

　ここでは，自身の意見として人工呼吸器を装着してはどうかということが患者に対し
ていわれ，また語りのなかで明示的に父親，つまりは家族にかかわるカテゴリーが前景
化している．ただし，ここでなされている概念運用は，本文中に見たような「自身が」
家族だからそういえるというものではなく，説得に際して「あなたは」父親であるもの
である．こうした概念運用は家族だけでなく介助者によっても可能なものなのか，それ

ともやはり家族だからこそ，こうした家族カテゴリーの持ち出し方が可能になるのかはここでの bw さんの語りから読み取ることはできない．しかし，自身と患者は同じ家族の一員であるという理解がなされている様子は，本文次段落以降の bw さんの語りとも関連するものである．

6）もちろん，このことは実際の実践として介助者が障害者の決定に異議を唱えることが不可能であることを意味しない．あくまで家族のそうした実践は，家族の介助者に対する認識に支えられたものであるというのがここでの趣旨である．

7）障害があったとしても，患者を患者とはみなさず，あくまで家族の一員として考える様子は aw さんによっても語られていた．

> aw：彼に障害はあるけれども，障害以外でできることはみんな普通に，なんでも普通にできるようにしたいっていうのが基本なので，できるだけ，そういうの〔障害〕に縛られない．それはひとつの個性の一部としておいておいて，できるかぎり普通に生活したいって．で，彼もだから子どもたちが最初のうちは色々と心配してあれしたんですけど，彼がいうにはやっぱり子どもたちにもそれぞれ普通の生活をしてほしい，私たちもそうやって子ども育てて普通に生活してきたから，精神的なそのまぁ助けとかそういうのは欲しいかもしれないけども，まぁ普通の生活は私たち〔夫婦〕2 人でできるかぎりやって．まぁできないものはたまにあるけれども，それ以外はできるかぎり 2 人でやって普通に生活しなさいっていうふうにいったんです．だから，うん，できるかぎりまぁあのどこまでずっと続けられるかわかりませんけれども，障害をそのまま，なんていうのかしら，特別視しないで，それで普通に生活していきたいっていうことはありますね．だからそういう意味で，いろいろ外に出かけてって，見られたら見られたで，まぁ，時々ね，すごく腹が立つ方もいらっしゃるけれども，それはそれで，人間修養（Interview2012/06/05）．

繰り返すように，このようにたとえ病気や障害があったとしても家族を家族としてみなすことを可能にすることの背景に，介助者は指示に従うものである，その点が家族とは異なるという概念運用が寄与しているという点が前章および本章の眼目である．

8）ひるがえって，「基本的にはいらっしゃった方にお任せします」（Interview2012/06/05）といえるまでに aw さんが介助への傾注を緩和していくときには，介助者は指示にしたがうものであるという概念の運用があったことも指摘できる．すなわち，吸引器のボトルは介助者に任せてしまっていいという患者支援団体のメンバーからの助言や，第 5 章にもみた a2 さんのような介助者，すなわち aw さんに頼らずとも A さんからの要求に応えられる介助者の参入のように，患者からの指示の受け皿として介助者がきちんと機能するようになったのである．

このほか，本章の趣旨からは外れるが，介助が長期化するなかで介助の手技に慣れたことも介助への傾倒を緩和することにつながると思われる．その点について，aw さんは次のように語っていた．

　aw：〔介助のなかで〕こういうふうに扱えば大丈夫だっていうのはわかってきて手
　　　が抜けるところはいくらでも抜けるので，それではい，それでだんだん手を
　　　離すようになりましたね．だけどやっぱり今でも，ヘルパーさんたちもいろ
　　　んなご性格ありますし，すごくこう細かいところまで気が付かれる方と，比
　　　較的大胆な方と，いろいろといらっしゃるので，大胆な方の時はちょっと気
　　　をつけておかないとっていう気はございます（Interview2012/07/12）．

　このように，aw さんは介助の実践のなかで療養初期に感じていた不安から離れてい
るのである．同時に，そうした不安からの解放の一方で，介助者の性格に応じて介助が
十全におこなわれているのかをチェックするという役割を新たに取得していることがこ
この語りから読み取れる．これは，先の注や本文中でもみたマネジメント役割に相当す
るものだ．また，こうした様子も長期の療養のなかでの関係の変容のひとつとみること
もできるだろう．

結　論

　本章の目的は，本研究がここまでおこなってきた議論をまとめ，総合的な考察を加えた上で，その議論がどこまでの意義をもち，またどこからが今後の課題として残されているのかを明らかにすることにある．

　本章は以下のように構成される．まず本節で，ここまでの各章での議論をいまいちど簡潔に要約する．次節ではとくに経験的な議論をおこなった章について，それぞれの章の議論を合わせて考察することでいかなる知見が導かれるかが検討される．また，そうした知見が既存研究や介助の臨床に対していかなる示唆をもつのかも述べられる．最後に3節では，本研究が扱いえなかった事例や論点が触れられ，のちに来たるべき研究，そこで扱われるべき問いの所在が提示される．

▶ 9.1　本研究の要旨

　では，本研究のここまでの議論を簡単に確認することから始めよう．まず第1章では，本研究が地域包括ケアシステムの時代において，支援を受けて暮らすことがいかにおこなわれうるのかを，ALSという難病の患者の療養を対象として分析するという本研究の目的が述べられた．また，これを検討するにあたり，そうした生活の範例をつくってきた障害者の自立生活についての議論が参考になること，ひるがえって本研究の議論が，そうした障害学で蓄積されてきた議論にとっても有用でありうることも指摘した．すなわち，70年代以降の障害者運動を直に経験した世代が減っていくこと，また，障害者の不利益を解消していく営みは，制度的な担保のみならず，相互行為の場面においてもな

されうることを踏まえるなら，運動への参入を前提としていない介助者によっ
て支えられた ALS 患者の生活を，患者や介助者，家族の相互行為の水準に定
位して検討することは，これからの障害学や障害者運動にとっても参照可能な
議論たりうるのである．

　これを受けて，本研究はより具体的な問いを設定する作業に移った．まず，
障害者と介助者の関係，とくにそこで強力な規範として作動している介助者手
足論，すなわち介助者は障害者の意思決定に過不足なく従うべきであるという
規範の淵源を探る作業をおこなった．その結果，当初は障害者と健常者（健全
者）の非対称な関係への自覚を求めるためのスローガンとしてあった「手足」
の語は，運動と生活を分けた上で運動の場面における口出しの禁止を意味する
ようになり，今度はそれが日常生活の場面にまで拡張して用いられるようにな
る，という推移をたどっていることが明らかとなった．これは現在の介助者手
足論と重なりつつも性質を違えるものであり，ひるがえって現今の介助者手足
論の性質が明確になった．また，その過程で，手足という語に託される規範的
な意味内容はその時代や場面に依存したものであること，それゆえに現代にお
いてもそれは多様でありうるだろうことも述べられた．

　こうした準備作業を踏まえて，第3章では障害者と介助者の関係をめぐる既
存研究の検討がおこなわれた．そこでは，やはり介助者手足論が基底的な理念
として提示されていた．一方で，介助者が手足に徹することによる問題も指摘
されていた．すなわち，ある程度は自身で考えて介助者が動いた方が障害者に
とっても快適であるはずだという主張である．さらに，こうした障害者の指示
と介助者による実行という発想それ自体を相対化するものとして，介助者は障
害者にとっての他者ないし環境として，おのずからその決定を制限してしまう
ことも発見されていた．そのとき，介助者は，このことを自覚した実践をおこ
ないうる存在として捉えなおされることになる．

　こうした研究は，それぞれに障害者と介助者の関係のあり方を適切に切り
取ったものである．しかし，そうした関係はある障害者や介助者にとって唯一
不変のものではない．むしろ，それらは臨床において組み合わされ，また揺ら
ぎ，混ざりあうものであることも報告されている．そうであるならば，ある関
係の背後には，常に選び取られなかった可能性が潜在している．可能性のな

かからひとつの関係が現実化する機制を明らかにすること，またこれを通じて別様の関係性に相互行為を開くための方法が捉えられなくてはならない．本研究はこれを問いとし，障害者と介助者の関係から直接に，またそれを後ろ盾とした家族の実践を通じて，検討することとした．

　第4章では，こうした問いを扱うに際しての対象と方法を検討した．第1章でも触れたように，本研究は神経難病である ALS という疾患の患者とその支援者，家族を対象とした．第4章では，あらためて ALS の症状の性質と，そこから求められる生活のあり方や利用可能な制度を詳説し，これが従来の障害者運動で想定されてきた脳性麻痺といった身体障害と重なる点もありつつも，運動を経験していない介助者の運用や，発症以前に形成した生殖家族との同居といった点で差異をもち，これらも含めて ALS 患者の生活が本研究の問いに対して適切なものであることが述べられた．調査方法にはフィールドワークにもとづく観察とインタビューが採用され，実際におこなわれた調査の概要と調査協力者の属性が提示された．

　こうした調査で得られたデータをもとに，第5章からは経験的な議論がおこなわれた．まず第5章では，患者と介助者の関係について，とくに介助者手足論にもとづく関係を基調としつつも，これが相対化されてある程度介助者が自身で考えて介助に臨むようになる様子をみた．そこでは，患者の介助に中長期的に携わる中で，生理的なリズムや人となりを知っていくことにより，ある程度予測して先回りした介助ができるようになることが示された．一方で，介助者は自身で判断して動けるような場合でも，家族を慮ってあえて指示を待つといった実践をもおこなっていた．このことから，介助者が手足として振る舞うことは，自身の考えを抑えて患者ないし障害者に従うことによってであると同時に，自身の思慮の結果としても現れうる事態であることが示された．

　続いて第6章では，自身が患者の決定に影響してしまう存在であることを介助者が自覚していく様子をみた．介助者は，とくに介助者同士の相互行為を通じて，自身らが患者の決定に不可避に影響してしまうことを知る．それが患者の決定を拘束することがないよう，介助者は自身の介助を改善していく．しかし，ほかの介助者が決定を拘束していることが観測された際には，それを必ずしも指摘できるわけではない．そうした介助者の采配にかかわることは患者が

決めることであると考えられているからだ．患者から直接に雇われていない介助者の場合には，事業所の方針というかたちで患者の決定を相対化することが可能となっており，介助者間での指導がしやすいという例もこの傍証として確認された．

第7章と第8章では，家族の認識や実践から光をあてるかたちで，患者と介助者の関係を検討した．そのうち第7章では，家族が介助者をどのような存在として，またその裏返しとして介助者ではない自身をどのような存在として捉えているのかという認識に注目した．その結果，家族と介助者を区別するに際し，介助者は指示に従うものであるという介助者手足論的な想定を，家族は説明に用いていることが指摘できた．自身の選択として介助にかかわっているという家族の観念は，こうした角度から理解することができるのである．

続いて第8章では，こうした認識が介助の実践においてどのように家族を水路づけるのかを検討した．たしかに，家族が介助へと向かわせる制度的・規範的圧力は存在してしまっている．しかし，自身は患者の指示をそのままに聞く存在ではない，その点で介助者とは異なるという認識をもっている家族は，自身の意見をいったり，患者を最優先しなかったりといった実践をおこなうことを可能としていた．また，そうした実践は患者の利益を犠牲に達成されているわけではなく，むしろ自身と患者双方の負担に配慮したものであった．こうした家族の認識や実践では介助者手足論的な介助者像が参照されており，患者ないし障害者と介助者の関係において理念とされていた介助者手足論は，こうした従来とは異なる視座から再評価することができることも示された．

ここまで，駆け足で本研究の議論を振りかえってきた．では，とくにその経験的な議論を俯瞰したとき，いかなる含意が引き出されるだろうか．次節では本研究の総合的な考察をおこない，その意義を示そう．

▶ 9.2　本研究のインプリケーション

9.2.1　既存研究に対する理論的貢献

本節では前章までにおこなった経験的な議論をもとに，それらを総合的に考察することで本研究のインプリケーションを確認する．まず，既存研究に対す

る理論的な貢献をみていこう．本研究は介助者手足論をめぐる既存の議論に対し，介助の臨床におけるその作動の精緻な理解を可能にしている．それは，介助者手足論の弱さと強さとしてまとめることができるだろう．

　まず介助者手足論の弱さについて．本研究がみた介助者は，その場において望ましい介助がどのようなものであるかを自身で考え，障害者の意図を汲んでいわれずとも動いたり，あるいは障害者の決定を制限してしまう自身のあり方を内省して介助に臨んだりということが可能な存在である．そしてそうであるにもかかわらず，ときに自身の判断のもとで，手足とは異なるあり方を選ばないという実践をおこなっているのであった．考えた上で手足になるという実践がおこなわれていたのである．介助者手足論は，重要な規範として参照されているけれども，それは無批判に遵守される金科玉条ではない．それに沿った実践がおこなわれているときでさえ，それは介助者による検討の結果として採用されるものなのだ．介助者手足論は，障害者と介助者の関係を半ば自動的に決めるほどの強力な規範ではなく，その都度検討に付される．その意味で，介助者手足論は弱い規範である．

　既存研究は，介助者側の思考を擬制としてキャンセルして障害者の決定を貫徹させる介助者手足論が，結局は擬制であらざるをえないことに気付き，これを相対化していく介助者の実践を描いていた．それ自体は妥当な経験的記述である．しかし，そうした介助者像が語られるとき，介助者手足論が擬制であることに気付くことと，そこから脱した実践をおこなうことが接続されて語られる．そのことによって，その彼岸には，介助者手足論を内面化してその隘路に気付かず，これに従う介助者像が暗に想定されてしまう．思考を自制して手足になる介助者と，思考して手足を脱する介助者という二項対立的な理解がおこなわれていたのである．弱い規範として介助者手足論を捉えることは，こうした思考と実践の対応関係を解除し，手足としての介助者の振る舞いの背後にも存在する，介助者の思考を明らかにする．

　しかし同時に，介助者手足論は強い規範である．その強さは以下の3点から構成される．第一に，手足論的な関係は，そうではない別様の関係（自動で動く介助者／他者としての介助者）と並列の関係ではなく，それらの基盤になっている．すなわち，いわれずともできることを率先してやったり，障害者の決定の

制限となっている自身のあり方を観測してこれを変えたりといった実践は，手足にとどまらない介助者のあり方であるのだが，それは介助者の了承のもとに可能になっているのであった．手足であることによってしか，手足でなくなることはできないのだ．

　第二に，そうした介助者の判断は，障害者との直接的な相互行為のなかでではなく，その余白でおこなわれている．介助者は，家族の考えを慮って，あるいは自身の役割は障害者が決めることであると考えて，実際に介助をする場面の手前で，自身のやるべきことの範囲をおのずから抑えている．熊谷（2014）が述べたように，生活のなかで指示しうることはごく一部に過ぎない．そして，明示的な指示のない残りの大半の部分については，介助者手足論に照らしてやるべきではないものとして控えられてしまう．注目すべきは，この判断は障害者とのやりとりのなかで，障害者に諮られることで達成されず，介助者自身のみによって行われているという点だ．手足となることが，手足ではないかたちで選ばれているのである．

　以上の２点は，障害者からの指示を介助者が参照する／しない水準が複層的であることを示している．丸岡（2006）など，介助者が自律した思考をもちつつも手足として振る舞う様子を描いていたいくつかの先行研究においても，介助者手足論は障害者と対面的な場面において，別にある介助者自身の意志を抑える規範として捉えられていた．本研究が見出したのは，介助者が実際の介助の場面の手前で，障害者の決定を仰がない自身の判断のもとで，障害者の決定を最優先する手足たることを選ぶという事態である．

　介助者手足論の強さを構成する第三の点は，それが家族の認識や実践と共鳴していることにある．介助者手足論が，第一義的には障害者と介助者の関係を規定する規範であることは揺るがない．しかしながら，そうした規範が専門職倫理として浸透し，介助において第一に参照されるべきものとされることによって，それは障害者と介助者のみならず，家族によっても念頭に置かれる規範となっている．意図せざる結果として，介助者手足論を前提とした介助を家族が前提できるようになっているのだ．そして，それは家族が介助者ではなく家族であるという概念運用，またそれにもとづいた実践も可能としている．もちろん，ある実践が家族にしかできないこととして囲い込まれ，それが負担に

つながる可能性は警戒しなくてはならない．しかし，自身の意見をいったり，患者に考え直す契機を与えたり，またその結果として自身と患者双方の負担を軽減したりといった点で，家族が介助者手足論を参照することの帰結は肯定的に捉えることができる．介助者手足論のこうした効能は，介助者手足論の作動を障害者と介助者のあいだに注目して議論してきた既存研究が見てこなかった側面である．そして，このように家族から期待されることは，前述の2点のように介助者が介助者手足論を参照することを水路付けていくだろう．

　たしかに介助者手足論は介助の臨床における可能な秩序を大きく規定している．しかしそれは障害者の意思を貫徹させるための仕掛けという単純なものではない．そうではなく，介助者手足論は，介助者によって常に検討に付されつつもその判断を実際の介助の手前で枠付けつつ，にもかかわらずその判断が障害者の意思を介さずに行われることには作用せず，また障害者と介助者を取り巻く家族をも巻き込んだかたちで，介助の営みの全体を覆っているのである．

9.2.2　介助の臨床に対する実践的貢献

　次に，本研究の実践的なインプリケーションを提示しよう．繰り返すように，そもそも，本研究がこうした障害者と介助者のあいだに生起するコミュニケーションが多様な接続に開かれるための条件をみようとしたのは，そうしたさまざまな関係がそれぞれに一長一短であり，快適な生活のためにはそれらが臨床のなかで組み合わされなければならないからであった．よって，本研究の実践的な示唆は，どのような関係のあり方がよいのかではなく，そうした多様な関係のパッチワークをいかにおこなっていくかという水準において提出される．とりわけ，専門職倫理としての利用者の意志の尊重が謳われる現在，それにとどまらない関係性を開くためには，手足にはならない介助者のあり方がいかにして可能になるのかが明らかにされねばならない．

　しかし，上記の理論的発見を踏まえれば，この問い自体がすでに変更を迫られることになる．なぜなら，個々に現出している関係それ自体が，つねにパッチワークとしてあるからだ．介助者手足論は疑ってはならない金科玉条ではなく，また実際には無理のあるフィクションでもなく，重要だが無欠ではない「ほどほどの」規範として介助者に参照されている．結果として介助者手足論

に沿った実践を介助者がおこなっているとしても，介助者は自身で考えた上で
その実践を選び取っているのである．介助者のうちには，その場ごとにどのよ
うな関係で障害者と向き合うべきかという逡巡があり，それゆえに多様な関係
への道は介助者のなかに既に準備されている．

　そうであるならば，介助者のなかで検討され，しかし介助者手足論の規範の
もとにおのずから自制された関係のあり方を開示させていく仕掛けがあればよ
いことになる．介助者の側からできることは，多様な関係性を開くための冒険
をすることである．すなわち，よりよい介助を営むための私案があるときに，
それを障害者の意思の尊重という理念を理由に潜在化させてしまうのではなく，
採用の判断は障害者に任せるにしても，ひとまずそれを提示してみせることが
推奨されてよい．介助者手足論が重要だとした上で，しかし，そればかりでは
障害者が面倒を感じる場合，また障害者の決定の前提となる環境自体の改変が
必要と思われる場合に，介助者が自らの思考を実践に反映させることによって，
関係の多様化は実現しうるのである．

　とはいえ，介助者手足論や，その運動性が脱色された利用者の意思尊重とい
う専門職倫理のもとでは，そこからの逸脱を介助者の自発性に期待するのは難
しくもある．ここで提起されているのは介助者が手足から外れる実践の可能性
を未然に挫かないこと，諮ってみる前から，安全策としての介助者手足論に倒
れていかないことであるが，周囲の意向によって障害者の意思をないがしろに
されてきた歴史／いる現在を踏まえると，介助者の意思をその場に反映させる
ことは警戒されて当然だ．

　そこで，これを障害者の側から支持／指示する仕組みが必要になる．すなわ
ち——逆説的なことには——介助者手足論の徹底である．繰り返し確認すると，
介助者の自制は，介助者自身がおのずから行っていることなのであった．ここ
では，いわれていないことはしてはならないという規範として介助者手足論が
参照され，障害者に諮ることなく介助者の思考は秘められたままとなる．この
独断をこそ，介助者手足論からの逸脱として指摘し，介助者のなかに準備され
たありえたコミュニケーションを障害者との相互行為の場に開いていくのであ
る．介助者の思考を枠付けする介助者手足論をいわば逆手にとることによって，
介助者の思考を伝えることを障害者の自己決定の結果として意味づけることが

できれば，介助者手足論を内面化している介助者であればこそ，そうした実践がおこないやすくなる．手足であることを貫徹させることによって，介助者を手足であることから解放するのである．

　こうした実践は，結局のところ，障害者と健常者の不断の対話としておこなわれるだろう．しかし，それは既存研究が想定するものとは少し異なるものとなるだろう．既存研究において介助者が手足にとどまることが批判されるとき，そこでは介助者手足論の遵守のもとで，介助者が自分で考えていないことが暗に想定されている（深田 2013; 熊谷 2014）．その場合，介助者が自身の思考のもとで手足から離脱してよい場面と指示を仰ぐべき場面の線引きを，障害者と介助者のあいだで不断に調整していくことがそのための方策となる．しかし，こうした方法では，障害者が不便を感じた具体的な場面を起点にすることによってしか介助者が自律的に動くことはできない．そうではなく，むしろ介助者手足論に準拠して——それは介助者にとって，勝手に動けといわれるよりは幾分受け入れやすいことであろう——介助者のなかに準備されていた多様なコミュニケーションの可能性を開示させることを求めるのである．それはさしずめ，「指示されてもいないのに，ありえた介助のあり方を勝手に控えてはならない」という指示になるだろう．あるいはこうした実践は，介助者≒健常者が障害者の日常に接し，そのなかで自身がなすべきことを考えるべしという，かつての障害者運動が投げかけた課題に対する，ひとつの現代的な解答である．

9.2.3　障害学・障害者運動への貢献

　本研究は，ALS 患者の地域在宅での生活を対象に議論をおこなうに際して，それ以前から自立生活を求めて戦ってきた障害者運動の歴史や，そうした生活で浮上する論点を扱った障害学の議論に学び，問題設定をおこなった．そして，本研究の企図には，視角を借りるばかりではなく，そうした障害者運動や障害学への知見の投げ返しも含まれているのであった．

　第1章でも述べたように，現在ではかつての障害者運動を経験した障害者，介助者は少なく，運動論的な規範を前提として障害者と介助者の関係をつくり，生活を成立させることは難しくなっている．定位家族や施設での生活に対するオルタナティヴとしてではなく，公的なサービスとして障害者は介助を受ける

ことがままあるし，統計的にも中途障害者が多いこともあって，そこには障害者自身の生殖家族がいることも多い．介助者についても，運動の理念に共鳴した同士としてよりも，資格をとった上で仕事として障害者介助の現場に赴くということが増えている．この傾向は今後も続いていくと考えてよいだろう．現代の障害者の自立生活は，そうした状況に直面しているのである．

　もちろん，そうした状況の変化があるのだとしても，かつての障害者運動でいわれたことを学び，伝えていくことの重要性は繰り返し強調しなければならない．しかし，運動的な理念を前提とせずに地域在宅での生活を成立させる方途は，選択肢としてあってよいし，先に述べた状況を踏まえるのであれば，それが必要な場面も増えてくるだろう．すでに生殖家族を形成したのちの中高年で発症し，公的サービスに支えられて営まれることもしばしばである ALS 患者の生活が，こうした現代的状況を所与として営まれているものであることを踏まえるなら，その生活を，とくに障害者の生活においても重要な相互行為場面に注目して検討することは，障害者運動や障害学への示唆をももちうるのである．

　さて，ではその示唆とはいかなるものであろうか．まず障害者と介助者の関係については，前項にみた介助者手足論の徹底を通じた手足からの開放という理路がここでも重要なものとなることが指摘できる．第 2 章でも確認したように，運動の場で介助者（健全者）の口出しが忌避されたことがあったのだとしても，とくに生活の場面では，障害者と介助者は互いの意見をぶつけあって自立生活を成り立たせてきた．そうした関係を当然のものと考えている人々からすると，本研究でみてきたような，家族への配慮や患者の采配の尊重ゆえに，ある介助や介助者同士でのやりとりを自制するといった様子は不思議に思えるかもしれない．しかし，現在の介助者は，障害者の家族がいる場所で仕事をすることも多く，また彼ら彼女らは専門職倫理として障害者本人の意思を尊重することを内面化している．時代や場面に特有の（vernacular）規範としての「手足」は現代ではそうした意味で作動しているのだ．そうであるならば，障害者運動において，健常者が主導権を簒奪し，障害者の主張を封じ込めることを警戒することは当然おこなわれた上で，しかし，生活において介助者がより口をだすこと，障害者の生活を改善するための手立てをともに模索する者として，

障害者が介助者に自身の意思を発するように仕向けることはおこなわれてよい．そしてそれを介助者手足論——現今のそれは，かつての運動の意味ではなく，利用者の意志の尊重という専門職倫理として作動している——を経由しておこなうことは，現在の職業的な介助者にとっても適合的である．こうした取り組みはかつての障害者運動では当たり前におこなわれていたことで，わざわざいうことではなかったのかもしれないけれども，本研究での議論を踏まえるならば，現在においてそれを促すことは冗長なばかりではない．

　一方で，障害者と家族の関係については，生殖家族との同居をめぐる議論について，本研究はこれを擁護可能な点と，警戒すべき点の双方を提出している．障害者運動のなかで家族，とりわけ親が敵とみなされたのは，よかれと思ってというその愛こそがパターナリズムとなって障害者を抑圧するからであった．一方で，同居する家族が配偶者や子どもといった人々であった本研究の議論を振り返ってみれば，そうした懸念は杞憂であるようにも思える．たしかに，本研究がみた ALS 患者の家族は，患者本人の意思は尊重されるべきであるという規範の有無によって自身と介助者を境界付けていたのであった．そこだけを切り取ってしまえば，障害者運動が警戒してきた，障害者の意思をないがしろにする家族のあり方は生殖家族においてすら出現してしまうと捉えられるかもしれない．しかし，そうした認識は，介助を社会化する＝介助を家族で囲い込まず，介助者に委ねるための技法である．家族が必ずしも患者を最優先しない場合でも，介助者がその分を補填しているし，場合によってはそれが患者と家族双方の負担軽減につながる契機たりえるのであった．それはパターナリズムによって障害者本人の決定や意志が封殺されるのとは異なった事態である．

　一方で，こうした生殖家族との生活を楽観視しすぎてはならないという点には留保が必要だろう．生殖家族内部での障害者の意思の劣後がひとまず問題ないものであったとしても，それが継続的に，頻回におこなわれるのであれば，やはりそれは本人の意思の抑圧と接近していくだろう．上記のように，一見して成功裡に生活が営まれている場合，とりわけ生殖家族であるがゆえに障害者本人も家族と別れがたく思っている場合には，そうした問題が顕在化しづらい可能性もある．かつての障害者運動が親との同居に対して向けたのと同様の批判を，同じ苛烈さで生殖家族との同居に向ける必要はない．しかし，それは完

全に警戒を解くということではなく，物理的にも心理的にも，離れて暮らすことは選択肢として常に提示され続けなければならない．

　以上が，本研究の経験的な知見から導き出される含意である．次節では，本研究が何を検討しえなかったのかを確認することで，今後の展望を述べよう．

▶ 9.3　本研究の限界と今後の展望

　本節では，本研究の限界や扱いきれなかった論点を挙げ，そこから要請される今後の課題を提示する．第一の限界は，本研究の問いにとって内在的な課題である．それは，本研究の家族を対象とした議論がハッキングのいうループ効果のループたる所以，すなわち概念によって規定された実践が，ひるがえって概念を更新していく様を描き切れていないという点である．ALS 患者の家族は介助者や家族といった概念を運用し，またそれを参照しながら自身の実践を営んでいるのであった．家族を対象としておこなわれた本研究の経験的議論は，その様子を描いたものである．しかし，そうした実践が繰り返されていく中で，またそこに介助者の実践が絡んでいく中で，家族や介助者といった概念がどのように更新されていくのかについては十分に検討することができなかった．

　くわえて，本研究は前節において障害者と介助者のあり方の可能性を提示している．すなわち，介助者が手足に徹するのみならず自身で考える存在であることを前提に，その自身の考えを障害者に諮ることを躊躇わないというあり方だ．こうした関係が仮に臨床に実装されたときには，それは介助者手足論を基本的には保持したものであるとはいえ，家族が想定している介助者という概念の中身と齟齬をきたすかもしれないし，それはまた介助者とは異なるものとしての自己規定をも揺るがすかもしれない．そのときも，家族の想定している介助者や家族といった概念の中身は書き換わっていくことだろう．そしてそれは即座に，介助者や家族の実践を更新するというかたちで円環をなす．これもまた終わりのない作業ではあるのだが，介助という営みにおける概念と実践の相互関係は，もう一歩進んで検討されてよい．

　以上にくわえ，第二に，ALS という疾患について，本研究で扱いきれなかった論点もいくつか挙げられる．それらは，障害者と健常者の関係を検討す

るという本研究の主題を考える上では主たる論点とはならなかったが，しかし，ALS患者への支援を考える上ではもちろんのこと，既存の障害学にとっても重要な論点を提起するものだ．本研究の問いに対しては外在的だが，この点についても触れておこう．

そのひとつめは，ALSが進行性の疾患であるという点だ．本研究では，症状が進行し，ある程度状態が安定している患者が対象となっていたが，そこに至るまでにはさまざまな困難がある．たとえば，症状が進行して全身不随に至った患者であれば，多くの場合，排泄介助はおむつやポータブルトイレを使ったものになるが，運動機能の残っている患者の場合にはトイレまでの移動に際して身体を支えるといった介助がある．また，同じように症状が進行した患者の食事は胃瘻を介したものになるが，まだ嚥下機能のある患者の場合には，きざみ食の調理や誤嚥しないよう注意を払った食事介助などが求められる．さらに，こうした介助の身体的負担とあいまって，制度的にも人工呼吸器を装着していない患者に対しては介護保険の加算がないという問題や，発声のできるうちに多くの介助者と関係を構築し，介助者を運用する能力を身につけたくても，症状が進行していないために介助の支給時間数が少なくなってしまうといった問題もある．このように，相対的に症状の進行していない患者だからこその困難が存在しているのだ．もちろん，障害学では，必ずしも社会のなかでの困難と障害の程度が比例しないことはすでに指摘されている（田垣 2006; 太田 2007; 秋風 2013）．しかし，そこでの困難とはおもに軽度障害者のアイデンティティをめぐるものであった．川島（2013）は，こうした抑圧的な社会における障害者の戦略を探り，障害者のよりよい生活に貢献せんとする議論を「抵抗の障害学」と呼び，そちらに重心が置かれてきたこれまでの状況に対して，今後はそういった状況を変えるための政策を考えるための「制度の障害学」の必要を主張している．上に見た進行の途上にあるからこそのALS患者の困難，とりわけ，進行の途上であるがゆえに公的サービスが不十分になってしまう現況は，相対的に軽度な障害においても制度の障害学が必要であることを提起しているといえよう．

もちろん，従来のようなアイデンティティをめぐる問題が重要ではないわけではない．それどころか，進行性の疾患であるというALSの特徴は，症状が

固定的な従来の身体障害とは異なる困難を患者につきつけている．それは，できたことができなくなっていくという現実とどう向き合っていくかというものだ．ALS 患者の多くは中高年で発症した中途障害者である．そのため，それまでの人生を健常者として，少なくとも身体的な機能についてはおおむね不自由なく暮らしてきた人が多い．それらの人々が，徐々に身体の機能を失って生きていくということは，いままで当然にできていた，話す，食べる，呼吸するといったことをするために大変な努力をしなければならなくなっていくことを意味する．それはすなわち，コミュニケーションすることを諦めずに意思伝達装置を使う，口から食べたいという気持ちを断ち切って胃瘻を造設する，そうなってまで生きたくはないと考えずに人工呼吸器を装着するといった実践だ．こうした，できなくなっていくことと折り合いをつけること，つけられないことをめぐる論点は，本研究では十分に扱えなかったけれども，ALS の療養のなかでもとくに切実なものである．本研究では，調査協力者の語りを分析するに際して，そのなかに含まれる時間の経過にともなう変化や，とくに現在から見た過去の再解釈の様子に触れたが，患者の症状や環境の変化とその対応については以上のようになお検討の余地がある．そのためには，語られたデータの分析に際して時間の経過に注意を払うことのみならず，絶対的な時間をかけること，すなわち継続的な調査が要求される．そうすることで，先に触れたループ効果における概念の更新の様子を観察することもできるだろう．

　そして，この論点も ALS に留まらず，障害学一般への提起を含むものだ．他の身体障害は症状が固定的であると述べたが，厳密にはこれは正しくない．もちろん，少なくとも ALS のように数年といった短いスパンで症状が刻々と進行していくということは稀であるにしろ，多くの身体障害においても，とくに高齢化にともなって二次障害が発生することはある．それどころか，高齢化による身体の機能低下は，健常者とされている人にすらあてはまることだ．この点を踏まえれば，ALS のように急峻な身体機能の変化をともなう人々の実践は，多くの人々に対しても示唆をもつものになるはずだ．理論的な関心からも，できることに価値を見出す健常主義（Ableism）という発想への批判から従来の障害の社会モデルを乗り越えようとする潮流があるが（Campbell 2009; Goodley 2014），何ができること／できないことに人々が価値を見出すのかという点

について，できなくなっていくという性質をもった ALS の療養は重要な経験的事例となるはずである[1]．

　さらに，ALS が障害であるのみならず，あるいはそれ以前に，疾患であるという点もいまいちど確認しておかなければならない．とくに第2章にみた青い芝の会などに顕著だが，日本の障害者運動は，障害をないほうがよいもの，障害者を存在してはならないものとみなす社会のあり方を鋭く批判してきた．選択的妊娠中絶や尊厳死をめぐる議論で障害者団体が声を上げるのは，ある生命の状態を他よりも劣ったものとして見なし，生きるに値しないとする優生的な発想をそこに見出すからである．また，それにとどまらず，脳性麻痺者をとりまく健常者（健全者），さらには脳性麻痺者自身にすら，自身のなかにあるそうした優生的な思想を批判することが運動のなかでは求められた．それは日本の障害者運動にとって基底的な発想であるし（堀 2014），英米の障害学理論においても，障害を取り除くべきとする発想は医学モデル，ないし個人的悲劇モデルとして批判され，変わるべきは社会であるという社会モデルが採用されてきたのだった．

　一方で，ALS が疾患でもあるということは，それが「治療」の対象であることを意味する．たしかに，本研究でも見てきたように ALS 患者の日々の生活は重度の身体障害者としての側面があり，とくに尊厳死についての議論では，ALS 患者やその支援者が上にみたような優生的な思想を批判することもある．しかし，ALS の治療方法の確立が患者や家族にとっての悲願であることに異論は少ないはずだ[2]．

　ALS 患者や家族のそうした願いは当然だし，それ自体は批判されるべきではない．ここで重要なのは，障害の克服＝治療をいかに扱うかという課題が，障害学に投げかけられているという点である．なぜなら，これは ALS に特殊な問題ではなく，医療や技術の進歩によって将来的には普遍的に発生する論点であるからだ．現に，たとえば人工内耳の登場により聾者のなかには健常者と同様の音声言語による意思疎通を図ろうとする人々が出現している．もちろん，従来のように「障害があってもよい」という主張はひとまず維持できるだろうし，そうした医療技術を使うように仕向ける健常者中心主義的社会への批判は妥当である．しかし，それと同時に「障害はないほうがよいという発想はあっ

てはならない」という主張を，少なくとも障害「学」がナイーヴに繰り返すことはできない．もちろん，障害者運動が障害者に対するエンパワメントとしてそのような主張することの意義は論を俟たない．しかし，それを無批判に受け入れる障害学は，そうした発想を共有できない障害者を排除し，能力主義をめぐる障害者本人や周囲の人々の葛藤を射程に含めることができなくなってしまうだろうからだ．つまり，「健常者に近づきたい／戻りたいという欲望」を，障害学の理念を理解すれば必ず消えて無くなるし，そうであるべきとする価値観としてではないかたちで学のなかにいかに位置づけうるかという論点を，ALS は先鋭的に提起しているのである．この点についても，先に触れた健常主義を概念道具として，よいこと＝価値と，できること＝能力がいかに紐付けられているのかを探求することができるだろう[3]．

　以上のように，ALS 患者とその生活というレンズを通じて，障害や疾患，そしてそれらをめぐる人々の観念やふるまいについて論じるべきことは，なお多くが残されている．これらをひとつずつ考えていくことが今後の課題である．

注
1) 障害学における近年の健常主義をめぐる議論について，理論的な考察を与えた拙稿として石島 (2015) がある．また，実際に発話によるコミュニケーションができなくなった中でも，ALS 患者が意思伝達装置を利用する際の満足度を高める条件を探求するものとして石島・伊藤 (2016) がある．
2) 事実，2014 年夏に話題となったアイス・バケツ・チャレンジという寄付運動は創薬を目指したチャリティであった．また，自身患者である藤田正裕が代表を務める一般社団法人 END ALS は，患者の生活への支援とともに，その団体名の通りに治療法の確立を目的に挙げている．
3) ここで述べた議論を踏まえ，本研究の脱稿後に ALS の進行という側面に注目した拙稿として，石島 (2019) も参照されたい．

あ と が き

　本書は東京大学大学院人文社会系研究科に提出された博士論文『手足としての介助者像とその社会的帰結——神経難病療養における障害者と介助者の関係の検討』を元にしている．各章の初出は以下のようになっている．

> 第2章：石島健太郎，2018，「介助者を手足とみなすとはいかなることか——70年代青い芝の会における『手足』の意味の変転」『障害学研究』13: 169-94.

> 第3章の一部および第6章：石島健太郎，2015，「障害者介助におけるコンフリクトの潜在化——介助者間の相互行為に注目して」『社会学評論』66(2): 295-312.

> 第5章：石島健太郎，2016，「障害者介助における意思の尊重と推測のあわい」『年報社会学論集』29: 33-43.

> 第8章：石島健太郎，2013，「ALS介護における家族の役割取得——介護実践の中での能動性に注目して」『ソシオロゴス』37: 102-14.

> その他：書き下ろし．

　また，上記論文についても，博士論文への収録および本書の執筆に際して，大幅な加筆修正をおこなっている．

＊

　本書は多くの方のご指導・ご協力に負っている．本書の議論に存在する一切の瑕疵は著者である私に帰すが，お世話になった方々にこの場を借りてお礼申し上げたい．

　なによりもまず，調査にご協力いただいたALS患者，ご家族，支援者の皆さんに感謝申し上げる．大変な状況にあるなかで，直接には生活の利便に貢献するでもない研究のためにお話をしていただけたことは，私が一生かかっても返しきれない恩である．本研究での議論を通じて，ALS患者と介助者の関係

のあり方についてはひとまず書き切ったつもりでいる．しかし，その恩はまだ返しきれていないと思うし，乗りかかった船ではあるから，「ALS 業界」には今後もずっと関わっていくつもりだ．現在は，ALS 患者を始めとした障害者・難病患者が直面する介助者不足の解消を目指す NPO 法人「境を越えて」を中心に，微力ながら界隈でのお手伝いを続けている．きっとこの活動の中でもまた研究課題をみつけることになるだろう．そのときにはまたご面倒をおかけすることになると思うが，少しずつでも現場に還元できるものを書いていければと思う．

　赤川学先生には，学部 3 年生からの 7 年間，指導教員としてご指導いただき，博士論文では主査も務めていただいた．思えば自由に書かせもらったという印象が強い．私の性格を見て，あまり細かく指示しないほうがいいだろうというご判断があったのだと思う．それでも，ゼミや面談では適切な方向に導いてくださるコメントをさりげなくいただいた．そのすべてを私が反映できているかはわからない（し，不遜にもあえて無視したものも正直なところある）が，曲がりなりにも博士論文を書ききることができたのは，キャリアの初期を先生に暖かく見守っていただけたからにほかならない．

　松本三和夫先生，白波瀬佐和子先生，武川正吾先生，そして榊原哲也先生には，博士論文の副査を務めていただいた．研究室の方針転換期でもあり，長い時間をかけて書かれた先輩方の博士論文に比べると物足りないところも多くあったと思うが，細部まで丁寧に読んでいただいた上で，本研究の意義を汲み取り，建設的な修正の提案を多数いただいた．

　博士論文の執筆過程では，いくつかの研究会で草稿を検討していただいた．Field-net 研究会では，伊藤智樹さん，水津嘉克さん，佐藤恵さん，三井さよさんの各氏からコメントをいただいた．とくに，第 1 回の博士論文審査会後に修正方針をご検討いただいた際には，私も自覚的でなかったこの研究の意義の在処を明確にすることを助けていただいた．臨床的な場から社会学的研究を立ち上げていく先輩方との議論はいつも楽しい．研究会後の懇親会も含めて，こういう先輩でありたいと常に思える場である．

　障害学理論研究会でも本書の元となった研究について報告の機会をいただき，杉野昭博さん，岡部耕典さん，星加良司さん，川島聡さんの各氏をはじめとし

た障害学を専門とする先生方と議論をする機会に恵まれた．とくに杉野さんには，日本学術振興会特別研究員（PD）の受け入れ教員としてもお世話になった．また，この研究会を通じて親交を得た榊原賢二郎さんの研究からも，常に刺激をいただいている．

　こうした学外の研究会に参加する手前には，大学院生としての日々の研究があった．毎日のように通った法文2号館地下の院生室が，にわかには信じがたいその劣悪な衛生環境にもかかわらず良い思い出の場として美化されているのは，同時期に在籍していた大学院生の皆さんとの刺激的な議論があったからこそである．全員の名前を挙げることはできないが，ともに切磋琢磨させてもらった赤川ゼミのメンバー，とりわけ長く共に学んだ藤田研二郎さん，佐藤寿昭さん，渡邊隼さん，櫛原克哉さん，井口尚樹さんの各氏にお礼申し上げたい．同世代に多くの優れた学友を持つことができたことは幸運だった．また，何度も草稿を検討していただいた業績〔積もう〕研究会（業績研）のメンバー，齋藤圭介さん，開田奈穂美さん，河村賢さん，品治佑吉さん，馬渡玲欧さんの各氏にもお礼申し上げたい．互いの草稿を揉み合う機会が定期的にあったことは，研究のペースメーカーとしてこれ以上ない恵まれた環境だったと今になって思う．その明け透けな看板とは裏腹に，研究という営みに対してとても真摯な場であった．

　2章の資料収集に際しては，山下幸子さん，吉村智博さん，松永真純さん，立岩真也さんの各氏に協力いただいた．カバー写真は柏原絵美さんにご提供いただいた．また，博士論文の執筆・提出に関わる細かな作業において，坂井愛理さん，清水亮さん，園田薫さんの各氏にお手伝いいただいた．記して感謝申し上げる．

　最後に，晃洋書房編集部のお二人にもお礼申し上げたい．井上芳郎さんには，原稿をお送りするのが遅くなってしまったことをお詫びするとともに，出版に向けて支えてくださったことをお礼申し上げたい．日本社会学会でお声をかけていただいて以来，たびたび筆者の研究を世に出すべきものとおっしゃっていただけたことは大変な励みになった．山中飛鳥さんは原稿に対してきめ細かなコメントをいただき，出版までの各段階で丁寧な仕事をしていただいた．

　振り返ってみると，改めて多くの人々に支えられて研究を続けられているこ

とを思い知る．本書がそうした人々に多少なりとも報いるものになっていること，そしてそれにとどまらず，本書が誰かの知的関心を満たし，それがまた別の知的営為の礎となることを願っている．

2020 年 12 月

石島健太郎

参 考 文 献

末尾の＊は発行年が著者による推定であることを示す.

秋風知惠, 2013, 『軽度障害の社会学――「異化＆統合」をめざして』ハーベスト社.

Allan, J., 1996, "Foucault and Special Educational Needs: A 'Box of Tools' for Analysing Children's Experiences of Mainstreaming," *Disability & Society*, 11(2): 219-34. (= 2014, 中村好孝訳「フーコーと特別な教育的ニーズ」堀正嗣監訳『ディスアビリティ現象の教育学――イギリス障害学からのアプローチ』現代書館, 60-85.)

天田城介, 1997, 「状況定義論の可能性――ゴフマンとストラウスの研究の比較検討から」『社会学研究科論集』4: 5-14.

Aoun, S. M., S. L. Connors, L. Priddis, L. J. Breen and S. Colyer, 2012, "Motor Neurone Disease Family Carers' Experiences of Caring, Palliative Care and Bereavement: An Exploratory Qualitative Study," *Palliative Medicine*, 26(6): 842-50.

朝霧裕, 2009, 「バリアブレイク！！――利用者／介助者の新たな形と再評価についての模索」第6回障害学会大会報告原稿（2019年12月28日取得, http://www.arsvi.com/2000/0909as2.htm）.

朝霧裕・後藤吉彦, 2015, 「『車いすの歌姫』と『たったひとりの障害者運動』――差別からの解放を求める〈私〉の経験と実践」第31回解放社会学会大会報告原稿.

安積純子・岡原正幸・尾中文哉・立岩真也, 2012, 『生の技法――家と施設を出て暮らす障害者の社会学 第3版』生活書院.

浅野智彦, 2012, 「他者／他我」見田宗介・大澤真幸・吉見俊哉・鷲田清一編『現代社会学事典』弘文堂, 850-2.

Ball, L. J., D. R. Beukelman and G. L. Pattee, 2004, "Acceptance of Augmentative and Alternative Communication Technology by Persons with Amyotrophic Lateral Sclerosis," *Augmentative and Alternative Communication*, 20(2): 113-22.

Borasio, G. D., D. F. Gelinas and N. Yanagisawa, 1998, "Mechanical Ventilation in Amyotrophic Lateral Sclerosis: A Cross-Cultural Perspective," *Journal of Neurology*, 245(2): 7-12.

Campbell, F. K., 2008, "Exploring Internalized Ableism Using Critical Race Theory," *Disability and Society*, 23(3): 151-62.

Campbell, F. K., 2009, *Contours of Ableism: The Production of Disability and Abledness*, London: Palgrave Macmillan.

Christodoulou, G., R. Goetz, M. Ogino, H. Mitsumoto and J. Rabkin, 2015, "Opinions of Japanese and American ALS Caregivers Regarding Tracheostomy with Invasive Ventilation (TIV)," *Amyotrophic Lateral Sclerosis and Frontotemporal Degeneration*,

Early Online: 1-8.

中馬孝容・真野行生・高柳哲也，1995，「筋萎縮性側索硬化症患者家族の障害受容」『総合リハビリテーション』23(8): 679-83.

Dearden, C. and S. Becker, 2000, *Young Carers' Transitions into Adulthood*, York: Joseph Rowntree Foundation.（2019 年 12 月 28 日取得，https://www.jrf.org.uk/report/young-carers-transitions-adulthood）．

Doyle, M. and B. Phillips, 2001, "Trends in Augmentative and Alternative Communication Use by Individuals With Amyotrophic Lateral Sclerosis," *Augmentative and Alternative Communication*, 17:3: 167-78.

Dreyer, P., C. K. Lorenzen, L. Schou and M. Felding, 2014, "Survival in ALS with Home Mechanical Ventilation Non-Invasively and Invasively: A 15-Year Cohort Study in West Denmark," *Amyotrophic Lateral Sclerosis and Frontotemporal Degeneration*, 15 (1-2): 62-7.

海老田大五朗・藤瀬竜子・佐藤貴洋，2015，「障害者の労働はどのように『デザイン』されているか？──知的障害者の一般就労を可能にした方法の記述」『保健医療社会学論集』25(2): 52-62.

Folkman, S., 1997, "Positive Psychological States and Coping with Severe Stress," *Social Science & Medicine*, 45(8): 1207-21.

────, 2008, "The Case for Positive Emotions in the Stress Process," *Anxiety, Stress & Coping*, 21(1): 3-14.

Frank, J., 1995, *Couldn't Care More: A Study of Young Carers and Their Needs*, London: The Children's Society.

深田耕一郎，2013，『福祉と贈与──全身性障害者・新田勲と介護者たち』生活書院．

福永年久・澤田隆司，2001，「兵庫の『武者』たち大いに語る」全国自立生活センター協議会『自立生活運動と障害文化──当事者からの福祉論』現代書館，344-55.

古井正代，2001，「CP として生きるっておもしろい！」全国自立生活センター協議会『自立生活運動と障害文化──当事者からの福祉論』現代書館，364-70.

Glaser, B., G. and A. L. Strauss, 1965, *Awareness of Dying*, Piscataway, New Jersey: Aldine Transaction.（木下康仁訳，1988，『死のアウェアネス理論と看護──死の認識と終末期ケア』医学書院.）

────, 1967, *The Discovery of Grounded Theory: Strategies for Qualitative Research*, New York: Aldine Publishing Company.（後藤隆・大江春江・水野節夫訳，1996，『データ対話型理論の発見』新曜社.）

────, 1971, *Status Passage*, New York: Aldine De Gruyter.

Goffman, E., 1959, *The Presentation of Self in Everyday Life*, New York: Doubleday & Company Inc.（石黒毅訳，1974，『行為と演技』誠信書房.）

Goffman, E. and P. Manning, 1971, *Relations in Public: Microstudies of the Public Order*, Piscataway: Transaction Publishers.

Goldstein, L. H., L. Atkins, S. Landau, R. Brown and P. N. Leigh, 2006, "Predictors of

Psychological Distress in Carers of People with Amyotrophic Lateral Sclerosis: A Longitudinal Study," *Psychological Medicine*, 36(6): 865-76.

Goodley, D., 2014, *Dis/ability Studies: Theorising Disableism and Ableism*, London: Routledge.

後藤吉彦, 2009, 「『介助者は, 障害者の手足』という思想――身体の社会学からの一試論」大野道邦・小川信彦編『文化の社会学――記憶・メディア・身体』文理閣, 225-43.

Gubrium, J. F. and Holstein, J. A., 1990, *What is Family?*, New York: Mayfield Publishing Company.（中河伸俊・湯川純幸・鮎川潤訳, 1997,『家族とは何か――その言説と現実』新曜社.）

Hacking, I., 1986, "Making Up People," T. Heller, M. Sosna and D. E. Wellbery eds., *Reconstructing Individualism: Autonomy, Individuality, and the Self in Western Thought*, California: Stanford University Press, 222-36.（隠岐さや香訳, 2000,「人々を作り上げる」『現代思想』28(1): 114-29.）

――――, 1996, "The Looping Effects of Human Kinds," D. Sperber, D. Premack and A. J. Premack eds., *Causal Cognition: a Multidisciplinary Debate*, Oxford: Oxford University Press, 351-83.

――――, 1999, *The Social Construction of What?*, Cambridge: Harvard University Press.（出口康夫・久米暁訳, 2006,『何が社会的に構成されるのか』岩波書店.）

Hahn, H., 1986, "Public Support for Rehabilitation Programmes: The Analysis of U.S. Disability Policy," *Disability, Handicap & Society*, 1(2): 121-37.

長谷川唯, 2010, 「自立困難な進行性難病者の自立生活――独居 ALS 患者の介助体制構築支援を通して」『Core Ethics』6: 349-59.

Heaton, J., 2008, "Secondary Analysis of Qualitative Data: An Overview," *Historical Social Research*, 33(3): 33-45.

Hecht, M. J., E. Graesel, S. Tigges, T. Hillemacher, M. Winterholler, M. J. Hilz, D. Heuss and B. Neundörfer, 2003, "Burden of Care in Amyotrophic Lateral Sclerosis," *Palliative Medicine*, 17(4): 327-33.

平山亮, 2014, 『迫りくる「息子介護」の時代―― 28 人の現場から』光文社.

Hogden, A., D. Greenfield, P. Nugus and M. C. Kiernan, 2012, "What Influences Patient Decision-Making in Amyotrophic Lateral Sclerosis Multidisciplinary Care?: A Study of Patient Perspectives," *Patient Preference and Adherence*, 6: 829-38.

本部富生, 2011a, 「私から見た青い芝の運動」, バイキンマンの自立～自立障害者の解放運動と青い芝～,（2019 年 12 月 28 日取得, http://honbutomio.blog.fc2.com/blog-entry-4.html).

――――, 2011b, 「緊急アピールとは何か? 誰が原因を作ったか?」, バイキンマンの自立～自立障害者の解放運動と青い芝～,（2019 年 12 月 28 日取得, http://honbutomio.blog.fc2.com/blog-entry-20.html).

――――, [2005]2014, 「僕が青い芝の会員になった時」, バイキンマンの自立～自立障害者の解放運動と青い芝～,（2019 月 12 月 28 日取得, http://honbutomio.blog.fc2.com/

blog-entry-127.html）．

堀智久，2014，『障害学のアイデンティティ――日本における障害者運動の歴史から』生活書院．

堀口剛志・金本暁子・薄井裕子，2007，「在宅 ALS 療養者との透明文字盤を使用したコミュニケーションにおける主介護家族の負担感に関する質的分析」『日本看護学会論文集 地域看護』38: 103-5.

星加良司，2001，「自立と自己決定――障害者の自立生活運動における『自己決定』の排他性」『ソシオロゴス』25: 160-75.

―――――，2007，『障害とは何か――ディスアビリティの社会理論に向けて』生活書院．

―――――，2012，「当事者をめぐる揺らぎ――『当事者主権』を再考する」『支援』2: 10-28.

―――――，2015，「『分ける』契機としての教育」『支援』5: 10-25.

細川徹・杉山謙樹・遠藤実・佐藤景・渋谷直樹・細川恵子・石坂郁代，1996，「在宅脳卒中患者の配偶者の介護負担感と精神身体的健康」『リハビリテーション医学』33(11): 837.

井口高志，2002，「家族介護における『無限定性』――介護者－要介護者の個別的な関係性に注目して」『ソシオロゴス』26: 87-104.

―――――，2007，『認知症家族介護を生きる――新しい認知症ケア時代の臨床社会学』東信堂．

―――――，2013，「閉じること／開くことをめぐる問い――家族介護を問題化する〈まなざし〉の変化を素材として」『支援』3: 40-72.

猪飼周平，2010a，『病院の世紀の理論』有斐閣．

―――――，2010b，「海図なき医療政策の終焉」『現代思想』38(3): 98-113.

因利恵，2004，「悩みは利用者・家族と同じ――ホームヘルパーの立場から」『コミュニティケア』6(5): 35-7.

石島健太郎，2015，「障害学の存立基盤――反優生思想と健常主義批判の比較から」『現代社会学理論研究』9: 41-53.

―――――，2019，「蝙蝠を生きる――進行する障害における能力と自己の肯定」榊原賢二郎編『障害社会学という視座』新曜社，115-35.

石島健太郎・川口有美子・橋本操・小長谷百絵・中山優季・岡部宏生，2015，「人工呼吸器装着 ALS 療養者を親にもつ介護者の負担感」『日本難病看護学会誌』19(3): 229-43.

石島健太郎・伊藤史人，2016，「ファジィセット質的比較分析（fsQCA）による意思伝達装置の満足度を高める条件の探索」『社会福祉学』56(4): 82-93.

石川准，1992，『アイデンティティ・ゲーム――存在証明の社会学』新評論．

石川順子・藤信子，2010，「ALS 患者家族へのソーシャルサポート―― ALS 介護の特徴とソーシャルサポートの受け止め方」『立命館人間科学研究』20: 41-51.

伊藤修毅，2012，「障害者雇用における特例子会社制度の現代的課題――全国実態調査から」『立命館産業社会論集』47(4): 123-38.

伊藤智樹，2012，「『自己決定』と『生存』のジレンマ――立岩真也『ALS』に読む秩序構

想と実証研究との関係」米村千代・数土直紀編『社会学を問う――規範・理論・実証の緊張関係』勁草書房，183-95.

Jenkinson, C., R. Fitzpatrick, M. Swash, V. Peto and ALS-HPS Steering Group, 2000, "The ALS Health Profile Study: Quality of Life of Amyotrophic Lateral Sclerosis Patients and Carers in Europe," *Journal of Neurology*, 247(11): 835-40.

自立障害者集団友人組織関西グループ・ゴリラ連合会，1974，『自立する障害者の友人グループゴリラ機関紙 ゴリラ No.2』障害者問題資料センターリボン社．＊

―――，1975a，『グループゴリラ運動の原点』＊

―――，1975b，『自立する障害者の友人グループゴリラ機関紙 ゴリラ No.3』障害者問題資料センターリボン社．＊

自立障害者集団友人組織全国健全者連絡協議会，1976，『事務局通信 No.2』

―――，1977a，『自立障害者集団友人組織全国健全者連絡協議会機関紙 月刊全健協 1977 年 6 月 20 日号』

―――，1977b，『自立障害者友人組織全国健全者連絡協議会第二回交流総会議案書』

角岡伸彦，2010，『カニは横に歩く――自立障害者たちの半世紀』講談社．

介護ノート編集委員会，1979，『はやくゆっくり――横塚晃一最後の闘い』介護ノート編集委員会．

Kaji, R., T. Imai, Y. Iwasaki, K. Okamoto, M. Nakagawa, Y. Ohashi, T. Takase, T. Hanada, H. Shimizu, K. Tashiro, S. Kuzuhara, 2019, "Ultra-high-dose methylcobalamin in amyotrophic lateral sclerosis: a long-term phase II/III randomised controlled study, *Journal of Neurology, Neurosurgery & Psychiatry*, 90(4): 451-7.

片桐雅隆，1987，「親密な相互作用と匿名的な相互作用――シンボリック相互作用論の基本枠組の再考をめざして」『人文研究』39(9): 637-56.

川口有美子・杉田俊介・瀬山紀子・山下幸子・渡邉琢，2013，「介助者の経験から見えること」『障害者介助の現場から考える生活と労働――ささやかな「介助者学」のこころみ』明石書店，313-55.

川島聡，2008，「障害差別禁止法の障害観――マイノリティモデルからユニバーサルモデルへ」『障害学研究』4: 82-108.

―――，2013，「権利条約時代の障害学――社会モデルを活かし，鍛える」『障害学のリハビリテーション――障害の社会モデルその射程と限界』生活書院，90-117.

川田明広・溝口功一・林秀明，2008，「Tracheostomy Positive Pressure Ventilation (TPPV) を導入した ALS 患者の Totally Locked-in State (TLS) の全国実態調査」『臨床神経学』48(7): 476-80.

木戸功，1996，「それは家族であるのか，家族ではないのか，ではどうすれば家族であるのか――『家族』とその状況規定」『家族研究年報』21: 2-13.

Kiernan, M. C., S. Vucic, B. C. Cheah, M. R. Turner, A. Eisen, O. Hardiman, J. R. Burrell, M. C. Zoing, 2011, "Amyotrophic lateral sclerosis," *The Lancet*, 377(9769): 942-55.

岸政彦，2013，『同化と他者化――戦後沖縄の本土就職者たち』ナカニシヤ出版．

―――，2015，「鍵括弧を外すこと――ポスト構築主義社会学の方法論のために」『現代

思想』43(11): 188-207.

北野晃祐・菊池仁志，2013，「筋萎縮性側索硬化症患者に対するカフアシスト早期導入の有効性」『難病と在宅ケア』18(11): 33-5.

小林敏昭，2006a，「青い芝＝健全者手足論？（上）」『そよかぜ』124: 12-3.

―――，2006b，「青い芝＝健全者手足論？（下）」『そよかぜ』125: 12-3.

―――，2011，「可能性としての青い芝運動――『青い芝＝健全者手足論』批判をてがかりに」『人権教育研究』19: 21-33.

古波蔵武美・相蘇道彦・究極 Q 太郎，1998，「一人の障害者が，住みなれた地方の町を離れ東京で自立生活を始めるまで」『現代思想』26(2): 152-75.

小長谷百絵，2001，「筋萎縮性側索硬化症患者を介護する家族の介護負担感に関する研究――介護負担感の特徴と関連要因」『日本在宅ケア学会誌』5(1): 34-41.

近藤武夫，2012，「読み書きのできない子どもの難関大学進学は可能か？――高等教育における障害学生への配慮と支援の公平性」『バリアフリー・コンフリクト――争われる身体と共生のゆくえ』東京大学出版会，93-111.

小西かおる・石井昌子・板垣ゆみ・小倉朗子・長澤つるよ・兼山綾子，2004，「人工呼吸器装着 ALS 患者の在宅療養環境の整備状況と課題」『日本難病看護学会誌』9(1): 74.

今野義孝・霜田浩信，2006，「知的障害者の就労支援に関する研究―― S 社の『チャレンジド雇用』」『人間科学研究』28: 69-78.

熊谷晋一郎，2014，「自己決定論，手足論，自立概念の行為論的検討」『「存在を肯定する」作業療法へのまなざし――なぜ「作業は人を元気にする！」のか』三輪書店，15-35.

倉本智明，2015，「分けられ，混じり，混ぜられ，分かれ」『支援』5: 26-37.

栗原久，2009，「就労支援現場から見た職場での合理的配慮，差別禁止とは」『季刊福祉労働』121: 22-31.

草山太郎，2005，「介助と秘めごと――マスターベーション介助をめぐる介助者の語り」倉本智明編『セクシュアリティの障害学』明石書店，209-29.

究極 Q 太郎，1998，「介助者とは何か？」『現代思想』26(2): 176-83.

Lackey, N. R. and M. F. Gates, 2001, "Adults' Recollections of Their Experiences as Young Caregivers of Family Members with Chronic Physical Illnesses," *Journal of Advanced Nursing*, 34(3): 320-8.

Lillo, P., E. Mioshi and J. R. Hodges, 2012, "Caregiver Burden in Amyotrophic Lateral Sclerosis is More Dependent on Patients' Behavioral Changes than Physical Disability: A Comparative Study," *BMC Neurology*, 12: 156.

Luhmann, N., 1984, *Soziale Systeme: Grundriss einer allgemeinen Theorie*, Frankfurt am Main: Suhrkamp.（佐藤勉監訳，1993/1995，『社会 システム理論（上）（下）』恒星社厚生閣.）

前田拓也，2006，「介助者のリアリティへ――障害者の自己決定／介入する他者」『社会学評論』57(3): 456-75.

―――，2009，『介助現場の社会学――身体障害者の自立生活と介助者のリアリティ』生活書院.

前田拓也・阿部真大，2007，「ケアワーク——ケアの仕事に『気づき』は必要か？」本田由紀編『若者の労働と生活世界——彼らはどんな現実を生きているか』大月書店，113-48.

丸岡稔典，2006，「障害者介助の社会化と介助関係」『障害学研究』2: 70-98.

Masuda, M., H. Watanabe, Y. Tanaka, R. Ohdake, A. Ogura, T. Yokoi, K. Imai, K. Kawabata, Y. Riku, K. Hara, R. Nakamura, N. Atsuta, M. Katsuno, G. Sobue, 2018, "Age-related impairment in addenbrooke's cognitive examination revised scores in patients with amyotrophic lateral sclerosis," *Amyotrophic Lateral Sclerosis and Frontotemporal Degeneration*, 19(7-8): 578-84.

松木洋人，2013，「家族定義問題の終焉——日常的な家族概念の含意の再検討」『家族社会学研究』25(1): 52-63.

McKelvey, M., D. L. Evans, N. Kawai and D. Beukelman, 2012, "Communication Styles of Persons with ALS as Recounted by Surviving Partners," *Augmentative and Alternative Communication*, 28(4): 232-42.

Meyer, M., M. Donelly and P. Weerakoon, 2007, "'They're Taking the Place of My Hands': Perspectives of People Using Personal Care," *Disability & Society*, 22(6): 595-608.

Mialet, H., 2012, *Hawking Incorporated: Stephen Hawking and the Anthropology of the Knowing Subject*, Chicago: University of Chicago Press.（河野純治訳，2014，『ホーキング Inc.』柏書房.）

三富紀敬，2000，『イギリスの在宅介護者』ミネルヴァ書房.

三井さよ，2004，『ケアの社会学——臨床現場との対話』勁草書房.

————，2011，「かかわりのなかにある支援——「個別ニーズ」という視点を超えて」『支援』1: 6-43.

————，2015，「就学運動から学ぶもの」『支援』5: 59-72.

————，2018，『はじめてのケア論』有斐閣.

Mortier, K., L. Desimpel, E. De Schauwer and G. Van Hove, 2011, "'I Want Support, Not Comments': Children's Perspectives on Supports in Their Life," *Disability & Society*, 26(2): 207-21.（三好正彦訳，2014，「口出しはいらない，サポートが欲しいんだ——生活の中での支援に関する子どもの視点」堀正嗣監訳『ディスアビリティ減少の教育学——イギリス障害学からのアプローチ』現代書館，201-27.）

Moss, A. H., P. Casey, C. B. Stocking, R. P. Roos, B. R. Brooks and M. Siegler, 1993, "Home Ventilation for Amyotrophic Lateral Sclerosis Patients Outcomes, Costs, and Patient, Family, and Physician Attitudes," *Neurology*, 43(2): 438-43.

村岡宏子，2005，「ALS患者・家族の『たん』の吸引をめぐる思い——家族介護者の'語り'から」『看護技術』51(9): 800-3.

長岡紘司・川口有美子解説，2012，「生きよ．生きよ．——在宅人工呼吸療法の黎明期を生きた男の遺言」『現代思想』40(7): 72-89.

中根成寿，2005，「障害者家族におけるケアの特性とその限界——『ケアの社会的分有』にむけた検討課題」『立命館産業社会論集』40(4): 51-69.

中西正司，2014，『自立生活運動史——社会変革の戦略と戦術』現代書館.

中西正司・上野千鶴子，2003，『当事者主権』岩波書店.

中西由起子，2009，「カフアシストの有効性と障害者の自立生活」『訪問看護と介護』14(8): 651-3.

中野妙子，2013，「支給量の下限を付した介護給付費支給決定の義務付け——和歌山 ALS 訴訟」『ジュリスト』1456: 140-3.

日本 ALS 協会，2005，『ALS ケアブック』川島書店.

小倉虫太郎，1998，「私は，如何にして〈介助者〉となったか？」『現代思想』26(2): 184-91.

岡耕平，2012，「『障害者雇用』って本当に必要なの？——制度の功罪と雇用の未来」『バリアフリー・コンフリクト——争われる身体と共生のゆくえ』東京大学出版会，73-88.

岡原正幸，[1990]2012，「制度としての愛情——脱家族とは」安積純子・岡原正幸・尾中文哉・立岩真也『生の技法——家と施設を出て暮らす障害者の社会学 第 3 版』生活書院，158-90.

岡原正幸・立岩真也，[1900]2012，「自立の技法」安積純子・岡原正幸・尾中文哉・立岩真也『生の技法——家と施設を出て暮らす障害者の社会学 第 3 版』生活書院，232-57.

Oliver, M., 1990, *The Politics of Disablement: A Sociological Approach*, Basingstoke: Palgrave Macmillan.（三島亜紀子・山岸倫子・山本亮・横須賀俊司訳，2006，『障害の政治——イギリス障害学の原点』明石書店.）

Oliver, M. and C. Barnes, 2012, *The New Politics of Disablement*, Palgrave Macmillan.

尾中文哉，[1990]2012，「施設の外で生きる——福祉の空間からの脱出」安積純子・岡原正幸・尾中文哉・立岩真也『生の技法——家と施設を出て暮らす障害者の社会学 第 3 版』生活書院，158-90.

尾上浩二・岡部耕典・山下幸子，2013，「パーソナルアシスタンスのこれまでとこれから——関西障害者運動からのとらえなおし 尾上浩二に聞く」『支援』3: 182-220.

大西康史，2011，「回復期リハビリテーション病棟で展開される家族の物語——重症脳卒中患者の家族へのインタビューを通して」『日本プライマリ・ケア連合学会誌』34(3): 195-202.

大野真由子，2011，「難病者の就労を巡る現状と課題—— CRPS 患者の語りからみえる『制度の谷間』とは」『障害学研究』7: 219-48.

大阪グループ・ゴリラ，1979，「第 4 分科会自立障害者集団友人組織グループゴリラを再確認する分科会 レジュメ」＊

太田啓子，2007，「『軽度』身体障害者のライフサイクルにおける障害観の変容——他者との関係性に焦点をあてて」『障害学研究』3: 89-115.

————，2008，「社会参加における『軽度』身体障害者の特性に関する研究——人生を送るなかで『獲得したもの』に焦点をあてて」『社会福祉学』49(3): 29-40.

小山内美智子，1997，『あなたは私の手になれますか——心地よいケアを受けるために』中央法規出版.

小佐野彰・小倉虫太郎，1998，「『障害者』にとって『自立』とは何か？」『現代思想』26

(2): 74-83.

Ozanne, A. G., and L. I. Persson, 2013, "Correlations in Health Status between Estimates of Families of People with Amyotrophic Lateral Sclerosis and Estimates of Staff," *Palliative and Supportive Care*, 11(3): 183-9.

Pagnini, F., G. Rossi, C. Lunetta, P. Banfi, G. Castelnuovo, M. Corbo and E. Molinari, 2010, "Burden, Depression, and Anxiety in Caregivers of People with Amyotrophic Lateral Sclerosis," *Psychology, Health & Medicine*, 15(6): 685-93.

Pearson, V. I.・酒井郁子訳, 2004, 「脳卒中体験者と配偶者が遭遇する意志決定場面――質的看護研究」『Quality Nursing』10(1): 31-8.

Rabkin, J. G., G. J. Wagner and M. D. Bene, 2000, "Resilience and Distress among Amyotrophic Lateral Sclerosis Patients and Caregivers," *Psychosomatic Medicine*, 62: 271-9.

Sacks, H., 1972, "An Initial Investigation of the Usability of Conversational Data for Doing Sociology," D. Sudnow ed., *Studies in Social Interaction*, New York: Free Press, 31-73, 430-1. (北澤裕・西阪仰訳, 1995, 「会話データの利用法――会話分析事始め」『日常性の解剖学――知と会話』マルジュ社, 93-173.)

定藤邦子, 2011, 『関西障害者運動の現代史――大阪青い芝の会を中心に』生活書院.

埼玉県産業労働部職業支援課, 2011, 『障害者離職状況調査報告書』

齋藤明子・小林淳子, 2001, 「在宅筋萎縮性側索硬化症患者の介護負担感に関する研究」『日本地域看護学会誌』3(1): 38-45.

佐直信彦, 1995, 「脳卒中患者をめぐる家族の障害受容」『総合リハビリテーション』23(8): 673-8.

酒井郁子・高杉麻由美・森雅美, 2000, 「リハビリテーションを受けた脳血管障害患者の配偶者の認識過程」『川崎市立看護短期大学紀要』5(1): 33-43.

酒井泰斗・浦野茂・前田康樹・中村和夫編, 2009, 『概念分析の社会学――社会的経験と人間の科学』ナカニシヤ出版.

榊原賢二郎, 2012, 「社会的包摂と障害――『投棄』問題をめぐって」『年報社会学論集』25: 84-95.

――――, 2013, 「障害児教育における包摂と身体」『社会学評論』64(3): 474-91.

――――, 2106, 『社会的包摂と身体――障害者差別禁止法制後の障害定義と異別処遇を巡って』生活書院.

佐藤恵, 1994, 「社会的レイベリングから自己レイベリングへ」『ソシオロゴス』18: 79-93.

盛山和夫, 1995, 『制度論の構図』創文社.

瀬山紀子, 2013, 「介助とジェンダー」『障害者介助の現場から考える生活と労働――ささやかな「介助者学」のこころみ』明石書店, 123-49.

澁谷智子, 2018, 『ヤングケアラー――介護を担う子ども・若者の現実』中央公論新社.

慎英弘, 2013, 『自立を混乱させるのは誰か――障害者の「自立」と自立支援』生活書院.

篠原睦治, 2015, 「『○点でも高校へ』組の大学キャンパスへの登場」『支援』5: 73-83.

篠宮紗和子, 2018, 「障害児教育論における『(軽度)発達障害』の概念化過程――知的障

害教育専門誌の分析をもとに」『年報科学・技術・社会』27: 59-87.

白井誠一朗, 2013, 「『制度の谷間』とその課題」『難病と在宅ケア』19(1): 36-8.

柴崎智恵子, 2005, 「家族ケアを担う児童の生活に関する基礎的研究——イギリスの "Young Carers" 調査報告書を中心に」『人間福祉研究』8: 125-43.

祖父江元・熱田直樹・伊藤瑞規・渡邉宏久・千田讓・中野今治・青木正志・辻省次・高野弘基・湯浅龍彦・林秀明・葛原茂樹, 2007, 「臨床調査個人票からみた我が国の ALS」葛原茂樹編『神経変性疾患に関する調査研究班 2006 年度研究報告書』厚生労働省科学研究費補助金難治性疾患克服研究事業, 37-40.

Star, S. L. and J. R. Griesemer, 1989, "Institutional Ecology, 'Translations' and Boundary Objects: Amateurs and Professionals in Berkeley's Museum of Vertebrate Zoology, 1907-39," *Social Studies of Science*, 19(3): 387-420.

Strauss, 1959, *Mirrors & Masks: The Search for Identity*, New York: Free Press. (片桐雅隆監訳, 2001, 『鏡と仮面』世界思想社.)

Strauss, A. L., L. Schatzman, D. Ehrich, R. Bucher and M. Sabshin, 1963, "The Hospital and Its Negotiated Order," E. Freidson ed., *The Hospital in Modern Society*, New York: Free Press, 147-69.

杉田俊介, 2008, 「ケア労働者にとって自立生活とは何か?——障害者介助の現場から」『季刊福祉労働』119: 70-7.

隅田好美, 2003, 「長期在宅療養を続けるための要因——筋萎縮性側索硬化症 (ALS) 患者と家族への質的調査を通して」『日本在宅ケア学会誌』6(3): 51-8.

社会福祉事業団体日本脳性マヒ者協会全国青い芝の会総連合会, 1978, 『青い芝 No.104 第2回全国委員会報告集』

障害者解放をめざす講座〜関西実行委員会, 1976, 『障害者開放講座統一テキスト』 *

Szabo, V. and V. R. Strang, 1997, "Secondary Analysis of Qualitative Data," *Advances in Nursing Science*, 20(2): 66-74.

田渕六郎, 1996, 「主観的家族論——その意義と問題」『ソシオロゴス』20: 19-38.

————, 1998, 「『家族』へのレトリカル・アプローチ——探索的研究」『家族研究年報』23: 71-83.

田垣正晋, 2006, 「軽度障害というどっちつかずのつらさ」田垣正晋編『障害・病いと「ふつう」のはざまで』明石書店, 51-71.

Tagami, M., F. Kimura, H. Nakajima, S. Ishida, S. Fujiwara, Y. Doi, T. Hosokawa, K. Yamane, K. Unoda, T. Hirose, H. Tani, S. Ota, T. Ito, M. Sugino, K. Shinoda and T. Hanafusa, 2014, "Tracheostomy and invasive ventilation in Japanese ALS patients: Decision-making and survival analysis: 1990-2010" *Journal of the Neurological Sciences*, 344(1): 158-64.

高橋慎一, 2013, 「『介助を仕事にしたい』と『仕事にしきれない』のあいだ——自立生活運動のボランティア介護者から重度訪問介護従事者になる経験」『障害者介助の現場から考える生活と労働——ささやかな「介助者学」のこころみ』明石書店, 243-77.

武田尚子, 2009, 『質的調査データの2次分析——イギリスの格差拡大プロセスの分析視角』ハーベスト社.

田中恵美子，2009，『障害者の「自立生活」と生活の資源——多様で個別なその世界』生活書院．

————，2014，「知的障害者の『結婚生活』における経験と支援——生活構造論と生活の資源の枠組を用いて」『障害学研究』10: 86-111.

田中恵美子・土屋葉・平野優子・大生定義，2013，「人工呼吸器非装着の筋萎縮性側索硬化症患者と家族の病の経験と生活」『社会福祉学』53(4): 82-95.

田中耕一郎，2005，『障害者運動と価値形成——日英の比較から』現代書館．

立岩真也，1999a，「自立生活運動」庄司洋子・木下康仁・武川正吾・藤村正之編『福祉社会事典』弘文堂，522-3.

————，1999b，「自己決定する自立——なにより，でないが，とても，大切なもの」石川准・長瀬修編『障害学への招待——社会，文化，ディスアビリティ』明石書店，79-107.

————，2000，『弱くある自由へ——自己決定・介護・生死の技術』青土社．

————，2004，『ALS——不動の身体と息する機械』医学書院．

————，2008，『良い死』筑摩書房．

————，2009，『唯の生』筑摩書房．

————，[1990] 2012，「『出て暮らす』生活」安積純子・岡原正幸・尾中文哉・立岩真也『生の技法——家と施設を出て暮らす障害者の社会学 第3版』生活書院，91-118.

————，[1995] 2012，「自立生活センターの挑戦」安積純子・岡原正幸・尾中文哉・立岩真也『生の技法——家と施設を出て暮らす障害者の社会学 第3版』生活書院，414-98.

————，2012，「多様で複雑でもあるが基本は単純であること」安積純子・岡原正幸・尾中文哉・立岩真也『生の技法——家と施設を出て暮らす障害者の社会学 第3版』生活書院，499-548.

立岩真也編，2015，『与えられる生死：1960年代——『しののめ』安楽死特集／重度心身障害児／あざらしっ子／「拝啓池田総理大学殿」他』Kyoto Books.

天畠大輔・黒田宗矢，2014，「発話困難な重度身体障がい者における通訳者の『専門性』と『個別性』について——天畠大輔の事例を通して」『Core Ethics』10: 155-66.

寺本晃久，2008，「意思を尊重する，とは——ある『支援』論」寺本晃久・岡部耕典・末永弘・岩橋誠治『良い支援？——知的障害／自閉の人たちの自立生活と支援』生活書院，161-83.

————，2013，「介助者がしていること——知的障害のある人の自立生活をめぐって」『障害者介助の現場から考える生活と労働——ささやかな「介助者学」のこころみ』明石書店，93-121.

Thomas, N., T. Stainton, S. Jackson, W. Y. Cheung, S. Doubtfire and A. Webb, 2003, "'Your Friends Don't Understand': Invisibility and Unmet Need in the Lives of 'Young Carers'," *Children and Family Social Work*, 8: 35-46.

Tollefsen, E., B. Midgren, P. Bakke and O. Fondenes, 2010, "Amyotrophic Lateral Sclerosis: Gender Differences in the Use of Mechanical Ventilation," *European Journal of Neurology*, 17(11): 1352-7.

土屋葉, 2002, 『障害者家族を生きる』勁草書房.

──────, 2004, 「家族のいる場所──告知から療養生活における『問題』の諸相」植竹日奈・伊藤道哉・北村弥生・田中恵美子・玉井真理子・土屋葉・武藤香織『人工呼吸器をつけますか？── ALS・告知・選択』メディカ出版, 83-103.

──────, 2006, 「『障害』の傍らで── ALS 患者を親にもつ子どもの経験」『障害学研究』2: 99-123.

上野千鶴子, 2011, 『ケアの社会学──当事者主権の福祉社会へ』太田出版.

UPIAS, 1975, *Fundamental Principles of Disability* （2019 年 12 月 28 日取得, https://disability-studies.leeds.ac.uk/wp-content/uploads/sites/40/library/UPIAS-fundamental-principles.pdf）.

渡辺一史, 2003, 『こんな夜更けにバナナかよ──筋ジス・鹿野靖明とボランティアたち』北海道新聞社.

渡部沙織, 2015, 『「難病」の誕生──「難病」対策と公費負担医療の形成』明治学院大学大学院社会学研究科 2014 年度修士論文.

渡邉琢, 2011, 『介助者たちは, どう生きていくのか』生活書院.

渡會知子, 2006, 「相互作用過程における『包摂』と『排除』」『社会学評論』57(3): 600-14.

Weeks, J., 2007, *The World We Have Won: The Remaking of Erotic and Intimate Life*, London: Routledge. （赤川学監訳, 2015, 『われら勝ちえし世界』弘文堂.）

Wildgen, M., 2006, *You're Not You*, London: Macmillan. （堀川志野舞・堀部理佳訳, 2015, 『サヨナラの代わりに』キノブックス.）

山田晧子・川原礼子, 1996, 「主介護者の年齢別にみた家族の機能の特徴──脳卒中発症者の在宅療養について」『老年看護学』1(1): 55-62.

山口健一, 2007, 「A. ストラウスにおけるアイデンティティの変容と持続性──パーソナルな行為者の行為とアイデンティティとの関係から」『社会学年報』36: 149-69.

山根純佳, 2015, 「男性介護職の可能性」介護男子スタディーズプロジェクト, 2015, 『介護男子スタディーズ』31-4.

山下幸子, 2008, 『健常であることを見つめる──一九七〇年代障害当事者／健全者運動から』生活書院.

──────, 2014, 「介護を仕事とするための要件について──介護資格制度を考える」『支援』4, 105-38.

柳屋道子, 2013, 「在宅 ALS 療養者諸制度利用実態調査の報告」『JALSA』89: 29-32.

Yin, Robert K., 2013, *Case Study Research: Design and Methods (5th ed.)*, California: Sage publications.

横田弘, [1979]2015, 『増補新装版 障害者殺しの思想』現代書館.

横塚晃一, [1975]2007, 『母よ！殺すな』生活書院.

横山晃久, 1998, 「『介助』をどう位置づけるのか？」『現代思想』26(2): 84-90.

吉野英, 2001, 「痴呆を伴う筋萎縮性側索硬化症」『難病と在宅ケア』6(11): 24-7.

全国障害者解放運動連絡会議, 1976, 『全障連結成大会報告集』

索　引

本書をご購入いただいた方のうち、視覚障害、肢体不自由などの理由で本書をお読みになれない方を対象に、本書のテキストデータを提供いたします。希望される方は、以下の方法にしたがってお申し込みください。

お名前、メールアドレスを明記の上、本書カバー折り返しにあるテキストデータ引換券（コピー不可）を下記までお送りください。

データの提供は発行日から３年間に限らせていただきます。
データはメール添付にてお送りいたします。
データはテキストのみで、図表などの図版データは含まれません。
内容の改変や流用、第三者への貸与、配信、ウェブ上での公開などは著作権法で禁止されております。その他、営利を目的とした利用はお断りいたします。

〒 615-0026
京都市右京区西院北矢掛町７番地
晃洋書房編集部
『考える手足』テキストデータ係

《著者紹介》

石島健太郎 (いしじま けんたろう)

1988 年生まれ.
東京大学大学院人文社会系研究科博士課程修了, 博士 (社会学).
日本学術振興会特別研究員などを経て,
現在は帝京大学文学部社会学科講師.
専門は障害学, 医療社会学.

主要業績

『障害社会学という視座——社会モデルから社会学的反省へ』(共著, 新曜
　社, 2019 年)

『総中流の始まり——団地と生活時間の戦後史』(共著, 青弓社, 2019 年)

「障害学の存立基盤——反優生思想と健常主義批判の比較から」(『現代社会
　学理論研究』9 号, 2015 年)

「障害者介助におけるコンフリクトの潜在化——介助者間の相互行為に注目
　して」(『社会学評論』66 巻 2 号, 2015 年)

考える手足
　　——ALS患者と介助者の社会学——

2021年1月20日　初版第1刷発行　　＊定価はカバーに
　　　　　　　　　　　　　　　　　表示してあります

著　者　　石　島　健太郎ⓒ

発行者　　萩　原　淳　平

印刷者　　藤　森　英　夫

発行所　株式会社　晃　洋　書　房

〒615-0026　京都市右京区西院北矢掛町7番地
電話　075(312)0788番(代)
振替口座　01040-6-32280

装丁　尾崎閑也　　　　　印刷・製本　亜細亜印刷㈱

ISBN978-4-7710-3426-6